大学生心理健康分析与危机干预研究

陈南苏　李杰　李斯 ◎ 著

中国商业出版社

图书在版编目（CIP）数据

大学生心理健康分析与危机干预研究 / 陈南苏，李杰，李斯著 .-- 北京 : 中国商业出版社 , 2023.9

ISBN 978-7-5208-2660-0

Ⅰ . ①大… Ⅱ . ①陈… ②李… ③李… Ⅲ . ①大学生 - 心理健康 - 健康教育 - 研究 Ⅳ . ① G444

中国国家版本馆 CIP 数据核字 (2023) 第 190007 号

责任编辑：李　飞

（策划编辑：蔡　凯）

中国商业出版社出版发行

（www.zgsycb.com　100053　北京广安门内报国寺 1 号）

总编室 :010-63180647　编辑室 :010-83114579

发行部 :010-83120835/8286

新华书店经销

安徽中皖佰朗印务有限公司印刷

787 毫米 ×1092 毫米　16 开　12.5 印张　240 千字

2023 年 9 月 第 1 版　2023 年 9 月 第 1 次印刷

定价：58.00 元

* * * *

（如有印装质量问题可更换）

前言

健康是人生的第一大财富。随着社会的发展与进步，人们逐渐把健康与社会进步连接在一起，渴望健康这一人生最大的财富。随着现代科学技术的进步，现代医学的发展以及大量的医学实践表明：越来越多的疾病并不是由纯粹的生理因素造成的，而是由心理因素造成的。心理健康与一个人的成才也密切相关，对于如何培养全面发展的高素质大学生的问题在社会上一直处于话题讨论的风口浪尖。作为教育系统的基线，我们的目标不仅仅是给学生传授自然人文知识，学生健康的心理以及健全的人格的培养也是同等重要的。对大学生进行心理健康教育与危机干预已是刻不容缓，如何进行正确而有效的心理健康教育是高校教师以及辅导员当前面临的重要问题。

本书从健康与心理健康基础介绍入手，针对大学生学会适应与学习、大学生自我认识与健全人格、大学生情绪管理与人际交往进行了分析研究；另外对大学生压力与职业生涯规划做了一定的介绍；还对大学生心理咨询与心理治疗、大学生心理问题矫正与心理危机干预提出了一些建议。旨在摸索出一条适合现代大学生心理健康分析与危机干预研究工作创新的科学道路，帮助其工作者在应用中少走弯路，运用科学方法，提高效率。对大学生心理健康分析与危机干预研究的应用创新有一定的借鉴意义。

本书参考了大量的相关文献资料，借鉴、引用了诸多专家、学者和教师的研究成果，其主要来源已在参考文献中列出，如有个别遗漏，恳请作者谅解并及时和我们联系。本书写作得到很多领导与同事的支持和帮助，在此深表谢意。由于能力有限，时间仓促，虽极力丰富本书内容，力求著作的完美无瑕，经多次修改，但是仍难免有不妥与遗漏之处，恳请专家和读者指正。

目 录

第一章 健康与心理健康

第一节 健康基础知识

一、健康的概念

世界卫生组织（WHO）明确指出，“健康不仅仅是没有疾病或不虚弱，而是身体的、精神的健康和社会适应的完美状态”。

我国人们由于受传统观念的影响，长期以来把健康单纯地理解为“无病、无伤、无残”，只有“生病”（有临床表现）时才寻求医生的帮助，“没病”时却很少或根本想不到要得到医生的服务；大多数医生长期以来习惯于“坐堂看病”，很少走出医院大门去关心“没病”的群众，忽视了人的整体性和社会性。

身体健康与否不可能单从外表加以评价，因为健康与疾病之间不存在明确的界限，一个人的机体可能存在病理性缺陷或功能不全，而表面仍是“健康”的。例如，有半数以上的高血压病人不知道自己患有高血压；在已知患有高血压的病人中，也由于缺乏保健知识，自己感觉症状不严重而没有做到定期就医和坚持服药，最终导致脑卒中、冠心病等严重后果。

心理健康是整体健康的有力补充和发展。由于人具有社会人和自然人的双重属性，在生活经历中，难免会受到社会因素的影响和干扰，如疾病、失业、子女教育、居住环境以及冲动、孤独、紧张、恐惧、悲伤、忧患等。这些影响健康的不利因素对人们的身心健康造成了不同程度的损害。

现代科学技术和医学的发展，提示了人体的整体性，即人体的生理与心理的统一、人体与自然环境和社会环境的统一。人的机体必须与社会环境和自然环境相互协调，而人在协调过程中往往处于主动地位。

因此，健康的新观念已从被动的治疗疾病转变为积极的预防疾病，促进健康；从单纯的生理标准扩展到心理、社会标准；从个体诊断延伸到群体乃至整个社会的健康评价。

二、影响健康的危险因素

影响健康的危险因素有很多，归纳起来主要有以下四类。

（一）行为和生活方式因素

行为和生活方式因素是指因自身不良行为和生活方式，直接或间接给健康带来的不利影响，如糖尿病、冠心病、结肠癌、前列腺癌、乳腺癌、肥胖症、性传播疾病和获得性免疫缺陷综合征（艾滋病）等，均与行为和生活方式有关。

1. 行为因素

行为是影响健康的重要因素，几乎所有影响健康因素的作用都与行为有关。

2. 生活方式

生活方式是指人的衣食住行、行为嗜好、思想方法等。生活方式是特定的行为模式，是建立在社会经济、生活条件、文化继承、社会关系、个性特征和遗传等综合因素基础上形成的一种稳定的生活方式，包括饮食习惯、社会生活习惯等。例如，西方国家的人们喜欢食用面包、牛奶、牛排、奶酪，少吃蔬菜，我国人们喜欢食用米饭、豆浆、蔬菜。由于东、西方生活方式的差异，导致非传染性疾病谱有所不同。

据美国研究者调查，只要有效地控制生活方式和行为危险因素，如不合理饮食、缺乏体育锻炼、吸烟、酗酒和滥用药物等，就能减少 40% ～ 70% 的早死、1/3 的急性残疾、2/3 的慢性残疾。

（二）环境因素

环境有内部环境和外部环境之分，前者指身体的生理（内部）环境，后者指自然环境和社会环境。内部环境与外部环境交互影响，推动着人的心理和生理的发展。

1. 自然环境

自然环境包括阳光、空气、水、地理等，是人类赖以生存和发展的物质基础，是人类健康的根本。保持自然环境与人类的和谐，对维护、促进健康具有十分重要的意义。众所周知，有益于健康的居住环境比有效的医疗服务更能促进健康。如果破坏了人与自然的和谐，人类社会就会遭到大自然的报复，突出表现在污染的环境导致人类患上某些疾病、乱砍滥伐造成水土流失和洪涝灾害。

2. 社会环境

社会环境包括社会制度、法律、经济、文化、教育、人口、民族、职业等。社会制度决定了与健康相关的政策和资源保障，法律规定了公民在健康方面的权利义务及救济途径，经济决定着与健康密切相关的衣、食、住、行，文化决定着人的健康观及与健康相关的风俗、道德、习惯，人口拥挤会给健康带来负面的影响，民族习惯影响着人们的饮食结构、生活方式，职业决定着人们的劳动强度、方式、环境等。社会环境还包括人际关系、社会状态等。

（三）生物学因素

（1）遗传。已知人类遗传性缺陷和遗传性疾病有近 3 000 种（约占人类各种疾病的 1/5）。（2）病原微生物。从古代到 20 世纪中期，人类死亡的主要原因是病原微生物引起的感染性疾病。随着医学模式的改变，行为与生活方式因素日益突出。（3）个人的生物学特征，包括年龄、性别、形态和健康状况等。（4）健康服务因素。健康服务又称为卫生保健服务。20 世纪 70 年代，WHO 提出了“人人享有卫生保健”的战略目标，得到了国际社会的认可。我国卫生体制改革中提出的“社区卫生服务中心”就是体现以人为本，以健康为中心，实现公正、平等和人人享有卫生的重要举措。

三、健康教育与健康促进

（一）健康教育

健康教育就是通过有计划、有组织、有系统的社会和教育活动，促使人们自愿地改变不良的健康行为和影响健康行为的相关因素，消除或减轻影响健康的危险因素，预防疾病，促进健康和提高生活质量。

生活质量并非单纯地指生命质量，而是指个人对自己生活状况的感受或理解。其涉及面十分广泛，包括个人的生理健康、心理素质、自立能力、社会关系、个人信念等。由于人们所处的文化和价值观念、生活目标、价值期望、行为准则及社会观念不同，对生活质量的评价也不同。

健康教育的核心问题是促使个体或群体改变不健康的行为和生活方式。改变行为与生活方式是一个艰巨、复杂的过程。许多不良行为并非属于个人责任，也不是有了个人愿望就可以改变的，受社会习俗、文化背景、经济条件、卫生服务等影响，更广泛的行为涉及生活条件，如居住条件、饮食习惯、工作条件、市场供应、社会规范、环境状况等。因此，要改变行为，还必须增进健康行为的相关因素，如获得充足的资源、有效的社区开发和社会支持以及自我帮助的技能等。此外，还要采取各种方法帮助人们了解其自身健康状况，并做出自己的选择，以改善他们的健康，而不是强迫他们改变某种行为。所以，健康教育必须是有计划、有组织、有系统的教育过程，只有这样，才能达到预期目的。

（二）健康促进

目前，国际上比较公认的“健康促进”的概念有两个：一是《渥太华宪章》指出的“健康促进是促使人们提高、维护和改善他们自身健康的过程”。二是劳伦斯·格林教授等提出的“健康促进是指一切能促使行为和生活条件向有益于健康改变的教育与生态学支持的综合体”。

健康教育与健康促进是卫生领域所有工作的基石，健康促进动员个人和社区承担相关的责任，改变不利于健康的条件和环境。健康促进是开展疾病控制、促进健康生活方式和健康环境的一个有效切入点，有助于健康状况的改善和生活质量的提高。

当今发达国家和我国的疾病、死亡谱发生了根本性变化，主要死因已不再是传染病和营养不良，而是为慢性非传染性疾病所取代，肿瘤、脑卒中、冠心病已成为主要死因。这些疾病多与不良的生活方式、行为、职业和环境因素有关。

（三）学校健康教育

儿童、青少年是世界的未来和希望，处在生命准备阶段。求知发育的儿童、青少年由于身心发育、群体生活等特点，决定了他们是健康教育最佳的目标人群，中外学者一致认为教育应从小抓起。儿童、青少年是一个非常重要而又最具可塑性的人群，他们形成一个最大、最易受影响的人群。学校是进行健康教育效果最好、时机最佳的理想场所，它为全社会教育提供一个创造健康未来的机会，是教育使命中最为基础的部分。学校是促进国家健康水平、提高人口素质的重要资源。

学校健康教育是学校教育的重要组成部分，主要有以下三个方面。

1. 健康课程教学

健康课程主要是把健康教育纳入学校正规课程的设科教学，也包括在其他课程中融入健康教育内容的联合教学。其目的是促使学生获得较系统的卫生知识，培养健康态度，学习基本的保健技能，建立科学的健康观，养成良好的健康行为。为此，从幼儿园到大学均应普遍开设健康教育课程，大学还可开设选修课。

2. 健康活动

健康活动的目的在于促使学生通过亲身体验加深印象，促进学习效果，使课堂知识与实际行为结合起来。例如，学校红十字会定期组织培训急救与互救技能，参加社会卫生服务和学校环境清扫。实践表明，参加各种实践活动有助于培养和提高学生的组织能力、自助意识和自我教育效果。

3. 健康咨询与健康行为指导

健康咨询是指学生（或家长）与咨询人员（如教师、医生及相关人员）面对面接触，集中讨论某一健康问题或某一健康活动的方针，为学生（或家长）提供信息，便于他们做出选择。

健康行为指导是通过教育指导，帮助学生通过自己的能力发现、理解和解决健康问题，让儿童、青少年认识到什么是健康行为和危害健康行为。

4. 学校专题健康教育

（1）成年期疾病的早期健康教育

成年期疾病是指高血压、冠心病、脑卒中（中风）、肿瘤、糖尿病等慢性非传染性疾病。尽管这些病青少年患病率不高，但与这些疾病密切相关的危险因素却普遍存在，如吸烟、久坐而缺乏锻炼、膳食不合理、单纯性肥胖等。尽早开展干预活动，降低危险因素，对减少上述疾病患病与死亡率有重要意义。例如，我国在一些学校开展对心脑血管疾病的危险因素——吸烟、咸食、过食的干预，旨在培养儿童青少年的意识和行为，最终减少慢性非传性疾病的威胁。

（2）生活技能教育

这里所指的“生活技能”不是指洗衣、做饭、整理内务等“生存”能力，而是指一个人的心理—社会能力。WHO 专家认为：“心理—社会能力，是指一个人能有效地处理日常生活中的各种需要和挑战能力；是个体保持良好的心理状态，并且在与他人、社会和环境的相互关系中表现出适应的积极行为能力，如自我认识能力、换位思考能力、交流能力、人际关系能力、调节情绪能力、缓解压力能力、创造性思维能力、批判性思维能力、决策能力、解决问题能力等。”这些能力是一个人心理素质的重要表现。

四、营养、饮食与健康

生命的基本特征是新陈代谢。人为了维持生命和健康，促进生长、发育和完成种种生理功能，必须不断摄取某些物质，排出另一些物质。这些必须摄取的物质就是营养素。概括地说，营养素的主要作用有三个：一是构成及修复组织，二是提供能量，三是调节生理功能。人体所需要的营养素主要有蛋白质、脂类、糖类、维生素、矿物质和水。

（一）营养素对人体的主要作用

食物之所以能维持生命活动，是因为其含有人体所需的营养素，这些营养素可以从食物中吸取，它们是维持人体生命正常生长发育，保证工作、学习和健康的必要条件。

1. 蛋白质

蛋白质是机体的重要物质基础，机体的每一个细胞和所有重要组成部分都有蛋白质参与。儿童的身体增长、器官功能的发育等生命活动，都是以体内组织蛋白质的合成与积累为基础的。成人生长发育已停止，但各种组织的更新修补过程主要是组织蛋白质的分解和重新合成。

（1）蛋白质的生理功能

调节正常的生理功能。人体内具有重要生理活性的物质如酶、激素、抗体、血红蛋白、核蛋白等，都是由蛋白质及其衍生物构成的，它对代谢、免疫、遗传等生命活动起着重要的作用。

维持机体内环境的稳定。人体内环境的稳定，如体液的酸碱平衡、细胞内外渗透压的调节、体内抗氧化损伤的酶，都需要相应的蛋白质参与。

供给热能。蛋白质在体内氧化分解释放出人体活动所需的热能。1 克蛋白质在体内可产生 4 000 卡热量。

（2）蛋白质的组成与营养价值

蛋白质最基本的组成单位是氨基酸。组成人体蛋白质的氨基酸有 20 多种，其中 8 种氨基酸人体不能合成或合成速度远不能满足机体需要，必须从每日膳食中供给，称为必需氨基酸。

组成蛋白质的氨基酸种类、数量及相互间比例等因素决定了食物中蛋白质的营养价值。食物蛋白质所含氨基酸种类和数量及相互比例关系越接近人体需要，其营养价值越高。根据蛋白质的营养价值，可把各类食物中的蛋白质分为优质蛋白质和非优质蛋白质，植物食物提供的蛋白质大部分是非优质蛋白质。

由于各种蛋白质中必需氨基酸的含量和比例不同，故可将富含某种必需氨基酸的食物和缺乏该种必需氨基酸的食物互相搭配而混合使用，使混合蛋白质的必需氨基酸构成更接近合适比例，从而提高蛋白质的食用价值，这被称为蛋白质的互补作用。

在日常膳食中，常见的荤素杂吃、粗粮细作等方式都可使蛋白质的使用价值得到提高。

（3）蛋白质的供给

蛋白质的日供给量，可根据年龄、性别、劳动强度和身体健康状况进行调整。一般成人每日每千克体重约需 1.4 克。

人类日常食物中蛋白质的来源主要是动物性蛋白质和植物性蛋白质。肉类、鱼类的蛋白质含量一般为 10% ～ 30%，奶类为 1.5% ～ 3.8%，蛋类为 11% ～ 14%。这些蛋白质的营养价值较高，易为机体吸收和利用。植物性蛋白质以豆类含量较高，一般为 20% ～ 45%，谷类为 6% ～ 16%，薯类为 2% ～ 3%，干果类为 15% ～ 26%。

2. 碳水化合物

（1）碳水化合物的生理功能

供给热能。碳水化合物是我国膳食中热能的主要来源，占总热能的 60% ～ 70%。1 克碳水化合物在体内燃烧，能够提供 4 000 卡热量。

构成人体组织和参与代谢。碳水化合物是构成机体的重要物质。例如，糖脂参与细胞膜的构成，黏蛋白参与结缔组织的构成，糖类与多种酶结合参与机体代谢。

促进肠胃蠕动。纤维素及果胶可促进肠胃蠕动和消化腺的分泌，增加粪便体积，促进排便，可使一些有害代谢物较快排出体外，但过多的膳食纤维也会影响矿物质的吸收。

（2）碳水化合物的供给

膳食中碳水化合物的供给量主要根据饮食习惯、生活水平、劳动强度和环境因素调整，但一般应占每日总热量的 60% ～ 70%。

碳水化合物大部分来源于淀粉，小部分来源于单糖或双糖。膳食中碳水化合物主要由粮食供给，粮食中碳水化合物含量达 70% ～ 80%，根茎类食物中含量也较高，叶菜和动物性食物中含量很少。

3. 脂类

（1）脂类的组成与营养价值

脂类包括脂肪和类脂。前者主要是脂肪和油。脂肪由甘油与脂肪酸组成，脂肪酸可分为饱和脂肪酸、单不饱和脂肪酸和多不饱和脂肪酸三种。多不饱和脂肪酸中，亚油酸在体内不能合成，必须由食物供给，称为必需脂肪酸。类脂性质与脂肪类似、与脂肪代谢密切相关的物质，如磷脂、胆固醇、脂蛋白等。

脂肪的营养价值高低，取决于脂肪酸的组成和维生素含量及消化率等因素。油脂中不饱和脂肪酸含量越高，其熔点就越低，消化吸收率也就越高。例如，花生油、棉籽油、菜籽油等含不饱和脂肪酸高，其消化吸收率为 98% ～ 99%；动物脂肪含饱和脂肪酸多，如羊脂、牛脂、猪脂的熔点为 36℃～ 55℃，消化率分别为 81%、89% 和 94%。

（2）脂类的生理功能

机体储能、供能的重要物质。1 克脂肪在体内氧化可提供 9 000 卡热能，是食物中产生热量最高的一种营养素。人在饥饿时首先动用体脂产生能量，以避免体内蛋白质的消耗。

促进脂溶性维生素的吸收。维生素 A、D、E、K 是脂溶性维生素。膳食中的脂肪可作为这类维生素的溶剂，提高脂溶性维生素的吸收率。

供给必需脂肪酸。必需脂肪酸在体内有极重要的生理功能。它参与细胞膜和线粒体中的磷脂合成，影响和参与胆固醇的代谢，也是前列腺素在体内合成的重要物质。

维持体温，保护脏器。体脂有隔热保温作用，并在体内可起到支持、保护、润滑各脏器及关节的作用。

（3）脂类的供给

脂肪主要来源于烹调用的油脂及动物性食品中的脂肪，坚果和种子植物中的含量亦较高，谷类的胚芽也含有一定量的脂肪。

4. 矿物质

人体内的各种元素，除碳、氢、氧和氮主要以有机化合物的形式存在外，其余各种元素，不论其存在的形式如何、含量多少，统称为无机盐。其在体内含量大于 0.01% 的称为常量元素，有钙、镁、钾、钠、磷、硫、氯 7 种；含量小于 0.01% 的称为微量元素，国际公认的维持正常生命活动必不可少的微量元素有碘、锌、硒、铜、钼、铬、钴及铁 8 种。

由于人体的新陈代谢，每天都有一定量的矿物质排出体外，因而有必要通过膳食予以补充。

从人体对矿物质的吸收率、需要量以及矿物质在食物中的分布考虑，比较容易缺乏的元素有钙、铁、锌、碘。

（1）钙的生理功能及吸收利用

钙是构成骨骼和牙齿的主要成分。钙缺乏主要影响骨骼的发育和结构，表现为婴儿的佝偻病和成年人的骨质软化症及老年人的骨质疏松症。

（2）铁的生理功能及吸收利用

铁在体内主要参与氧的运输，组织呼吸，促进生物氧化还原反应。

世界各地缺铁性贫血发病率较高，尤其是早产儿、儿童、女青年及孕妇，这类人群主要是由于体内需要量增加而摄入不足或慢性失血及铁吸收障碍造成贫血。由于我国缺铁性贫血比例较高，所以政府要求在酱油里加入铁，以保证铁的吸收。

铁的吸收还受人体需要量的影响。例如，患缺铁性贫血时，对铁的吸收率可比正常时高几倍；生长发育期、怀孕期，铁的吸收率较高；体内铁储备丰富时，铁的吸收率降低。一般正常人的铁的吸收率为 10% 左右，女性的铁的吸收率比男性高。

富含铁的食物有动物肝脏、血、肉类、海带、木耳等，绿色蔬菜的含铁量也较多。蛋黄中虽含铁较高，但吸收率低。动物性食品中铁的利用率高于植物性食品。

（3）锌的生理功能及吸收利用

锌是许多酶的组成部分，在组织呼吸、蛋白质合成中起重要作用，为正常生长发育所必需。长期缺锌可导致儿童生长发育受阻，性发育迟缓，自发性味觉减退，易感染等。

锌还参与维生素 A 的合成，对视觉有一定作用。

我国推荐的每日膳食中锌的供给量为：成人 15 毫克，婴儿 3 ～ 5 毫克，儿童、少年按年龄组分别为 10 ～ 15 毫克。动物性食品是锌的主要来源，牡蛎、鱼贝类、肝、肉、蛋等含锌量丰富；大豆、粮食亦含锌较多，但吸收率较低。

（4）碘的生理功能与缺乏症

碘的生理功能是参与甲状腺素的合成来发挥其重要的生理作用。例如，促进蛋白质的合成，可以活化 100 多种酶，调节能量的转换，加速生长发育，维持中枢神经系统的结构，保持正常的精神状态、身体形态以及新陈代谢等重要机能。

成人身体中的正常含碘量为 20 ～ 50 毫克，其中 20% 存在于甲状腺中。我国很多内陆山区的土壤、水、食物中，碘含量较少。缺碘地区由于人体摄碘不足，可引起地方性甲状腺肿和克汀病流行。地方性甲状腺肿是以甲状腺组织代偿障碍为主的慢性地方病，俗称“大脖子病”，女性患病多于男性。

我国推荐每日膳食中碘供给量标准为：成人每日 150 毫克，孕妇 175 毫克，婴儿 40 ～ 50 毫克，儿童 70 ～ 120 毫克。海产品的含碘量丰富，海带最高，为 260 毫克 / 千克。

5. 维生素

维生素是维持机体生长和代谢所需的一类微量有机化合物，可分为脂溶性和水溶性两大类。脂溶性维生素包括维生素 A、D、E、K，因在体内排泄较慢，摄入过多可因积蓄而对人体有害。水溶性维生素主要是维生素 B 族和维生素 C。根据维生素在体内的重要性，我们介绍脂溶性维生素中的维生素 A 和水溶性维生素 B_1、B_2 和维生素 C。

（1）维生素 A 的生理功能及缺乏症

维生素 A 又名视黄醇，它只存在于动物性食物中，如动物肝、肾、乳类、蛋黄。植物中不含维生素 A，但在有色果蔬如菠菜、胡萝卜、韭菜、杏、柿子等中含有类胡萝卜素，它们被人体吸收后，可以在体内转变成有生理活性的维生素 A。维生素 A 对热、酸、碱稳定，但遇到空气易被氧化，而紫外线有促进这种氧化的作用。

维生素 A 存在于一切上皮细胞中，有保护上皮细胞构造的功能，有促进机体生长发育的作用。缺乏维生素 A 常引起皮肤干燥、毛囊角化，如泪腺和角膜上皮细胞组织受损，可表现出角膜、结膜干燥等干眼症特征。维生素 A 与视网膜功能密切相关，维生素 A 不足可影响紫红质的合成，使眼对暗适应时间延长，严重的可患夜盲症。

（2）维生素 B_1 的生理功能与缺乏症

维生素 B_1 又名硫胺素，主要来源于植物性食物如粮食、豆类、酵母及动物性肝、心、肾、瘦肉、卵黄中。硫胺素对神经细胞膜传导起重要作用，如果缺乏，则影响正常的神经传导，使胃肠蠕动减慢，分泌减少。硫胺素缺乏还可造成脚气病，主要表现为神经系统和循环系统的异常。其中，干性脚气病以神经系统症状为主，主要症状为多发性神经炎；湿性脚气病以循环系统症状为主，主要症状是由心衰引起的水肿。

（3）维生素 B_2 的生理功能及缺乏症

维生素 B_2 又名核黄素，主要存在于动物性食品中，如内脏、蛋和奶中，其次是豆类及新鲜绿叶蔬菜中。维生素 B_2 缺乏，可导致物质和能量代谢紊乱，患阴囊炎、舌炎、口角炎、脂溢性皮肤炎等疾病。

（4）维生素 C 的生理功能及缺乏症

维生素 C 又名抗坏血酸，主要来源于蔬菜和水果，特别是绿色蔬菜。野菜、野果等野生植物中抗坏血酸含量很高。它参与细胞间质的形成，维持血管、肌肉、骨、牙的正常生理功能；具有抗感染和防病作用；通过阻断致癌物亚硝酸胺的生成，防治癌症；有助于铁的吸收和叶酸的利用，从而促进造血功能。维生素 C 严重缺乏将导致坏血病。坏血病有不同的临床表现：1 岁以下的婴幼儿，可有下肢肿胀、疼痛、皮肤、骨膜下出血，严重者内脏出血，甚至死亡；成人则表现为衰弱、易疲劳、皮肤干燥、毛囊角化、毛囊周围出血、齿龈肿胀出血、牙齿松动甚至脱落、尿血、大便发黑、关节疼痛、内脏出血。

6. **水**

水是“生命之源”。水有构成体液、输送营养、调节体温、排除废物之功能。

人体内 60% 是水，水是保证人体血液循环的量，保持各器官正常新陈代谢。成人每天饮水量应该在 1 600 ～ 2 000ml，并要养成主动喝水的习惯。

我国居民膳食宝塔共分 5 层。

第一层：谷类、薯类及杂豆类食物。谷类包括小麦、大米、玉米、高粱等；薯类包括红薯、马铃薯等；杂豆类包括大豆以外的其他干豆类，如红小豆、绿豆、芸豆等。建议摄入 50 ～ 100 克，每周 5 ～ 7 次，建议量以原料生重量计算。谷类、薯类及杂豆类食物应选择多样化，精细搭配，适量选择。

第二层：蔬菜、水果类。蔬菜建议每天摄入 300 ～ 500 克，深色蔬菜最好占一半以上。深色蔬菜是深绿色、深黄色、紫色、红色等颜色深的蔬菜。建议每天吃新鲜水果 200 ～ 400 克。

第三层：肉类、水产类及蛋类。肉类建议每天摄入 50 ～ 75 克，水产品建议每天摄入 50 ～ 100 克，蛋类建议每天摄入 25 ～ 50 克（相当于半个或 1 个蛋）。

第四层：乳类及大豆坚果类。乳类建议每天摄入 300 克液态奶，建议每天摄入 30 ～ 50 克大豆（其中包括 5 ～ 10 克坚果类食物），坚果类食物可选择花生、核桃、杏仁、榛子。

第五层：烹调油和盐类。建议每天摄入 25 ～ 30 克油、6 克盐。

膳食宝塔没有建议糖的摄入量，因为我国居民糖的摄入量还不多，对健康的影响还不大。但多吃糖有增加龋齿的危险，尤其是儿童、青少年不应吃太多的糖和含糖高的食品。

（二）肥胖百害

1. 肥胖的定义

世界卫生组织（WHO）认为，肥胖是人体过剩的热量转化为多余脂肪并积聚在体内的一种状态。人体脂肪堆积过多，超出正常比例，会使人的健康、形体和正常生活受到影响，因此，肥胖是脂肪过多的一种慢性疾病。

从综合诱发肥胖的各种因素来看，肥胖实质上是人体由于各种原因导致热量摄入超过消耗，即热量“收大于支”，多余热量便转化为脂肪囤积于体内，使体内脂肪细胞增殖（对儿童而言）或体积增大（对成年人而言），进而导致体重超标，影响体形美和健康。

通常来讲，如果体重超过标准体重的 20% 以上，就属于肥胖。身体质量指数（Body Mass Index，BMI）简称体重指数，是国际上公认的较好的评估肥胖的人体测量指标，其计算公式如下：身体质量指数（BMI）= 体重（kg）÷ 身高（m）^{2}

根据世界卫生组织定下的标准，亚洲人的 BMI 若高于 22.9 便属于过重。亚洲人和欧美人属于不同人种。

2. 肥胖的常见原因

（1）遗传因素

据报道，父亲或母亲有一方肥胖者，子女肥胖的可能性为 40% ～ 50%；父母双方肥胖，其子女为 70% ～ 80% 肥胖，尤其母亲肥胖的遗传更为明显。遗传肥胖者不少为自幼肥胖。

（2）饮食因素

热量摄入过多，尤其摄入高脂肪饮食是造成肥胖病的主要原因。脂肪进入血液后，一部分通过氧化而供给身体活动所需要的热量，一部分作为细胞的组成部分，多余的便进入脂肪库储存起来。如果吃得太多，机体所摄取的热量超过正常的消耗，食物中的脂肪进入脂肪库储存的数量就会增多，从而形成肥胖。

（3）代谢障碍

新陈代谢的作用就是移走对身体有负担的东西，新生对身体有益的东西。当这个机制运转不正常时，就会有问题产生，例如高血压、高血脂。除了疾病，年纪渐长，爱吃高热量、高油脂的食物，生活习惯不良，也会让新陈代谢变慢，热量代谢不良，从而导致发胖。

（4）缺乏运动

运动少的基础代谢率会偏低，就会使得人体消耗热量的能力有所不足，容易发胖。

（5）药物因素

长期服用某些药物，例如抗抑郁剂、精神科药物、类固醇、避孕药等，都会引起肥胖。

（6）精神因素

精神压力过大容易导致肾上腺皮质醇指数居高不下，胃蠕动及消化功能增强，食欲增加。人在感到有压力时，常会用一些方法来转移注意力，于是“吃”成为大多人的宣泄选择，长期这样会导致发胖。

（7）睡眠不足

睡眠不足会阻碍人体代谢碳水化合物，致使血糖浓度升高、人体储存的脂肪增多，同时还会降低能调节人体脂肪和肌肉比例的生长激素的浓度，进而让人发胖。

（8）其他因素

性别、年龄、职业、环境因素，以及吸烟、饮酒等对肥胖的产生也有重要影响。

3. 肥胖的种类

肥胖有多种不同的分类方式，通俗的方法是按其发生原因分为单纯性肥胖、继发性肥胖和药物引起的肥胖。

（1）单纯性肥胖

单纯性肥胖是各类肥胖中最常见的，占肥胖人群的 95% 左右。这类患者全身脂肪分布比较均匀，没有内分泌紊乱现象，也无代谢障碍性疾病，通常营养过剩，其家族往往有肥胖病史。

（2）继发性肥胖

继发性肥胖是由内分泌紊乱或代谢障碍引起的一类疾病，占肥胖症的 2% ～ 5%。肥胖只是这类患者的重要体征之一，同时还会有其他各种各样的临床表现，多表现为皮质醇增多、甲状腺功能减低、胰岛 β 细胞瘤、性腺功能减退、多囊卵巢综合征等多种病变。治疗时主要治疗原发病，运动及控制饮食的减肥方法均见效不明显。

（3）药物引起的肥胖

有些药物在有效地治疗某种疾病的同时，还有使患者身体肥胖的不良反应。例如，使用肾上腺皮质激素类药物（如氢化可的松等）治疗风湿病、类风湿病、哮喘病等，可使患者身体发胖；使用治疗精神病的吩嗪类药物，可使患者产生性功能障碍及肥胖。这类肥胖者占肥胖人群的 2% 左右。一般而言，只要停止使用这些药物后，肥胖情况可自行改善。

4. 肥胖对身体的危害

肥胖不仅影响形体美，而且给生活带来不便，更重要的是容易引起多种并发症，加速衰老和死亡。

（1）易发冠心病及高血压

肥胖者脂肪组织增多、耗氧量加大、心脏做功量大，使心肌肥厚，尤其左心室负担加重，久之易诱发高血压。脂质沉积在动脉壁内，致使管腔狭窄、硬化，易发生冠心病、心绞痛、中风和猝死。

（2）易患内分泌及代谢性疾病

伴随肥胖所致的代谢、内分泌异常，常可引起多种疾病。糖代谢异常可引起糖尿病，脂肪代谢异常可引起高脂血症，核酸代谢异常可引起高尿酸血症等。肥胖女性因卵巢机能障碍可引起月经不调、不孕。

（3）对肺功能有不良影响

肺功能的作用是向全身供应氧及排出二氧化碳。肥胖者因体重增加需要更多的氧，但肺不能随之而增加功能，同时，肥胖者腹部的脂肪堆积又限制了肺的呼吸运动，故可造成缺氧和呼吸困难，最后导致心肺功能衰竭。

（4）易引起肝胆病变

肥胖者的高胰岛素血症使其内因性甘油三酯合成亢进，就会造成在肝脏中合成的甘油三酯蓄积，从而形成脂肪肝。肥胖者与正常人相比，胆汁酸中的胆固醇含量增多，超过了胆汁中的溶解度，因此肥胖者容易并发高比例的胆固醇结石。有报道称，患胆石症的女性中，50%～80%是肥胖者。在外科手术时，约有30%的高度肥胖者合并有胆结石。胆石症在以下情况下发病的较多：肥胖妇女、40岁以上。肥胖症者与正常体重的妇女相比，其胆结石的发病率约高6倍。

（5）会增加手术难度，术后易感染

肥胖者会增加麻醉时的危险，手术后伤口易裂开，感染坠积性肺炎等并发症的机会均较不胖者为多。

（6）可引起关节病变

体重的增加能使许多关节（如脊椎、肩、肘、足等关节）磨损或撕裂而致疼痛。

（7）影响劳动力，易遭受外伤

身体肥胖的人往往怕热、多汗、易疲劳、下肢浮肿、静脉曲张、皮肤皱褶处患皮炎等，严重肥胖的人，行动迟缓，行走活动都有困难，稍微活动就心慌气短，以致影响正常生活，严重的甚至导致劳动力丧失。

（8）癌症

美国癌症协会经长期的研究，证实了肥胖男性更易患前列腺癌和结肠癌，肥胖女性患子宫癌、子宫颈癌、卵巢癌的概率相对提高，停经后的肥胖妇女患乳腺癌的风险也更高。

（9）对身心健康的危害

美国心理学家研究指出，与体重正常的同龄人相比，肥胖青少年要承受更加沉重的心理负担，朋友少、交际少，一旦被人嘲笑，特别容易情绪低落、自卑、抑郁。

（三）饮食卫生与食品安全

俗话说“病从口入”，很多疾病都与不卫生的饮食有关，如传染性肝炎、胃肠炎、细菌性痢疾等。这个简单的常识，却常常被一些大学生忽视，信奉“不干不净，吃了没病”的观念，热衷于流动摊贩、大排档等马路小吃，被那些用各种香料制成的烤鱿鱼、羊肉串、炸鸡腿、麻辣烫吸引。这些马路食品的经营者大多没有食品卫生许可证，工作场地“脏、乱、差”，餐具不消毒，极易传播疾病。何况，食物加工的原料如烤鱿鱼是用甲醛泡发的；羊肉串有的根本不是羊肉，而是下脚猪肉，有的甚至是病猪和死猪肉；麻辣烫中的原料大多是在地下工厂加工而成的。经常食用这类食物，轻者上吐下泻，重者可能致命，有些即使不出现症状，但是这些不卫生的食物会给身体健康带来很大的隐患，甚至会引发癌症。这些屡见报端的食品卫生问题，只是冰山一角而已，诸如毒大米、毒火腿、劣质奶粉、假酒等食品问题，被新闻媒体频频曝光；劣质奶粉导致的大头娃娃、假酒所致的双目失明等，都让人触目惊心。

五、运动与健康

运动是生命活动的一种表现形式，反过来又促进生命活动。

（一）运动对身体健康的作用

运动对机体功能的影响早已被认识，“医学之父”希波克拉底早在两千多年前就说过：阳光、空气、水和运动是生命和健康的源泉。

（1）适量运动可以防止动脉硬化的蛋白（高密度脂蛋白）增加，促进动脉硬化的蛋白（低密度脂蛋白）减少，减缓动脉硬化，预防冠心病。（2）运动可增加肌肉细胞膜上胰岛素结合的靶位点，并提高受体的亲和力，减少胰岛素抵抗，预防和减轻糖尿病。（3）适量运动可调节钙平衡，使骨形成增加，改善骨质疏松。（4）运动可提高心血管和呼吸功能，促进消化和代谢，增强骨骼和肌肉的发育，增加神经及体液调节功能。（5）运动可提高免疫系统功能，降低部分肿瘤（如大肠癌、乳腺癌、前列腺癌）的发生率。（6）运动可起到镇痛、改善情绪、减少抑郁和焦虑的作用（脑内内啡肽分泌增加，其镇痛作用比吗啡强 200 倍）。

适量运动也就是有氧运动。有氧运动是指人体在氧气充分供应的情况下进行体育锻炼，即在运动过程中人体吸入的氧气与需求相等，达到生理上的平衡状态。简单来说，有氧运动是指任何富有韵律性的运动，其运动频度每周至少 3 次，持续时间每天至少 30 分钟，适量运动心率参考数值为 170 减去年龄的数值。

常见的有氧运动有步行（快走）、慢跑、轻松打球、游泳、爬山、骑自行车、健身操、太极拳、跳绳等。运动要因人而异，循序渐进，持之以恒，过量运动或剧烈运动不利于健康，甚至会伤害身体，导致伤亡。

（二）运动损伤

1. 软组织挫伤

软组织挫伤是最常见的外伤，人体骨骼周围有软组织环绕。人体的皮肤、皮下组织、肌肉、肌腱、筋膜、韧带、关节囊、滑膜囊、神经和血管系统称为软组织。当受到外界某些外力因素的作用时，都可以引起损伤。

现将大学生日常生活中遇到的几种常见软组织挫伤的诊治介绍如下。

（1）皮肤挫伤

皮肤挫伤大多是在运动中跌倒，皮肤与地面或器材摩擦等引起的皮肤表面的损伤，常表现为皮肤出血或组织液渗出，是外伤中最常见也是最轻的一种损伤。处理创面时，最好用生理盐水冲洗，创面小的可用碘伏或安尔碘涂抹创面，无须包扎。对于创面较大、较深的，应用生理盐水和双氧水洗净消毒，然后敷以凡士林油纱布，用无菌敷料包扎，如无感染，2 周后即可痊愈。

（2）裂伤、切割伤

这两种创伤的皮肤及皮下组织都有不同程度或不规则的伤口。治疗上主要是争取早期清创缝合和预防破伤风。伤后 6 ～ 8 小时内，进行清创缝合。清创缝合时，先用生理盐水冲洗，尽可能清除异物，并注意保护健康组织；也可用双氧水消毒，并视情况注射破伤风抗毒素，以减少厌氧菌感染的可能，预防破伤风，然后进行止血缝合。

（3）扭伤

扭伤是因关节发生不正常的活动，使局部软组织扭转，大多发生在活动较多的关节部位，如四肢关节和腰部，表现为局部肿胀、瘀血、疼痛、功能障碍。扭伤后应立即终止运动，局部冷敷或喷敷氯乙烷，加压包扎和制动。如果病变在下肢，要将患肢抬高，以利静脉回流，减少出血和肿胀。24 ～ 48 小时后再视伤口症状改为热敷，并可辅以理疗、按摩及药物治疗，促进血肿吸收。

大学生在运动或上体育课时，踝关节扭伤是全身关节扭伤中发病率最高、最常见的一种。很多同学在踝关节急性扭伤后常采用一些错误的方法，使疾痛或病情加重。

踝关节扭伤后，早期处理很重要，宜卧床休息，下地时持拐，以防止踝关节负重，不能过早活动，休息应在两周以上。损伤后应立即用冷敷，切忌热敷，也不能使用局部揉搓等手法。急性期过后可用热敷，锻炼踝关节的屈伸内翻动作，或用按摩手法。少数患者愈后容易再次发生扭伤。

踝关节扭伤后，经合理治疗，多数患者可痊愈，也有一些患者踝关节疼痛消失后遗留足外侧疼痛，长期不愈，甚至可达数十年，影响行走和劳动。这通常是由于跗骨窦软组织同时损伤而造成的。大学生在运动时不要穿高跟鞋，平时不要追跑打闹，体育活动前要做好充分的准备，以预防踝关节扭伤。

踝关节扭伤，严重者可合并有骨折和踝关节半脱位。同时，如果韧带损伤治疗不及时或不彻底，会导致日后反复扭伤。因此，踝关节扭伤应到医院找骨科大夫及时诊治、彻底治疗，以免漏诊或误诊，影响治疗效果。

2. 半月板损伤

半月板是股骨和胫骨之间的半月状软骨，使膝关节更加稳定，并在关节活动时减少关节面的摩擦。膝腰关节在伸直位置时，外力不容易引起半月板损伤。当膝关节半屈曲位、外展或内收时，关节周围肌肉及韧带松弛，这种情况下膝关节不稳固，如过度牵拉，就可能造成半月板挤压而产生破裂，导致半月板损伤。患者感到膝关节肿胀、疼痛，不能灵活伸屈，在膝关节间隙平面内侧与外侧有压痛点。

半月板损伤多见于足球、篮球运动员及重体力劳动者，一般有明确的外伤史，伤时膝关节内有撕裂感。急性损伤时，应立即停止膝关节活动，急送医院诊治。

3. 骨折

骨折是指骨的完整性、连续性发生了部分或完全的骨裂。骨折大多由外伤所引起，为外伤性骨折；因骨质本身病变破坏而发生骨折的，称为病理性骨折。

根据骨折断端部位和外界相通与否，将骨折分为开放性骨折和闭合性骨折；根据骨折的严重程度及形态，分为完全性骨折和不完全性骨折。一般把骨折两周以内的称为新伤骨折；骨折两周以上的称为陈旧性骨折，治疗比较困难，因此，骨折后应争取早期治疗。

骨折主要根据病史、体征和X线摄片来诊断。骨折的一般损伤症状可见疼痛和局部疼痛、肿胀青紫和功能障碍，骨折的特有症状有畸形、骨擦音和异常活动。

治疗上最好能给予就地固定，以免搬动时断骨摆动伤及神经、血管等软组织。对于开放性骨折，局部需要做严格的消毒处理后才可复位，尤其是颈椎、腰椎骨折搬运时，一定要将患处固定，不得扭转患者的骨折部位，将病人平托在平板担架上，否则有引起骨髓压迫的危险，可发生四肢和躯干的高位截瘫，甚至影响呼吸造成死亡。由于骨折的轻重、部位以及骨折类型的不同，所以外固定的时间也不同。一般为4～6周，最长不超过12周。同时，使用小夹板和石膏固定时，要注意肢体循环是否良好，如包扎过紧，应立即松解小夹板及石膏，重新固定。在固定时不要忽视功能锻炼，否则会影响关节活动，导致肢体肌肉萎缩，甚至发生关节强直。

4. 腰椎间盘突出症

腰椎间盘突出症是较常见的腰腿痛疾病，其病因是负重和脊柱运动，椎间盘受到挤压、牵拉和扭转作用，特别是4、5腰椎和腰5髓1间的两个椎间盘承受的压力最大，容易引起腰椎间盘突出，压迫神经根、马尾和脊髓。也有部分患者无任何外伤史，可能由于椎间盘发育上的缺陷、着凉等因素导致。现在随着医学影像技术的快速发展，得腰椎间盘突出症能得到早期的诊断，大学生中这一疾病也比较常见。

六、睡眠与健康

良好的睡眠是衡量健康的一个重要指标。人一生约1/3的时间是在睡眠中度过的。根据上海居民平均期望寿命81岁计算，人们有27年是在睡觉。据调查，国内有近一半的人会出现睡眠障碍，全球有27%的人经常失眠。失眠等睡眠障碍被列为人类最大的健康问题之一。

为了提高人们对睡眠重要性的认识，以及对睡眠疾病进行治疗的认知，21世纪初国际卫生组织主办了全球睡眠和健康计划，发起了一项全球性的活动——“世界睡眠日”，并定在每年的3月21日。

（一）睡眠概述

睡眠伴随着人类生命的全过程，是生命的组成部分。睡眠是一种主动过程，并有专门的中枢管理睡眠与觉醒，睡时人脑只是换了一个工作方式，使能量得到储存，有利于精神和体力的恢复；而适当的睡眠是最好的休息，既是维护健康和体力的基础，也是取得高度生产能力的保证。要想生命力旺盛、身体健康、体力强健、脑力充沛，就必须有足够的睡眠时间。只有睡得好，机能调整到位，身体各系统才能协调合作、运转自如，身体也才能自然健康。

英国大戏剧家莎士比亚将睡眠誉为“生命筵席上的滋补品”，美国医学教授威廉·德门特说：“睡眠是抵御疾病的第一道防线。”世界卫生组织更将“睡得香”定为衡量人体健康的标准之一。

失眠已不是一个小病，不仅会给患者本人造成很大的痛苦，也会给整个社会带来诸如医疗资源消耗增加和事故发生率上升等负面问题。

（二）睡眠的重要性

1. 消除疲劳，恢复体力

睡眠期间是胃肠道及有关脏器合成并制造人体能量物质的好时机，以供活动时用。另外，由于体温、心率、血压下降，呼吸及部分内分泌减少，使基础代谢率降低，从而使体力得以恢复。

2. 保护大脑，恢复精力

睡眠不足者，表现为烦躁、激动或精神萎靡，注意力涣散，记忆力减退等；长期缺少睡眠则会导致幻觉。而睡眠充足者，精力充沛，思维敏捷，办事效率高。这是由于大脑在睡眠状态下耗氧量大大减少，有利于脑细胞能量储存。因此，睡眠有利于保护大脑、提高脑力。

3. 增强免疫力，康复机体

人体在正常情况下，能对侵入的各种抗原物质产生抗体，并通过免疫反应将其清除，保护人体健康。睡眠能增强机体产生抗体的能力，从而增强机体的抵抗力，还可以使各组织器官自我康复加快。现代医学中常把睡眠作为一种治疗手段，用来帮助患者度过最痛苦的时期，促进疾病的康复。

4. 促进生长发育

据研究，促使人体生长发育的生长激素，只有在睡眠时才会大量分泌。所以，儿童的生长速度在睡眠时要比醒时快 3 倍，俗话说，“能睡的孩子长得快”就是这个道理。故要使儿童身高增长，就应当保证睡眠多、时间足、质量高。

5. 延缓衰老，促进长寿

近年来，许多调查研究资料表明，健康长寿的老年人均有一个良好而正常的睡眠。人的生命好似一个燃烧的火焰，而有规律燃烧则生命持久，若忽高忽低燃烧则使时间缩短，使人早逝。睡眠时间恰似火焰燃烧最小的程度，因此能延缓衰老，保证生命的长久。

6. 保护人的心理健康

睡眠对于保护人的心理健康与维护人的正常心理活动是很重要的。短时间睡眠不佳就会导致注意力涣散，长时间失眠则可造成情绪不佳、精神不济。

7. 有利于皮肤美容

在睡眠过程中，皮肤毛细血管循环增多，其分泌和清除过程加强，加快了皮肤的再生，所以睡眠有益于皮肤美容。

（三）睡眠不足的危害

近 90 种疾病与长期失眠有较大相关性。1/3 的高血压可能是不良睡眠习惯引起的，20% 的心脏病是由失眠引发的，55% 的工伤事故和 45% 的车祸是由睡眠不好引起的。睡眠不足可增加患肥胖症和 2 型糖尿病的风险。另外还可使注意力和记忆力下降、加快衰老。

1. 影响大脑的创造性思维

科研人员研究认为，人的大脑要思维清晰、反应敏捷，必须有充足的睡眠，如果长期睡眠不足，大脑得不到充分的休息，就会影响大脑的创造性思维和处理事务的能力。

2. 导致疾病发生

经常睡眠不足会使人心情忧虑焦急，免疫力降低，由此会导致种种疾病，如神经衰弱、感冒、胃肠疾病等。睡眠不足还会引起血中胆固醇含量增高，使得发生心脏病的机会增加；人体的细胞分裂多在睡眠中进行，睡眠不足或睡眠紊乱会影响细胞的正常分裂，由此有可能产生细胞的突变而导致癌症的发生。

3. 影响皮肤的健康

人的皮肤之所以柔润而有光泽，是依靠皮下组织的毛细血管来提供充足营养的。睡眠不足会引起皮肤毛细血管瘀滞，循环受阻，使得皮肤的细胞得不到充足的营养，因而影响皮肤的新陈代谢，加速皮肤的老化，使皮肤颜色显得晦暗而苍白，尤其是眼圈发黑，且易生皱纹。

青少年睡眠不足，会影响正常发育。人熟睡后有一个大的分泌高峰，随后又有几个小的分泌高峰，而在非睡眠状态，生长素分泌减少。所以，青少年要发育好、长得高，睡眠必须充足。

（四）良好睡眠的科学指导

1. 睡多久

成年人每天保证 7 ～ 8 小时的睡眠时间，儿童 9 ～ 10 小时，老年人 5 ～ 6 小时。当然，每个人对睡眠的需求是不同的，关键要看第二天起来精神是否充沛，而不是单纯追求睡眠时间。

2. 什么时候睡

黄金睡眠 7 小时，即晚上 11 点到早晨 6 点，是深睡眠集中的时候。过了夜里 11 点后，反而会更难入睡；天亮后人会进入浅睡眠期，这种睡眠质量不高。

3. 睡眠并非越多越好

睡眠过多有害无益，会导致中枢神经系统长期处于抑制状态，还会增加患心脏病和脑血管栓塞的风险。

4. 运动是睡眠良药

适量运动能促进深度睡眠，迅速缓解疲劳。运动最好在下午 4 ～ 5 点。每天 1 小时伸展运动及步行可缓解许多睡眠问题。睡前不宜做剧烈运动。

5. **有助睡眠的食物**

添加蜂蜜的热牛奶、龙眼、大枣、莲子、苹果、香蕉、燕麦、杏仁等有助于睡眠。此外，晚饭喝点小米粥也有助于睡眠。

6. **不利于睡眠的饮食**

含咖啡因的食物（茶、咖啡、可乐、可可等），晚餐吃辛辣、油腻的食物或饮酒，太饱或饥饿时上床等均不利于睡眠。

7. **养成良好的睡眠习惯**

（1）定时作息，准时上床，准时起床。无论前晚何时入睡，次日都应该准时起床。不要对睡眠有苛刻的要求，不要因为一两次睡眠不好或失眠，就担心自己因睡不好而影响了第二天的学习，甚至损害健康，以致每晚睡前忧心忡忡，越是紧张在意，神经系统就越兴奋，也就越难入睡。（2）不强迫自己入睡。如躺在床上超过 30 分钟仍睡不着，就起床做些温和的活动，直到想睡了再上床。睡不着时不要经常看时钟，也不要懊恼或有挫折感，应放松并确信自己最后一定能睡着。（3）维持舒适的睡眠环境。（4）避免使用床或卧房为其他活动的场所，如看电视、打电话。（5）晚餐后禁喝咖啡、茶、可乐、酒及抽烟，少喝水及饮料。（6）睡前吃小点心有助于睡眠，但不宜吃太饱。（7）每日规律运动，睡前做温和及放松身心的活动，如泡热水澡等，切忌睡前 2 小时剧烈活动。（8）晚饭七分饱，不要睡前大吃大喝，但睡前喝一杯热牛奶可以帮助睡眠。应有规律及充满活力的生活，积极参与社交活动。（9）如果存在失眠，尽量不要午睡，如果实在想睡，可小睡 30 分钟。尽量不要每天规律使用安眠药，如有需要，应间断服用，原则上每星期不超过 4 次。

七、合理用脑与健康

（一）怎样合理用脑

1. **用脑专心**

所谓专心，就是指学习时一定要集中注意力，绝不三心二意。著名生理学家巴普洛夫认为，人在聚精会神从事某种活动时，在大脑皮层上就会只出现一个兴奋中心，邻近部分都处在抑制状态。此时，整个大脑的活动都处于这唯一的兴奋中心管辖之下。大脑的全部能量都用来供应这个中心的活动，因而大脑的工作效率就特别高，学习效果也特别好。

2. **用脑讲“五到”**

所谓“五到”，即指心到、口到、眼到、耳到和手到。为什么在学习时如果能做到这“五到”，学习效果就会好呢？根据巴普洛夫条件反射说理论，如果人们在看书学习时，只用眼睛看（眼到），这时，视觉刺激引起的兴奋就会从视觉通路传入大脑，在视皮层上出现一个兴奋中心。如果还动员听觉通道参与这项工作，开口念（口到、耳到），那么由声音引起的听觉兴奋就会由听觉通道传入大脑，在听皮层上引起另一个兴奋中心。假如每次学习都能做到眼到、口到、耳到，则若干皮层兴奋中心间就会逐渐拓通联系，形成暂时性神经通路。以后一听到有关学习内容的声音，就会使人想起过去所看到过的那些学习材料。

3. 用脑讲休息

注意劳逸结合，适当休息，对于提高大脑工作效率十分重要。休息一般有三种方式：一是安静休息，即睡眠和闭目养神；二是活动休息，如散步、做操、打球、练拳等，也包括轻微的体力劳动；三是交替休息，人脑是有严格分工的，各个部分的皮层都各司其职。人在学习一种知识时，一部分脑细胞在工作，其余的细胞处于休息状态；转换学习内容时，也是如此。如果能把文、理科穿插起来学习，大脑皮层的神经细胞不仅不会疲劳，而且两科的学习会相互促进。

4. 用脑讲营养

脑在人体各器官中是最活跃的器官，虽然其重量只占人体的 2%，但消耗的能量却占全身总耗能量的 20%。经研究测定，脑所需要的营养成分主要有脂肪、蛋白质、糖类、维生素 B 族、维生素 C 和钙，其中脂肪占第一位。因此，正像古语“将欲取之，必先予之”所说的那样，为了提高你的大脑工作效率，必须注意多吃上述与大脑营养有关的营养素。

5. 用脑讲保养

现代教育心理学研究表明，情绪与脑效率之间也有重要的相关。不论什么原因引起的精神紧张和长时间的精神苦闷、焦虑不安和思想矛盾，都能使脑细胞能量过度耗损，从而使大脑陷于衰弱状态。苏联教育家赞可夫认为，学生的情绪生活与其思维是紧密地联系在一起的。如果伴随学习和思考的是兴奋、激动等愉快情绪，将能促进其智力的发展；反之，一切不愉快的消极情绪，将会阻碍智力的发展。

6. 用脑讲活动

日本学者朝长正德指出：“手指的精细动作可刺激脑子，防止脑退化，如弹奏乐器、打扑克牌、转动核桃等。”中国民间也有“心灵手巧”的说法。因此，人们不妨抽空从事诸如此类的能活动手部的活动，这对于提高用脑效率大有裨益。

7. 充分地利用外脑

为了更好地利用有限的脑力，做出更好的创造，产生更多更好的智慧成果，还需要充分地利用外脑。

所谓外脑，一是指别人的大脑、别人的智慧；二是指外部的信息储存和处理机构。利用外脑的第一个方法是利用外部的信息源，或利用外部条件进行信息储存和处理。比如，把有关的资料小心地收集，做成卡片，需要的时候，可以随时调用，大脑就可以更多地用于寻找这些材料之间的联系和规律。很多做学问的人，就是这样利用外脑的。利用外脑的第二个办法是利用别人的知识和智慧。每个人的知识和智慧是不同的，对你是很陌生的问题，对有些人来说却司空见惯；对你是困难的问题，对有的人来说却易如反掌。

要善于找到知情人、内行人，听取他们的意见。

（二）大脑保健禁忌

1. 少言寡语

大脑有专司语言的功能区，经常说话尤其是多说一些内容丰富、有较强哲理性和逻辑性的话，可促进大脑这些功能区的发育。整日沉默寡言，就像“用进废退”一样，这些功能区会退化。

2. 蒙头睡觉

蒙头睡觉时，随着棉被中二氧化碳浓度逐渐升高，氧气浓度不断下降，长时间吸进潮湿空气，对大脑危害极大。

3. 睡眠不足

大脑消除疲劳的主要方式是睡眠，长期睡眠不足或睡眠质量太差会加速脑细胞衰退。

4. 轻视早餐

不吃早餐会使机体和大脑得不到正常的血糖供给。大脑的营养供应不足，久而久之对大脑有害。此外，早餐质量与思维能力也有密切联系。据研究，一般吃高蛋白早餐的儿童在课堂上的最佳思维普遍相对延长，而吃素的儿童精力下降相对较快。

5. 长期饱食

现代营养学研究发现，进食过饱后，大脑中被称为纤维细胞生长因子的物质会明显增多。纤维细胞生长因子能使毛细血管内皮细胞和脂肪增多，促使动脉粥样硬化。长期饱食势必导致脑动脉硬化，出现大脑早衰和智力减退现象。

6. 嗜酒嗜甜食

酒精使大脑皮层的抑制减弱，故酒后人觉得头重脚轻、举步不稳、反应迟钝等。酗酒对大脑的损害尤其严重。甜食会损害胃口，降低食欲，减少对高蛋白和多种维生素的摄入，导致机体营养不良，影响大脑发育。

7. 长期吸烟

长期吸烟可使脑动脉硬化，导致大脑供血不足、脑萎缩。

8. 不愿动脑

思考是锻炼大脑的最佳方法。只有多动脑，勤于思考，人才会变聪明；反之，越不愿动脑，大脑退化越快，聪明人也会变愚笨。

9. 不注意用脑环境

大脑是全身耗氧量最大的器官，只有保证充足的氧气供应才能提高大脑的工作效率。因此用脑时，要特别讲究工作环境的空气卫生。

10. 带病工作

在身体不适或患疾病时勉强坚持学习或工作，不仅效率低下，而且容易造成大脑损害。

（三）大脑保健要素

日常生活中，无论是创造力、想象力、判断力甚至记忆力、意志、行为等，都与一个人的大脑有关，因此养脑是提高生活质量、健康长寿的关键。据不完全统计，人的脑细胞有 140 亿～ 150 亿个，40 岁以后每天约有 10 万个脑细胞开始凋亡，到六七十岁时大致减少 1/10。为了早日防止智力下降，延缓大脑功能的老化，人们要学会科学地用脑和健脑。

1. 健康的血液循环

大脑每时每刻离不开血液循环来供应其营养和氧。所有对血液循环有害的因素，如咖啡因、尼古丁、高血脂、高血糖、高血压，对心血管系统有害，对大脑也同样有害。保持血液循环的健康，是健脑的第一要素。

2. 坚持运动

体育运动能够帮助血液循环加快和正常化，降低高血脂、高血糖，治疗高血压。运动能够促进大脑血的供血量和供氧量，维护大脑的健康。运动是世界上最简单有效，也是最便宜的健脑方法，其功效要远远胜过市场上的任何健脑补品。每天坚持 30 分钟以上的耗氧运动，如快步走，是对大脑防老保健最好的投资。

3. 充足的睡眠

成人每天至少要睡 7 个小时。一个晚上熟睡 7 个小时，能够使大脑得到充分的休息调整。爱曼博士多年来从事大脑供血量变化的研究。他指出，每天晚上睡足 7 个小时的人，他们睡眠时进入大脑的血流量明显减少，低于那些睡眠不足的人。这说明他们的大脑在睡眠时得到更有效的休息。充足的睡眠不仅使得大脑在其清醒时工作得更有效，而且防止大脑过度疲劳，保护大脑不至于早衰。

4. 积极的思想和健康的心态

大脑不仅管思考，而且管情绪、管心态。人的思维和情绪心态之间有着千丝万缕的联系。在实际生活中，一个心态健康的人，他的思想也总是积极向上的。

人活在世上，不可能没有消极的思想。问题是学会如何控制自己的思想情绪、化解矛盾、变消极心态为积极心态。这不仅仅是保护大脑健康的重要一环，也是提高人们生活质量的要素。

5. 补充大脑营养

科学研究发现，许多食物如核桃仁、大枣、葵花子、黄花菜、银耳、莲子、黑芝麻、桂圆、黄豆、花生、鸡蛋、牛奶、动物肝、脑、新鲜蔬菜、水果等，有健脑补益作用。科学家还认为，凡含有蛋白质、维生素、氨基酸及钙、磷、铁、锌、铬等元素的食品，都有预防脑细胞衰老和增强记忆力的作用。

八、亚健康

（一）亚健康的概念

亚健康是指机体虽无明确的疾病，却呈现出活力降低、适应能力不同程度减退的一种非健康非患病的中间状态，又称第三状态、灰色状态等。

我们的健康状态可分为三种：第一种是没有疾病的健康人，约占10%；第二种是处于疾病状态的病人，约占20%；第三种是处于健康与疾病之间的亚健康人群，占65%～75%。不容忽视的是，越来越多的人处于“健康”和“疾病”的中间状态，即“亚健康”状态。20世纪末，中国北京“首届亚健康研讨会”上指出，亚健康状态是指无临床特异症状和体征，或出现非特异性主观感觉，而无临床检查证据，但已有潜在发病倾向信息的一种机体结构退化和生理功能减退的低质与心理失衡的状态。处于亚健康状态者，不能达到健康的标准，表现为一定时间内活力降低、功能和适应能力减退的症状，但不符合现代医学有关疾病的临床和亚临床诊断标准。

亚健康经过及时有效的调控，可向健康状态转变；如果任其发展进一步恶化，转向疾病，甚至会出现“过劳死”（一种因过劳导致未老先衰，猝然死亡的现象）。

（二）大学生亚健康的原因

1. 不良生活习惯和行为习惯的影响

WHO在20世纪末提出了“生活习惯病”，坏习惯的积累、叠加效应更易致病，有很多坏习惯是日常生活中不知不觉形成的，危害健康的日常坏习惯主要有熬夜、睡懒觉、不吃早餐、吃得太咸、减肥、暴饮暴食、强忍小便、憋大便、上厕所看手机、跷二郎腿、长时间上网看电脑、久坐少动、吸烟等。不良生活习惯是个“隐形杀手”，久而久之将影响一生的健康。

2. 社会、心理因素的影响

社会因素（包括竞争、紧张、压力、焦虑、抑郁等）也是亚健康状态的主要原因，如考试压力、就业压力、人际关系不良、不能摆正自己的位置等，都对健康起着一定的作用。社会因素是通过心理、生理而起作用的，心理因素和社会因素密不可分。同样的生活环境，心理适应能力强的人往往能正视现实，从而适应环境；而心理脆弱的人则陷入自己的“陷阱”中，从而出现亚健康状态。

3. 环境因素的影响

自然环境是人类生存的必要空间，是影响人类健康最重要的因素。环境污染对人体健康的危害常常是慢性的、积累的和远期潜在性的。影响健康的因素有雾霾、噪声、紫外线、电磁波、高热、严寒等。

4. 生物学因素的影响

亚健康的发生，主要是由以上种种后天因素影响所致。除此之外，亚健康还与一些遗传因素相关。带有遗传性疾病基因的人，在未发病之前外观虽无任何异常，但也是一种亚健康状态。体质较弱的人，往往与先天因素有关，这类人群整体的抗病能力低下，稍有不利因素就容易患病，也是一种亚健康状态。

（三）亚健康的危害

（1）亚健康是大多数慢性非传染性疾病的病前状态，大多数肿瘤、心脑血管疾病和糖尿病患者均是从亚健康人群转变成的。（2）亚健康状态明显影响工作效能和生活、学习质量，甚至危及特殊作业人员的生命安全。（3）心理亚健康极易导致精神心理疾患，甚至造成轻生和家庭伤害。（4）多数亚健康状态与生物钟紊乱构成因果关系，直接影响睡眠质量，加重身心疲劳。严重亚健康可明显影响健康寿命，甚至造成英年早逝、早病、早衰。

（四）亚健康的防治

（1）调整心理状态并保持积极、乐观向上的态度，广泛的兴趣爱好会使人受益无穷，不仅可以修身养性，而且能够辅助治疗一些心理疾病。善待压力，把压力看作生活不可分割的一部分，学会适度减压，以保证健康、良好的心境。（2）及时调整生活规律，劳逸结合，保证充足睡眠；适度劳动是健康之母，人体生物钟正常运转是健康的保证，生物钟“错点”则是亚健康的开始。（3）保证合理的膳食和均衡的营养，补充优质蛋白（鱼、肉、豆、蛋、奶）、维生素、矿物质和微量元素（水果、蔬菜等）。（4）增加户外体育锻炼活动，每天保证一定的运动量；贵在坚持，重在适度。加强自我运动可提高人体对疾病的抵抗能力。

最好的医生是自己，最好的药物是快乐，最好的心情是宁静，最好的运动是步行。

（五）大学生各类亚健康的干预方法

1. 皮肤亚健康

皮肤亚健康是指各种因素导致的皮肤组织功能低下，细胞的新陈代谢、微循环、水电解质及功能出现明显障碍，经常表现为皮肤干燥、过敏、油脂分泌过旺、肤色灰暗发黄等。大学生当中较为多见。

干预皮肤亚健康的“五多”方法。

（1）多运动

坚持运动能改善皮肤的结构和功能，帮助血液循环，增加新陈代谢，使人体对外界刺激的耐受增加，从而提高皮肤的防御能力。运动应循序渐进，持之以恒。可以选择有兴趣的项目进行，如步行、慢跑、打球、游泳、健美操等。

（2）多喝水

保持体内水分来养护自己的皮肤是最简单的方法。喝水能使体内细胞得到充足的水分，使皮肤更润滑。成人每日饮水量应有2 000毫升，一般晨起、睡前、洗澡前是最佳的饮水时间。

（3）多洗脸

清水是最好的清洁剂。每日至少洗脸 3 次，用清水洗脸可以洗去油脂还有多余的角质，减少皮肤问题，多洗脸能使人振奋精神。

（4）多搓脸

每日清晨洗脸后，用双手搓擦面部 8 ～ 10 次，可加速血液循环，帮助紧致肌肤，使面部皮肤红润而有光泽，并可防治感冒。

（5）多吃素

常吃富含维生素的食物，维生素对于防止皮肤衰老、保持皮肤细腻滋润起着重要作用。为了保持皮肤健美，应多食用碱性食物，如豆类、坚果、水果、蔬菜等，使血液变成微碱性，血液里的乳酸等物质就会大大减少，减少了皮肤受损害的机会。

2. 慢性疲劳

慢性疲劳的特点是反复发作的疲乏无力，持续或反复发作 6 个月以上。当代生活节奏很快，人们在社会上竞争激烈，身体长期处于过大压力下，体力透支、睡眠不足、营养不均、疲劳成为人们的普遍状态，许多慢性疲劳症状就会出现。尤其是追求完美和个性较敏感的人，往往过度要求自己，形成焦虑、忧郁、沮丧等情绪，无法从中摆脱出来，容易诱发许多疾病。慢性疲劳可表现为注意力不集中、记忆力减退、凡事提不起劲、肌肉紧张、肩颈酸痛、胸闷、心悸、睡眠障碍等。如果平时操劳过度又不加以重视，甚至可能发生过劳死的危机，或导致猝死。

慢性疲劳的调适方法有以下四点。

（1）调摄心理

现代社会竞争激烈、生活节奏快、生存压力大，容易因心理问题导致躯体疾病。拥有愉快的心情，不要太过忧虑，保持心理平衡是保持健康至关重要的环节。必须适时释放压力，让心情放松，听听音乐、看场电影或是逛逛街，利用休闲生活来放松身心，调整心态，培养宽大的胸怀气度，多做善事，乐于助人，也会使自己快乐。

（2）保证休息

睡眠障碍是慢性疲劳症候群中最常见的症状，其中又分成失眠和嗜睡两大类，但不论是无法入睡还是随时随地都极度想要睡觉的人，都一样会感觉疲劳、没有精神。养成定时、规律的作息，切忌熬夜，养成午睡片刻的习惯。

（3）增加营养

平时维持营养均衡，多注意增强免疫力，可多吃天然的蔬菜、水果、坚果等食物，帮助身体增加能量与活力。少食酸涩、咸寒、生冷、油腻及辛辣食品。人体正常 pH 值约为 7.4，略偏碱性，无论过高或过低，都会造成生理功能的失调。如果体内酸性物质过多，不能及时排除，沉积在肌肉组织中就会引起全身乏力、易疲劳、腰酸背痛等不适。建议多吃碱性食物，改变体质，如大豆、萝卜、土豆、黄瓜、洋葱、海带、番茄、苹果、香蕉、草莓、梨等。少吃精制高糖、多盐食物及加工过的糖类，也避免咖啡、巧克力及其他含咖啡因的饮料及食物。吃得健康，才能远离疾病。

（4）坚持适度运动

坚持适度的运动，有助于解除慢性疲劳，每天 1 次，每次 30 ～ 60 分钟的运动量，比如慢跑、快走、游泳、瑜伽、体操等。

3. 失眠

睡眠最大的作用是让大脑及机体得到充分休息，消除一日的疲劳，恢复体力。睡眠充足能增强免疫力和提高工作效率。失眠也是亚健康最常见的一种表现，可分为以下三类。

（1）入睡困难

入睡困难是指躺在床上 30 分钟仍未能入睡者，甚至 1 ～ 2 小时还难以入睡。

（2）熟睡困难

熟睡困难是指入睡后觉醒次数增加或觉醒时间延长，每晚要醒 3 ～ 4 次或以上，醒后不易再度入睡。

（3）早醒失眠

早醒失眠是指比正常睡眠起床早醒 1 ～ 4 小时，醒后难以再睡，导致睡眠时间减少或不足。

暂时性失眠和短期性失眠一般是因环境、情绪、饮食、药物等因素所致，大多数人都有短时期失眠的体验，无须特殊治疗，可通过自我调节恢复正常。而持续数周乃至数月的长期睡眠异常更多的是由心理因素造成（如焦虑、抑郁等）的，应加以注意，要采取相应的措施并进行治疗。长期而严重的失眠患者必须耐心地使用催眠药一段时间，在服用药物的同时必须借助行为治疗建立一套属于自己的睡眠方式，让失眠得到康复。

失眠的调理方法：（1）选择合理生活方式，按时睡眠，一般在晚上 11 点之前上床，入睡之前一定要心态平和，放松心情，切忌忧虑、恼怒。卧室环境不要过于吵闹和明亮，适当通风。（2）适当运动，每日规律、定时运动，以身体微微疲劳为宜，以维持身体正常新陈代谢、保持良好的血液循环，强化肌肉及心肺功能，让身体保持在充足的能量状态。可选择较和缓的运动，如散步、伸展肢体、瑜伽等。

4. 便秘

便秘是指排便频率减少，7 天内排便次数少于 2 ～ 3 次，粪便量少且干硬，并常有排便困难。长期久坐，活动量小，紧张、压力过大或是忧愁、思虑过度的人，容易产生便秘。便秘对人体健康的危害极大，是隐藏在人体内的“隐形杀手”。粪便在肠道内滞留过久，腐败发酵产生的有毒气体及有毒物质等被机体吸收进入血液，又随血液分布到全身，给各器官组织都会造成损害。粪便干硬，排便困难，使直肠过度充血，久之可导致肛裂、痔疮等。

便秘的调理方法：（1）多饮水。水喝得少，供给机体的新陈代谢的水量不足，自然在肠道内残留的水分就少，粪便也就变得干燥坚硬。每天至少补充 2 000 毫升的水，特别是晨起喝一杯温开水尤为重要。（2）调整作息时间，养成良好的生活习惯，不熬夜，不赖床，每天早上定时排便，有利于产生排便反射。（3）多吃富含纤维素的食物，增加水果和蔬菜量。纤维素可增加肠胃的蠕动，减少水分被吸收，润滑肠道，促进食物的及时排空。可多吃蜂蜜、芝麻、核桃仁、芹菜、菠菜、土豆、香蕉等，少吃辛辣肥腻的食物。

5. **肥胖**

有资料表明，肥胖会增加慢性疾病的机会，诸如高血压、糖尿病、高脂血症、代谢综合征、内分泌失调、关节炎、某些癌症等。

减肥要点：少吃多动 + 调整生活饮食习惯 + 决心毅力 = 减肥成功。

减肥是要减去多余脂肪，并使机体对热量的摄取和消耗达到平衡状态。更重要的是使身体更健康，树立自信。

每周运动 4 ～ 5 次，每次运动时间 30 分钟以上，可选择慢跑、快走、跳绳、游泳、形体操等有氧运动。饮食要规律，避免暴饮暴食，少吃高脂、高糖、高热量食物。提倡清淡饮食，多摄食以杂粮、糙米、木耳、蔬菜、水果、豆类为主的素食，适当多吃牛奶、鸡蛋、鱼、虾、瘦肉等优质蛋白。保持大便通畅。

6. **心理性亚健康**

心理性亚健康状态表现包括精神不振、情绪低落、思维紊乱、焦虑、恐惧、紧张、自卑、妒忌、冷漠、孤独、疑心病等，甚至产生轻生念头。长期被负性情绪困扰的人，如果不加以释放，积压在心中的郁闷就会引起一系列的机体变化和功能障碍，易患消化性溃疡、偏头痛、神经衰弱等身心疾病，严重损害身心健康。

要懂得运用理性与智慧控制情绪。愤怒时要控制，以宽容心对待；过喜时要收敛，以平常心对待；悲伤时要转移情绪，忧伤时要学会释放，惊慌时要镇定，凡事都应冷静，处之坦然。如此更有利于身心健康，帮助我们远离亚健康状态。要学会拿得起放得下，自己创造快乐，乐观豁达，心胸开阔，稳定情绪，培养耐心。

调查显示，大学生中对自己所学专业的满意度与大学生亚健康的发生率有很大关系。健康人群对自己现有专业很满意的比例最大，很不满意的比例最小。而健康处于“灰色状态”的学生中，对自己专业很满意的比例最小，认为一般的最多，表示很不满意自己专业的比例较大。

总之，作为当代大学生，在紧张的学习之余，必须增强自我保健意识。

提高健商，对付亚健康。健商是评估个人健康的全新方法，是反映一个人的健康才智和特征的指标之一，相对于智商、情商、财商等来说，健商又是最基础、最根本和最关键的。健商并不是由先天来决定的，它可以通过后天的教育以及智力、情感、意志的培养来改变和提高。健商强调通过自我保健使身心达到最佳的健康状态，使自己更有能力去提高生活质量。众所周知，能达到自我保健需要具有科学的知识，懂得越多，越能为自己的健康做出明智的选择，从而减少生活中的误区。

亚健康状态本身是一种动态的可变化的过程，即健康、疾病各为一端，中间为亚健康。为了健康，应该防治亚健康状态，其重点是以预防为主。防治亚健康远比防治疾病更有价值和更实际。

要保持乐观的心态，增强活力，缓减压力，增强信心。克服自卑心理，客观地分析自己，找出自己身上的优点，做出比较正确的评价。在生活和学习上以及与人交往中扬长避短，相信自己，不断发挥，挖掘自己的才能和潜力。学会正确看待成败，不断提高自己对挫折的承受能力。明确奋斗目标，执着地去追求，勇于实践，在实践中锻炼自己，增长才干，健康地参与学习和社会活动，并最终成为一个全面发展的人，一个有益于家庭、社会的人。

第二节 心理健康绪论

一、心理健康

（一）科学的健康观

1. 健康的含义

健康是现代人所追求和向往的生活及身体状态，对于人类的发展、社会的变革、文化的更新以及生活方式的改变，有着决定性的作用。

20 世纪中期，世界卫生组织在成立宪章中指出："健康不仅是没有疾病，而且是一种个体在躯体上、精神上、社会上的完全安宁状态。"这就明确地告诉人们，必须与传统的"无病即是健康"的生理学意义上的健康观念区分开来，健康不仅意味着具有健全的体魄，还必须具有健全的心理。20 世纪 80 年代，世界卫生组织又将健康定义为："一个只有在身体健康、心理健康、社会适应良好和道德健康等四个方面都健全，才算是完全健康的人。"健康对于每一个人都是非常重要的。大学生要全面理解健康概念，树立正确的健康理念。健康应包括以下几方面的含义：（1）从内容方面看，健康应包括生理健康、心理健康、道德健康和良好的社会适应等方面的内容。（2）从权利角度看，健康是人的基本人权，它像人的"生命、财产"一样不容侵犯。健康是每位公民的权利和义务，因此要求个体具备主宰自己命运的能力。（3）从社会方面看，健康不仅仅是个体的一种需求，也是保证社会稳定的重要条件。社会是由人构成并通过个体发挥作用的，人是构成社会存在的先决条件。社会必然要通过个人的健康来支持，以保证社会健康稳定地发展。因此，维护和保证社会的健康也就成为每个人的责任和义务。当今社会中，健康被社会与个人提升到应有的社会地位，而且培养人们科学的健康观已成为社会共同价值取向的需要。（4）从个体发展看，在社会生活中有意识地培养自己的健康意识，不断提高健康水平，对提高个体活动效率和生活质量，促进身心和谐发展，形成健全的人格，具有至关重要的意义。

综上所述，现代健康观一般认为，健康应该是身心的统一，缺一不可，并互为影响。

健康应是躯体、心理、社会适应、道德品质的相互依存、相互促进和有机结合。当人体在这几个方面同时健全，才算得上真正的健康，任何一个方面出现问题，势必会影响其他方面的健康。因此，现代人不仅应当重视身体健康，而且应当重视心理健康，只有体魄健全，心理健康，社会适应良好，道德品质高尚，才是完整的健康。心理健康是建立在生理健康的基础上的，二者不能截然分开，应将心理健康纳入总体健康的定义中去。

2. 人体健康的具体标准

根据世界卫生组织及不同学者的观点，将健康的标准综合如下：（1）精力充沛，能从容不迫地担负日常生活和繁重的工作，而不会感到过分紧张和疲劳；（2）处世乐观，态度积极，乐于承担责任，不挑剔；（3）善于休息，睡眠好；（4）应变能力强，能适应外界环境中的各种变化；（5）身体各部位功能良好，能够抵御一般感冒和传染病；（6）体重适当，身体匀称，站立时头、肩位置协调；（7）眼睛明亮，反应敏捷，眼睑不发炎；（8）牙齿清洁，无龋齿，不疼痛，牙龈颜色正常，无出血现象；（9）头发有光泽，无头屑；（10）肌肉丰满，皮肤富有弹性，步伐轻松自如。

（二）心理健康的概念

对于心理健康，历来有许多看法，一些学者也从不同的侧面来描述心理健康，归纳关于心理健康的概念，总体上可以分为广义和狭义两种，广义的心理健康是指一种高效而满意的、持续的心理状态。这种状态下人能够做出良好的反应，具有生命的活力，而且能充分发挥身心潜能。狭义的心理健康是指一个人的生理、心理与社会处于相互协调的和谐状态。个体的心理活动处于健康状态下，表现为认知正常，情感协调，意志健全，人格完整和适应良好，能够充分发挥自身的最大潜能，以适应生活、学习、工作和社会环境的发展与变化的需要。

如何衡量心理健康？对于心理健康的标准，目前还没有统一的看法。世界精神卫生学会曾经制定了四条标准：健康的个性与人格；良好的社会交往适应能力；个人的幸福感；能够发挥自己的才能与创造力。

对于心理健康，许多心理学家主要从社会适应的角度提出了判断其是否正常的项目，例如美国著名心理学家马斯洛提出的以下十项标准：（1）有充分的适应能力；（2）充分了解自己，并能对自己的能力作恰当的估计；（3）生活目标切合实际；（4）与现实环境保持接触；（5）能够保持人格的完整与和谐；（6）具有从经验中学习的能力；（7）能保持良好的人际关系；（8）适度的情绪表达与控制；（9）在符合团体要求的前提下，能有限度地发挥个性；（10）在不违背社会规范的情况下，个人基本需要能适当满足。

我国学者提出了心理健康的八条标准。

1. 了解自我，悦纳自我

一个心理健康的人能体验到自己的存在价值，既能了解自己，又接受自己，有自知之明，即对自己的能力、性格和优缺点都能作出恰当的、客观的评价；对自己不会提出苛刻的、非分的期望和要求；对自己的生活目标和理想也能定得切合实际，因而对自己总是满意的；同时，努力发展自身的潜能，即使对自己无法补救的缺陷，也能安然处之。一个心理不健康的人则缺乏自知之明，并且总是对自己不满意；由于所定目标和理想不切实际，主观和客观的距离相差太远而总是自责、自怨、自卑；由于总是要求自己十全十美，而自己却又总是无法做到完美无缺，于是就总是同自己过不去；结果使自己的心理状态永远无法平衡，也无法摆脱自己已面临的心理危机。

2. 接受他人，善与人处

心理健康的人乐于与人交往，不仅能接受自我，也能接受他人，悦纳他人，能认可别人存在的重要性和作用。同时他也能为他人所理解。为他人和集体所接受，能与他人相互沟通和交往，人际关系协调和谐；在生活的集体中能融为一体，既能在与挚友同聚之时共享欢乐，也能在独处沉思时而无孤独之感；在与人相处时，积极的态度（如同情、信任、尊敬等）总是多于消极的态度（如猜疑、嫉妒、畏惧、敌视等）。因而在社会生活中有较强的适应能力和较充足的安全感。一个心理不健康的人，总是与集体和周围的人们格格不入。

3. 正视现实，接受现实

心理健康的人能够面对现实，接受现实，能主动地适应现实，进一步改造现实，而不是逃避现实；对周围事物和环境能作出客观的认识和评价，并能与现实环境保持良好的接触；既有高于现实的理想，又不会沉湎于不切实际的幻想与奢望。同时对自己的力量有充分的信心；对生活、学习和工作中的各种困难和挑战都能妥善处理。心理不健康的人往往以幻想代替现实，而不敢面对现实，没有足够的勇气去接受挑战，总是抱怨自己“生不逢时”或责备社会环境对自己不公而怨天尤人，因而无法适应现实环境。

4. 热爱生活，乐于工作

心理健康的人能珍惜和热爱生活，积极投身于生活，并在生活中尽情享受人生的乐趣，而不会认为是重负。他们还在工作中尽可能地发挥自己的个性和聪明才智，并从工作的成果中获得满足和激励，把工作看作乐趣而不是负担。同时也能把工作中积累的各种有用的信息、知识和技能存储起来，便于随时提取应用，以解决可能遇到的新问题，克服各种各样的困难，使自己的行为更有效率，工作更有成效。

5. 能协调与控制情绪，心境良好

心理健康的人愉快、乐观、开朗、满意等积极情绪状态总是占优势的，虽然也会有悲、忧、愁、怒等消极情绪，但一般不会长久；同时能适度地表达和控制自己的情绪，喜不狂，忧不绝，胜不骄，败不馁，谦而不卑、自尊自重，在社会交往中既不妄自尊大，也不退缩畏惧；对于无法得到的东西不过于贪求，争取在社会允许范围内满足自己的各种需要；对于自己能得到的一切感到满意，心理总是开朗的、乐观的。

6. 人格完整和谐

心理健康的人，其人格结构包括气质、能力、性格和理想、信念、动机、兴趣、人生观等各方面能平衡发展。人格作为人的整体的精神面貌能够完整、协调、和谐地表现

出来；思考问题的方式是适中和合理的，待人接物能采取恰当灵活的态度，对外界刺激不会有偏颇的情绪和行为反应；能够与社会的步调合拍，也能和集体融为一体。

7. 智力正常，智商在 80 以上

智力正常是人正常生活最基本的心理条件，是心理健康的重要标准。智力是人的观察力、记忆力、想象力、思考力和操作能力的综合。一般常用智力测验来诊断智力发展的水平。智商低于 70 者为智力落后。

8. 心理行为符合年龄特征

在人的生命发展的不同年龄阶段，都有相对应的不同的心理行为表现，从而形成不同年龄阶段独特的心理行为模式。心理健康的人应具有与同年龄多数人相符合的心理行为特征。如果一个人的心理行为经常严重偏离自己的年龄特征，一般都是心理不健康的表现。

综合起来，心理健康的标准有以下几个方面：发育正常的智力；健全的人格；丰富、正面的情感；没有非适应性行为和心理异常等。

（1）发育正常的智力

所谓智力，是指个体的感知、观察、领悟、想象、思维、记忆、推理等多种心理能力的综合体现。智力正常，是指个人的智力发展水平与其实际年龄相符。一般以智商（IQ）来反映智力发展水平，成年以前智力随年龄的增长而提高。智商在 80 以上的人为智力正常。70 至 79 为临界值，70 以下属于低能或痴呆。成年以后发生的智力障碍，称为智力减退或痴呆。

（2）健全的人格

人格又称个性，是每一个人特有的心理特性和行为模式，是通过先天遗传和后天学习两种途径获得的。健全人格的基本特征是：情绪稳定，意志健全，行为协调，尊重他人，自信自强，果断敏捷，具有较强责任心和有效的自制力等。如果人格偏离正常，有可能导致社会适应障碍。人格具有一定的“可塑性”，通过心理卫生教育和行为的自我调整，可以使某些有缺陷的人格逐渐转变成健全的人格。

（3）丰富、正面的情感

丰富、正面的情感主要体现在乐观、愉悦的心态，稳定、平衡的情绪反应，积极进取的意愿，坚持不懈等方面。对自己、对未来充满信心，保持乐观平和心态的人，就能够持续稳定并创造性地发挥自己的专业水准。反之，情感负面、情感枯燥的人，生活在焦虑、紧张、患得患失等负面情绪重围之中，不仅难以提升、发挥自己的专业技术，而且极易患上各种身心疾病。

（4）没有非适应性行为和心理异常

有利于个体和所在群体生存的行为，被称为适应性行为。相反，有害于个人身心健康的行为，以及危害群体生存的犯罪行为，都称为非适应性行为。心理异常，是指各种心理、情绪、人格、行为等方面的缺陷与障碍，及各种心理疾病和精神疾病。非适应性行为几乎都属于心理异常行为。

上述分析说明了心理正常的情形，但是正常人群中这些方面也并不完全一样，其变化幅度是很大的。因此，判断一个人心理是否异常，还需要通过比较的方法。

首先是与社会认可的行为常模比较，看其行为能否为常人所理解，有无明显离奇的行为，例如，一个人突然当众脱衣赤身裸体，其行为不符合自己的年龄、身份和地位，不能为社会上的人们所接受，对本人和社会有害，那么，这个人就可能有心理障碍。

其次，还要与一个人一贯的心理状态和行为模式相比较，看其心理过程或心理特征是否发生了显著的改变，即与其常态有无明显不同。如一个一贯精明能干、积极工作的人，近来变得生活懒散、寡言少语，使人觉得前后判若两人，则要认真考虑此人有无精神疾病的问题。经过认真比较，发现行为改变极其明显，那么，作出心理变态的判断是不难的。但如果心理变态程度较轻，发现行为改变不很明显，则判断比较困难，而且，判断时还必须考虑到社会适应标准受不同地区、时代、社会习俗及文化的影响。

（三）心理健康标准的相对性

虽然心理健康的标准众说不一，但国内外学者一般认同的心理健康标准受文化差异的影响，某些标准在一种文化下可能是正常的，但在另一种文化中却是异常的，其复杂性决定了心理健康的标准只能是一个相对的衡量尺度，应该辩证、全面地理解和应用。这一点对于当代大学生来讲非常重要。心理正常与异常是相对而言的，要根据具体情况分析和判断。对于心理健康的标准既不能机械化、教条化地去套每个大学生的身心状况，也不能静态地以标准的条条框框来看待和衡量自身的心理健康。对于心理健康标准的理解和运用，应注意以下几个方面。

1. 心理不健康与有不健康的心理活动和行为表现不能等同

心理不健康与有不健康的心理和行为表现并不是等同的。心理不健康是指一种持续不良的状态，我们不能仅根据人在一时、一事中的表现而简单地下结论，认为他或者自己心理不健康，更不等于有心理疾病。一个人偶尔出现一些偏常的心理活动和行为表现，并不意味着这个人就一定是心理不健康，而应具体问题具体分析。如一个平时活泼乐观的大学生，突然变得闷闷不乐，郁郁寡欢，甚至以泪洗面，夜间难以入眠。他的表现就不正常，但是如果你了解到，他最近失去了亲人，而又失恋了，对此，我们能说他心理不健康吗？

2. 心理健康与不健康是一种连续的状态

心理健康与不健康并不是泾渭分明、截然对立的，心理健康状态是一种连续的甚至交叉的状态。心理健康状态既可以从不健康转变为健康，也可以从健康转变为不健康。也就是说，心理健康与否只反映某一时间内的特定状态。人的心理健康水平可以分为不同的等级，从良好的心理健康状态、心理健康状况一般、有某些心理困扰、轻度心理障碍、到严重的心理疾患是一个连续的过程，两端之间有着一个广阔的过渡带。在许多情况下，正常心理与异常心理，常态心理与变态心理两极之间只有相对标准，没有绝对的界限，只是程度的差异。

3. 心理健康状态是一种动态的变化过程

人的心理健康状态并不是静止的、固定的，而是一种动态的变化过程。人的心理状态，每时每刻都要受内外因素的影响，环境中的改变，某些不良刺激、意外的事件、自身的成长与发展、学习与经验的积累、主观的调节能力等因素都能够影响人的心理健康状态。如果不注意心理保健，经常处于焦虑抑郁的心理状态，心理健康水平必然会下降，甚至出现严重的心理疾病；反过来，如果心理出现困扰和失衡时，能正确地认识，及时地自我调整和寻求帮助，就会很快恢复到心理健康的良好状态。

4. 心理健康标准是一种理想的尺度

心理健康是一个相对概念，心理健康的标准也是一种理想的尺度。它不仅为我们提供了衡量心理是否健康的标准，而且指明了提高心理健康水平的方向。每一个人在现有的基础上通过努力，都可以追求心理发展的更高层次，不断发挥自身的潜能。

了解与掌握心理健康的定义对于增强与维护人们的健康有很大的意义。以往人们只注重身体的健康，而心理健康常常被忽视，从而造成由于心理问题而导致的各种疾病。现代社会生活中，人们理解了什么情况下才算是健康，并以此为依据对照自己，进行健康的自我诊断。发现自己的身心状况某个或某几个方面与健康标准有一定距离，才能有针对性地加强锻炼、进行调整或治疗，达到健康水平。

（四）心理健康是现代人的生活追求

随着社会的高速发展和生活节奏的加快，竞争日益激烈，人际关系日趋复杂，居住和交通的日益拥挤等，都给人们带来了巨大的心理压力，也给人类身心健康带来严重的威胁。与此同时，现代人的追求也在不断提高，其中不仅包括物质生活水平的提高，也包括心理健康水平的提高。心理健康越来越受到人们的重视。20 世纪 80 年代甚至在 90 年代以前，在很多地方，如果谁说去看心理医生，会有很多人认为他得了精神病；谁去做心理咨询，会认为他不正常。但现在，去心理门诊看心理医生，去做心理咨询会被认为是和身体有病去医院看病一样，是很正常的一件事。可见，不断提高心理健康的水平是现代人追求的生活目标之一。追求心理健康才能使社会和谐、安定、有序；使家庭生活幸福、愉快；使个人工作学习努力、进取、高效；使人际关系平等、相容、互利、互助；使人际交往守约、诚信。心理健康已成为现代人生活中非常重视同时又努力追求的一个重要方面。

二、大学生心理健康的意义及标准

大学是知识的殿堂，是莘莘学子开拓人生前景的阶梯。大学阶段是大学生生命活动最旺盛的阶段，是身心发展逐渐走向成熟的阶段，是接受教育，形成价值观，获取专业技术知识，提高文化素养，拓宽知识领域和自我完善的关键时期。在此期间，大学生的心理健康状况将直接影响理想目标的实现，影响毕业后步入社会能否顺利适应各种环境，始终保持旺盛的精力，健康地为祖国现代化建设服务等各方面的问题。因此，心理健康是社会发展对立志成才的大学生提出的必然要求。

（一）大学生心理健康的意义

1. 心理健康是时代对大学生的要求

心理素质不仅影响到大学生自身的发展，而且也关系到人才的培养，更关系到全民族素质的提高。一项关于当代人主要素质的调查表明，许多当代人的素质不能适应社会进步和发展的需要。最欠缺的是心理素质，具体表现为意志薄弱，缺乏承受挫折的能力、适应能力和自立能力，缺乏竞争意识和危机意识，缺乏自信心，依赖性强等。究其原因，与教育不重视人的心理素质的培养与塑造有直接关系。在大学生中，有人因自我否定、自我拒绝而几乎失去从事一切行动的欲望和信心；有人因考试失败或恋爱受挫而产生轻生念头或自毁行为；有人因现实不理想而玩世不恭或万念俱灰；有人因人际关系不和而逃避群体自我封闭……

当今时代是国际政治经济竞争激烈、科学技术飞速发展的时代，在严峻而紧迫的局势下求得生存与发展，需要有良好的心理素质做后盾、做保证，方能适应变化，克服困难，经受压力，方能执着追求，锐意进取。国内社会主义市场经济体制的建立，带来了一场深刻的社会革命，带来了经济的高速发展和社会的繁荣，对人才素质也提出了更高的要求。要求人才不仅具有坚定的政治方向和较高的道德水准，而且还要求具有与时代相一致的现代意识和良好的心理素质，如开拓进取精神、勇于承担责任、敢于冒风险、顽强的毅力、自信乐观、能够承受挫折与失败等，具备了较高的心理素质和心理健康水平，才能符合当代社会发展的要求。

2. 心理健康是人才成长的必要条件

每一个大学生都希望自己健康成长，学习更多的知识，发展过硬的能力，掌握更多的本领，早日成为社会的有用之材。而人才的成长，除了合适的外部环境之外，内在的因素才是决定性的因素。

古今中外，但凡有作为和有成就的人才，无一不具备良好的心理素质和健康的心理。相反，一些才华横溢的人才，由于心理素质不完善或心理不健康，而一事无成或导致人生的失败。大学生是国家的栋梁之材，大学阶段正是学生世界观、人生观和价值观的形成阶段。健康的心理是大学生接受思想政治教育和学习科学文化知识的前提，直接影响着大学的学习、交往、生活、发展等方方面面。大学生心理健康问题不仅关系到大学生个人的成功，也关系到民族素质的提高。大学生在成才过程中，必须以良好的心理素质和心理健康作为前提和保障。形象地说，心理健康是大学生赖以成才和发展的重要基石。当代大学生在成长过程中面临着许多心理和行为问题，其中有成长中的问题，也有业已形成的问题，如学习心理问题、自我意识问题、人格问题、青春期问题、人际关系、恋爱问题等。对大学生积极开展心理健康教育是使大学生顺利成长的重要保证，也是大学生其他诸多素质得以顺利发展的基础和平台。

心理健康是大学生接受思想政治教育以及学习科学文化知识的前提，是大学期间正常学习、交往、生活、发展的基本保证，如果一个人经常地、过度地处于焦虑、郁闷、孤独、自卑、犹豫、暴躁、怨恨、猜忌等不良的心理状态，学习的注意力会受到严重的干扰，进而影响到学习的认知过程，影响到对知识的掌握和能力的提高。心理健康对成才的影响，还表现为个性品质、态度形成及行为的选择上。心理健康的大学生，能够正确认识当前社会发展的激烈竞争的形势，明确当代年轻人所担负的重大历史责任，选择切合自己实际的目标，态度明确，需要合理，动机适中，人际关系和谐，情绪体验深刻、稳定，意志坚强，能够理智地、勇敢地面对困难和挫折。既能和同伴竞争，又能与人合作，社会适应能力强；既能正确地认识和评价自己，又能正确地认识和评价别人，具有良好的竞争观和开拓创新素质。心理健康是实现成功人生的必要条件。

3. **心理健康是大学生成才的保证**

心理健康是实现成才目标的基础。成才的基本要求是热爱祖国，追求真理，献身科学，立志为建设中国特色社会主义而奋斗，充分发展智能，发挥创造力，成就事业，造福人民，实现自身的人生价值。这一要求只有在心理健康的保证下才有可能实现。心理健康能使人宠辱不惊，能使认识活动提高效率，使竞争者在激烈的角逐中保持一颗平常心；使人在困难面前坚忍不拔，在失败面前百折不挠。那些学习上动机过强或过弱，注意力难以集中，考试过度焦虑、严重抑郁、自卑等不良心理，正是心理不健康的表现。这些方面抑制人的智能充分发展，使创造力不能得到有效的发挥，从而无法成就大事业。事实证明，人才的成长和人生的成功是与心理健康密切相关的，心理不健康不仅阻碍人才的成长，而且影响事业的成功。心理健康是智力因素发展的重要保证，是最大限度发挥个人潜能的基础条件。21 世纪是当代大学生展翅腾飞大显身手的时代，大学生有着不同于一般青年的更高的抱负和追求，也面临着更多的机遇和挑战，要承受更大的心理压力与冲突。显然，心理健康是时代和未来事业对大学生的要求，也是大学生成长和成就事业的有力保障。

成才需要健康的体魄。人的心理活动和生理活动是密切相关，相互依存的，不存在无生理活动的心理活动，也不存在无心理活动的生理活动。生理健康是心理健康的基础，而心理健康反过来又能影响或促进生理健康。有关研究表明，人体内有一种最能促进身体健康的力量，即良好情绪的力量。如果善于调节情绪，经常保持心情愉快，可以达到未雨绸缪，维护身心健康的作用。长寿学者胡里夫指出：“一切对人不利的影响中，最能使人短命和夭亡的是不良的情绪和恶劣的心境。”一个人当生理上有病时，往往会情绪低落、焦躁不安、容易发怒，而当面临某种压力（如考试）紧张焦虑时，则会食而无味、胃口大减、头痛、失眠。研究表明：情绪主宰健康。强烈或持久的不良情绪，如：烦躁、忧愁、焦虑、多疑、愤懑、冷漠、恐惧、失望等，最终会导致生理疾病。

心理健康是完成学业、全面发展的保证。古希腊哲学家赫拉克里特指出：“如果没有健康，智慧就难以表现，文化无从施展，力量不能发挥，财富变成废物，知识也无法利用。”而阿拉伯有谚语：“有了健康就有了希望，有了希望就有了一切。”健康是人生的第一财富。对作为天之骄子的大学生来说，心理健康更是学业有成、事业成功、生活快乐的基础。

提高心理健康水平对大学生发展具有重要意义。大学生作为社会上最活跃、最有知识的人群，他们的生理和心理在迅速的变化之中，处于成熟与不成熟之间。而现实生活中，大学生所面临的竞争、社会责任等各方面的压力，会随着社会的发展加速，竞争的激烈，而承受更重的心理负荷，所感受到的矛盾和冲突也会增加，同时大学生活中的人际关系的复杂化等不良应激性因素刺激也对大学生个体造成心理压力。如果个体不能做出适应性反应，就可能引起心理失衡，引起一系列负面情绪表现。如：迷茫、烦躁、失望、忧虑、悲伤、恐惧、愤怒，以及失望等。这种状况持续下去，就可能导致心理障碍或行为异常。心理健康对大学生有效地抗御心理疾病，提高学习效率，完成学习任务，提高人际交往水平和生活质量，有着重要的作用。现实生活中每个人都应对自己的健康负责，积极地通过各种途径提高自己的心理健康水平。

心理健康是大学生掌握文化科学知识的重要保证。学习是一项艰苦的脑力劳动，在学习过程中会遇到许多困难和挫折，所以大学生要取得优秀的学习成绩，掌握更多的科学文化知识，没有坚韧的意志，没有不屈不挠的向上精神是不可能的。不健康的心理状态，势必会影响学习效率，影响对知识能力的掌握。不论是认知、情绪、意志及行为的任何一个方面存在问题，都会影响扰乱学生的心理平衡，影响到学习过程，造成注意力涣散，记忆力下降，思维过程阻滞，联想想象发挥受阻，问题不能得到解决，最终影响到个人潜能的充分发挥，健康的心理，以积极进取、服务于社会的人生观作为自己人格的核心，并以此为中心把自己的需要、愿望、目标和行为统一起来，树立远大理想，“以天下为己任”，从而产生强大的学习内驱力，推动大学生努力完成学业，自觉攀登科学高峰。有了良好的心态，不仅能取得好的学习效果，而且有益于终身的发展。如果缺乏心理健康，就难以培养具有先进文化知识的合格大学生。综上所述，心理健康教育不仅是提高大学生整体素质的要求，而且也是大学生全面发展成为“四有”人才的重要保证和基础。

总之，大学生的心理健康是关系到成才与否的头等大事，只有健康的心理素质和健康的生理素质相结合，加之其他积极因素的相互作用，大学生成才才有了可靠的内在条件，一颗颗人才的新星才有可能升起。

（二）大学生心理健康的标准

大学生心理健康的标准是衡量大学生心理健康的尺度，不仅可以检验学生的身心健康，而且可以明确心理健康努力的方向。根据国内外学者的研究以及我国大学生的心理实际，将大学生心理健康的具体标准概括如下。

1. 能保持浓厚的学习兴趣和旺盛的求知欲

大学生生活的主要内容和任务是学习。一般来说，心理健康的学生珍惜学习机会，求知欲强烈，在学习中能努力克服各种困难，尽可能发挥自己的才智，使学习保持一定的效率，学习成绩比较稳定，不会大起大落。

2. 能保持正确的自我意识

自我意识是人格的核心，是衡量人格成熟与否的标准。人贵有自知之明，心理健康的学生了解自己，自我评价客观，既不妄自尊大目空一切，也不妄自菲薄而甘愿放弃可以发展的机会，同时悦纳自己，自信乐观，生活目标和理想切合实际，能够扬长避短，发挥自己潜能。相反，心理不健康的学生缺乏自知之明，或者自视清高，自以为是，唯我独尊，成为孤家寡人；或者自责自怨，自暴自弃，自卑忧虑，陷入孤独的封闭状态。有的学生过分追求完美，对自己十分苛刻，要求过高但总也达不到，从而失去自信，内心无法保持平衡。

3. 能自觉调节和控制情绪

情绪影响人的健康，影响人的工作效率，几乎涉及生活的各个方面。心理健康的学生能经常保持愉快、开朗、乐观、满足的心情，对生活充满希望，善于从平凡的生活中寻找乐趣。虽然也会有悲伤、愤怒、焦虑等不良情绪状态，但能自觉调节，适当地表达和控制情绪。而心理不健康的学生常常喜怒无常，遇到一点小事就会情绪大起大落，或长时间处于消极情绪状态而不能自拔。

4. 能保持和谐的人际关系

个体的心理健康状况主要是在与他人的交往中表现出来的。和谐的人际关系是心理健康不可缺少的条件。心理健康的学生乐于与他人交往，能用尊重、信任、宽容、理解等肯定态度与别人相处，能分享、接受和给予爱与友谊，能为他人所接受，能与集体保持协调的关系能与他人同心协力，合作共事，乐于助人。而心理不健康的学生或者过于封闭内向，独往独来，与集体和他人格格不入；或者在与他人交往中，不能谦让，猜疑、嫉妒、敌视而不能为别人所接受；或者缺乏交往技能而不能建立良好的人际关系。

5. 能保持良好的社会适应能力

不能有效地处理与周围环境的关系是导致心理障碍的重要原因，心理健康的学生能面对现实，正视现实，主动适应环境，接触社会，关心社会，对社会现状有清晰而正确的认识。当自己的需要和愿望与社会的要求相矛盾时，能修正自己的计划，努力使自己的思想行为与社会协调一致。相反，心理不健康的学生不敢面对挑战，不敢正视社会现实，或者逃避现实，沉溺于个人的幻想之中，或者怨天尤人，把责任统统推给社会和他人，甚至采取反社会的态度，从而无法适应社会。

6. 符合年龄特征

人在不同的年龄阶段有相对应的不同的心理行为表现。当一个人的认识、情感、言行、举止符合其年龄特征，他就属于心理健康的人。心理健康的大学生应该是精力充沛，勤学好问，反应敏捷，喜欢不断探索的。如果一个大学生成天紧锁双眉，老气横秋，唉声叹气，忧心忡忡，或者喜怒无常，动不动就发脾气，或者任何事都拿不定主意，依赖别人为自己做主，都属于偏离大学生年龄特征的不健康表现。

以上大学生心理健康的标准并不是绝对的，也不是固定不变的。大学生的心理丰富而复杂，不断变化和发展。对大学生心理健康标准的理解要具有相对性。在大学期间出现一些心理问题是正常的，有一些问题在当时可能感到很严重，但随着时间的推移症状可以减轻甚至自行解决，有一些则需要专业人员的帮助。同时大学生心理健康还表现出整体性的特点。从心理结构的构成要素看，认知、情感、意志、行为是互相联系、互相影响的，一个方面的变化，迟早会影响其他方面的变化，从而构成健康的心理结构。一旦其间不能有规律地协调运作时，就可以产生一系列的心理困扰或问题。此外，心理困扰是个体发展过程中不可避免的发展性问题，在与环境相互作用中，在社会生活的人际交往中，必然会遇到各种困扰，从而产生某些心理问题。

三、影响大学心理健康的因素

大学生心理问题是多种多样的，影响大学生心理健康的因素也涉及多方面，归纳起来主要有以下几个方面。

（一）个人因素

1. 早期经历

早期经历指大学生活以前的经历。精神分析学派创始人弗洛伊德通过长期研究，在精神病临床治疗工作中，发现心理障碍与早期经历有关。他指出，心理变态并非都由遗传和脑生理损害引起，人成长中的早期不良经历也会导致心理异常。不良的早期经历留在个体心里的痛苦记忆，将对个体后来的生活产生重大影响，并有可能引发心理疾病。个别大学生在幼年、童年或者青少年时期的生活环境中，曾经历过不幸的事件、境遇，造成严重的伤害性体验以致影响了他们的行为模式，并对他们的生活态度，甚至对其个性也产生了恶性影响。进入大学新环境后，他们仍会以仇恨、多疑、逃避、攻击、不合作、敏感等行为模式对待周围的一切，其结果可造成他们社会适应不良，并影响自我的发展等方面。这些造成伤害性体验的不幸境遇有：父母离异或家庭严重不和睦，父母等有较重不良人格特质，教养态度严重偏离，被遗弃与收养，家庭及本人长期处在被严重压抑的环境中，长期被伤害或迫害而缺乏被爱与同情，以及家庭经济状况长期严重困难，以及某些学生的焦虑与高考之前的紧张压力下产生的过度焦虑有直接关系。

2. 人格特征

不同的人格特征会使个体面对同样的信息而产生不同的反应。谨慎、进取、顽强、自信、自制、豁达、情绪稳定等人格特征有利于心理健康发展，而依赖、退缩、拘谨、怯懦、自负、自卑、嫉妒、猜疑、孤僻、自我中心、暴躁等人格特征则不利于心理健康。如果一个大学生只以个人为中心，以私欲为目的必然表现为狭隘闭塞，难有良好的人际关系，个人愿望不满足的痛苦经常困扰着他，焦虑不安会经常与其相伴，难以达到健康稳定的心理平衡状态。良好的人格特征使人心胸开阔，积极进取而充满活力，以工作事业为乐趣。这种优秀的人格品质决定他处处能有良好的人际关系，有益于获得健康的心理。

3. 思维认知方式

辩证地还是形而上学地看问题，是两种不同的思维认知方式。辩证的思维认知方式告诉我们，一切事物都是联系发展变化的，一切事物都具有条件性、相对性和两重性。这种思维方式，可以增强个体的心理承受能力，可以使人平静地看待成败，超越挫折和坎坷的袭击，使人可以持久地保持健康的心理状态。形而上学的思维方式是一种孤立地不变地僵死地看问题的方法，把失败和挫折看成是一成不变的结果，把不愉快的经历、不理想的结果、暂时克服不了的困难凝固化。这种片面僵死的思维方式，往往导致人产生偏见，形成偏执，从而陷入心理疾病的误区。譬如有的学生在大学以前有过被人挖苦和嘲笑的不愉快经历，他片面地把这种不愉快的经历凝固化，并把这种凝固化的认识泛化到人际交往的认识中，久而久之形成一种条件反射，一遇社交场合就怕被人嘲笑，就会出现紧张不安。

4. 道德品质

世界卫生组织近来把道德纳入健康范畴，把道德作为健康的一部分。品德端正、心态淡泊、为人正直、心地善良、胸怀坦荡，则会心理平衡有助于身心健康。相反，有违于社会道德准则，胡作非为，则会导致心情紧张、恐惧等不良心理，这种心态有损健康。一个道德水准低下，处处伤害他人的人，很难有一个平静愉快的心境，他总是生活在紧张易激怒之中，很难把自己的心理调整到健康状态。

（二）家庭的影响

家庭是社会的细胞，是带给人成长和发展能量的地方。心理学研究表明，家庭环境对一个人的一生都会产生重大影响，特别是早年形成的人格对今后的心理发展影响深远。家庭的影响主要有家庭教养方式、家庭关系气氛、父母的榜样作用等。

1. 家庭教养方式

家庭教养方式不当会导致个性偏离，父母的教育态度和培养方式对成长中儿童的性格、态度、行为习惯产生直接的影响。父母对孩子的影响最早，良好的家庭教育方式对养成孩子健康的心理、良好的性格与行为习惯有至关重要的作用，民主的教养方式下，家长在给予孩子保护的同时，倾听孩子的意见，让孩子独立面对一些问题，非常有利于发展孩子的勇敢、自信、责任心、独立性等良好的心理品质；不良的家庭教育，会使一个人从童年时代起就充满偏见，产生不安、焦虑、紧张的心理，从而潜伏下心理疾病的隐患。如果父母对孩子溺爱，会使孩子被动依赖；如果父母对孩子过度严厉甚至打骂恐吓，孩子就会产生自责、忧虑和负罪心理，就会缺乏自信；如果父母对孩子缺乏认可和关爱，孩子就会产生孤独无助甚至反社会心理。父母的教育态度和培养方式是影响大学生心理健康的重要因素。

2. 家庭关系气氛

家庭的人际关系是否融洽、和睦，对儿童的心理发展有重要影响。有的家庭成员关系紧张，每天处于争吵之中，家庭战火不断，儿童不仅缺少起码的安全感，使其心理上形成阴影，在以后的人际交往中对人缺乏信任感，有很强的自我防卫心理。而且成人后，在处理人际交往的各种关系中，特别是在处理家庭问题时，往往延续家长的处理问题的争吵方式，同时很容易产生怀疑、否定别人的心理和行为。

3. 父母的榜样作用

父母的榜样作用对儿童性格的形成有重要的影响。儿童从父母或其他家庭成员的榜样作用中潜移默化地接受品德教育、行为规范并模仿他们，天长日久就成为自己对现实的态度与习惯化的行为方式。特别是某些父母人格特征，会在儿童的心理上留下明显的痕迹。

（三）社会因素

社会因素包括社会制度、经济状况、科学技术水平、社会阶级阶层差别、传统习俗、伦理道德观念、学校教育等方面，这些因素是人的心理产生的社会基础。人的心理是对社会生活的反映，所以人的心理和社会因素之间是一种内在的、本质上的协调关系。人的心理品质的形成是和特定的社会条件相适应的。当社会生活条件发生变化，人不能做出相应的调整而出现社会文化关系失调，这就有可能导致心理异常。诸如父母离异、亲人亡故、失恋等人际关系丧失；父母下岗、权力更换、企业破产等利益关系丧失；个人名誉、能力丧失等，这些重大丧失可能突然改变大学生的处境，如果不能尽快调整适应，长久停留在丧失之苦中，就可能引发焦虑、抑郁、恐惧的心理病症。当前社会中的激烈竞争、求职择业和个人发展的压力、各种价值观念的相互碰撞与磨合，经济负担带来的各种压力等，都给大学生心理问题的出现埋下了种子。

（四）学校教育

中国目前的教育水平还远远低于世界发达国家的水平，特别是我国中小学教育依然是应试教育。这种教育模式下培养出来的学生在身心发展方面受到严重的制约和影响，心理素质达不到应有的水平，一些原本应在中学阶段甚至在小学时期的发展任务延缓到了大学，无形中增加了大学生在成长中的负担。如心理素质发展水平较低的同学主要表现为自我管理能力差，责任意识淡薄，人际沟通能力较弱，过于单纯和幼稚，挫折承受能力低下等。同时应试教育还直接带来许多心理问题，如由于学习失败而导致的自卑、考试焦虑、抑郁、强迫倾向等，都与中考和高考的压力过大有直接关系。

对大学生心理问题潜在原因的分析发现，大学生的心理问题很少由一个原因造成，它常常是多种因素交互作用的结果。心理健康的影响因素和心理状态的关系并不是一对一的，在这种因果链条中，原因和结果间呈现着既有同因同果，也有同因异果，既有多因一果、又有多因多果的十分复杂的关系。同一个事件，同样的客观因素在不同人身上会产生不同的结果。在影响大学生心理健康的成因分析中，必须看到，个人因素是影响大学生心理健康的条件，它只有通过人的内在的认识过程，经过许多次认识转化，才能发挥其作用，大学生的早期经历、道德因素、价值取向、思维认知方式是形成特定心理状态的关键。同样的客观因素对不同的学生会产生不同的心理结果。不同的学生对于同一个事件，由于主观因素的差异会产生不同的心理效应。人的心理是世界上最复杂的运动现象之一，外界现象只有通过人的认知选择的思维过程才能积淀形成人的心理定式。所以主观意识、自我选择对大学生的心理健康有决定性的影响。虽然生于什么样的家庭，受什么样的父母教育，面对什么样的社会环境是不可选择的，但是道德观念、价值取向、思维认知方式却是大学生自己选择的结果。只要正确选择人生价值取向，有一个良好的道德观念，坚持辩证的思维认知方法，就能避免褊狭的心理障碍的产生，就能够拥有健康的心理。因此，开启心理健康的钥匙就操纵在大学生自己的手里。

四、大学生心理健康的维护

（一）树立正确的人生观和世界观

人具有一切动物所没有的“灵魂”，即人所独有的极其复杂、丰富的主观内心世界。而它的核心部分即是一个人的人生观和世界观。如果有了正确的人生观和世界观，一个人就能对社会、对人生、对世界上的事物，有正确的认知和了解，并能采取适当的态度和行为反应，就能使人站得高、看得远，并正确地体察和分析客观事物，做到冷静而稳妥地处理事情，同时也能心胸开阔，保持乐观主义精神，提高对心理冲突和挫折的耐力，从而防止心理障碍问题的发生，有利于保持心理健康。

（二）不过分苛求，把奋斗目标确定在力所所及的范围以内

一个人的能力是由先天遗传和后天发展共同决定的。虽然大多数人的能力基本类同，但是应该客观地认识到，每个人的能力都有一定的限度，都具有优势和劣势两个侧面。一个心理健康的人应当能够对自己的能力做出客观的评价，并付诸社会实践。做到这一点对于保护个体少受挫折及充分发挥才能方面是非常重要的。也就是说，只有当你充分了解自己的能力及其特点时，才能确定适合自己的恰当追求目标，并能通过艰苦努力最终实现这一预定目标。在这个获得成功的过程中，个人的需求得以满足，个人的价值得以体现，对自己的信心得以巩固和增强，并能使自己的心理处于良好的竞技状态。同时，在这一过程中个人的能力也得到了锻炼和培养，为追求奋斗目标打下坚实的基础。假如一个人不能客观估量自己的能力，仅凭良好的愿望和热情盲目地制定宏伟目标，结果往往是目标落空，在个人心理上蒙受打击，产生挫折体验。这样，不仅白白耗费了精力和时光，也给自信心和心境造成不良影响，而且还会影响到今后的发展，所以每个大学生都应该认真对待这一问题，使自己能够脚踏实地地顺利发展，而且有利于维护心理健康。

（三）学会自我调控情绪，排除愤怒情绪

稳定而良好的情绪状态，使人心情开朗、轻松、安定、精力充沛、对生活充满乐趣与信心；对身体状态的自我感受是良好的、舒适的。相反，如果一个人情绪波动不稳，患得患失，喜怒无常，处在不良的情绪状态中，而自己又不会调节和控制，就会导致心理失衡和心理危机，甚至精神错乱。因此，要维护和保持心理健康就必须学会对情绪的自我控制。

在生活中，人们难免会遇到不良刺激而出现情绪反应。然而，强烈的愤怒会降低人的理智水平。一旦有丧失理智的冲动发生，就会做出过激行为，甚至会带来难以弥补的诸多不良后果，还可能会产生内心的不安和后悔。所以，一个人应该在自己情绪剧烈发展的进程中及时给予控制，以避免愤怒情绪的最终爆发。排除愤怒情绪的具体方法有：及时告诫和提醒自己制怒，及时脱离现场，接受他人的劝解，让自己试着换个思考问题的角度和解决问题的途径等。总之，培养良好的情绪控制能力对每个人的身心保健都是非常有益的。

（四）多找朋友倾诉，以疏泄积郁情绪

生活中人们难免会遇到令人不愉快和烦闷的事情，有时还可能因此造成有害于心理健康的长期压抑情绪。针对这类情况，你若能找机会与朋友、同学、亲友等将自己的苦闷心情倾吐出来，使不良情绪得以发泄，压抑心境就可能得到缓解或减轻，失去平衡的心理也可以逐步恢复正常。并且在倾诉郁闷的过程中，你还可能获得更多的情感支持和理解，获得认识和解决问题的新思路，增强克服困难的信心等。比如有些大学生想家心切，学习不得法，生活难以处理等，为此他们苦闷、抑郁，正常学习活动受到严重干扰。这时，如果他们能去找位老同学或同乡谈一谈，就可以从朋友那里获得鼓励和帮助，使自己顺利克服困难，更快地适应大学生活。总之，朋友和同学可以在消除压抑心境、恢复心理平衡方面提供非常有益的帮助。

（五）自我娱乐，防止心境压抑

一个人如果能够注意培养和发展自己的业余爱好，进行多方面的自我娱乐活动，这样就可以在其寂寞孤独、烦闷抑郁时，通过自我娱乐，以防止心境的压抑，使身心获得有益的休整和放松。通常，人们不可能总是工作和学习，在业余时间，积极开展愉快的娱乐活动，做到积极的放松，只有这样才能使自己得到真正的身心保健，并使自己更有效地从事工作和学习在现实生活中。的确有那么一些人，工作起来干劲十足，积极奋进，但一闲下来就无所事事，郁郁寡欢。还有些人，遇到烦恼或是蒙头卧床，或是苦思冥想，所有这些，都会对其身心健康造成有害影响。而如能积极开展自我娱乐活动，就能振奋精神，祛除烦恼，保持愉快的心境。所以，每个学生在大学阶段都有必要依据自己的性格特点和条件，注意培养和发展一些业余爱好，学会自我娱乐，这对维护心理健康十分有益。

（六）不盲目地与人竞争，以避免过度紧张

目前，我国正在社会生活的各个领域逐步引进竞争机制，因而竞争意识对人们的影响也越来越大。大学生正值青年阶段，青年人在一起又易于出现争强好胜、相互攀比的现象。所以有许多大学生会盲目地与他人展开竞争。然而，由于每个人的精力有限，又各具不同的优势，假如你盲目地事事处处都要与他人竞争，有可能在某些方面以自己的劣势去同他人的优势进行竞争，从而遭致失败，并给自己造成挫折和打击。同时，事事竞争还会给自己造成过度紧张，心理上承受过大压力，从而对身心健康产生不良的影响。

所以，人们在与他人竞争时，应该有所选择和侧重。有所选择是指要注意发挥个人拥有的优势方面，有所侧重是指在竞争中应把主要精力放在对自己有较大意义的方面，而避免分散精力，去做无谓的竞争，这样，一方面会有利于充分发挥自己的优势，能够顺利地取得成果，以达到自己所追求的目标；另一方面也有助于维护自己的心理健康。

（七）积极参加社会活动，适当扩大人际交往

人作为社会的一员，必须生活在社会群体之中，大学生也是社会群体之一，每个大学生都必须生活在这个群体里。通过社会交往活动，一个人与群体中其他成员或其他社会群体进行交往和联系，特别是与志趣相投的伙伴、朋友、同学在一起，进行思想的沟通和情感的交流，就能从中得到启发、疏导和帮助；通过积极的社会活动，扩大人际交往，不仅可以使人增进理解，开阔心胸，还可取得更多的社会支持；更重要的是，还可以使人感受到充足的社会安全感、信任感和激励感，从而大大地增强生活、学习和工作的信心和力量，最大限度地减少心理应激和心理危机感。这是人们维护和保持心理健康的最基本最重要的因素之一，一个离群索居、孤芳自赏、生活在社会群体之外的人，是不可能做到心理健康的。

第二章 大学生学会适应与学习

第一节 学会适应

一、新环境适应的烦恼

（一）适应障碍的内涵及表现

1. 适应障碍的内涵

适应障碍是指在明显的生活改变或环境变化时所产生的短期和轻度的烦恼状态和情绪失调，常有一定程度的行为变化等，但并不出现精神病性症状。典型的生活事件有居丧、离婚、失业或变换岗位、迁居、转学、患重病、经济危机、退休等，发病往往与生活事件的严重程度、个体的心理素质、心理应对方式、来自家庭和社会的支持等因素有关。

适应障碍是一种慢性心因性障碍；因长期存在应激源或困难处境，加上人格缺陷，产生烦恼、抑郁等情感障碍，以及适应不良行为（如退缩、不注意卫生、生活无规律等）和生理功能障碍（如睡眠不好、食欲缺乏等），并使社会功能受损；其发生是由于心理社会应激因素与个体素质共同作用的结果。适应障碍是一种短期的和轻度的烦恼状态及情绪失调，能影响到社会功能，但不出现精神病性症状。

2. 适应障碍的表现

适应障碍的临床表现形式多样，主要为情绪障碍，如抑郁、焦虑，也有的以适应不良的品行障碍为主，这与年龄有一定联系：如成年人多见情绪症状，焦虑、抑郁以及与之有关的躯体症状均可出现，但达不到焦虑或抑郁的诊断标准；青少年以品行障碍为主；儿童则可表现为退化现象，如尿床、幼稚言语或吸吮拇指等。

适应障碍的临床表现不一定与应激源的性质相一致，症状的严重程度也不一定与应激源的程度相一致。一般而言，症状的表现及严重程度主要取决于患者的病情个性特征。病程一般不超过 6 个月。若应激源持续存在，病程可能延长，不论病程长短、起病急缓，愈后都是良好的，尤其是成年患者。

本病的发病多在应激性事件发生后 1 ～ 3 个月。患者的临床症状变化较大，主要表现为情绪和行为异常，常见焦虑不安、烦恼、抑郁心境、无能力感、胆小害怕、注意力难以集中、惶惑不知所措和易激惹等，还可伴有心慌和震颤等躯体症状，同时可出现适应不良的行为而影响到日常活动。

适应障碍症状表现多种多样。起病通常在应激性事件或生活改变发生后 1 个月之内，除长期的抑郁性反应外，在应激源和困难处境消除后，症状持续时间一般不超过6个月。

（二）适应障碍的分类

1. 焦虑心境的适应障碍

这种适应障碍以神经过敏、心烦、心悸、紧张不安、激越等为主要症状。焦虑性适应障碍主要表现为紧张不安、担心害怕、神经过敏、颤抖，可伴有心悸、窒息或喘大气后感觉舒服一点、坐立不安、出汗等症状。

2. 抑郁心境的适应障碍

这种适应障碍以成年人较常见，主要表现为：心境不良、对生活丧失兴趣、自责、绝望感、哭泣、眼泪汪汪、沮丧，严重时可有轻生行为，但比重度抑郁为轻。常伴有睡眠障碍、食欲减退、体重减轻。

3. 品行异常的适应障碍

这种适应障碍多见于青少年，主要表现为：对他人权利的侵犯或对社会准则和规章的违反等，品行异常的表现有不履行法律责任。

4. 情绪和品行混合的适应障碍

这种适应障碍表现为既有情绪异常，也有品行障碍。

5. 混合型情绪表现的适应障碍

这种适应障碍表现为抑郁和焦虑心境及其他情绪异常的混合症状，从症状的严重程度来看，比重度抑郁和焦虑症为轻，如有些青年入伍或求学离开父母后，出现抑郁、心情矛盾、发怒和明显依赖现象。

6. 未分型的适应障碍

这是不典型的适应障碍，如表现为社会退缩而不伴有焦虑或抑郁心境。

躯体性主诉的适应障碍：主要表现为有躯体主诉，如疲乏、头痛、背痛、食欲缺乏、慢性腹泻或其他躯体不适等，患者既不找医生诊断也不顺从治疗，体格检查无相应阳性体征，其他检查均正常。

工作抑制的适应障碍：主要表现为突然难以胜任日常工作和学习，工作效率下降，学习成绩不佳，工作学习能力减弱，严重时不能进行日常工作，甚至不能学习或阅读资料。也称为能力减弱型。

退缩型的适应障碍：表现为孤独、离群、不参加社会活动、不注意个人卫生、生活无规律；儿童表现为尿床、幼稚语言或吮拇指等。患者一般无焦虑抑郁情绪，也无恐怖症状。

（三）产生适应障碍的原因与判断

1. 产生原因

本障碍是个人对生活改变或应激性事件（如丧偶、出国、移民、参军、退休等）不能适应，而持续处于情绪障碍和不良适应行为的一种异常状态。由于对同样的应激源许多人都能顺利处置，无任何异常反应，而病人却出现精神障碍，说明个人的易感性对适应障碍的发生有重要作用。尽管如此，仍需肯定如果没有应激源，也就不会发生这种情况。

心理社会因素：生活环境和家庭的变迁，人际关系恶化，工作和学业受挫，亲友死亡等，某些因素还带有特定的时期如新婚，毕业生求职，离退休后适应新的生活规律等。

个性因素：对于同样的应激源许多人都能顺利处置，无任何异常反应，而病人却出现精神障碍，说明个人的易感性对适应障碍的发生有重要作用，但应该肯定如果没有应激源，也就不会发生适应障碍。另外，社会适应能力欠佳、应付方式生硬和单调及个体遭受应激时的生理状况处于相对较弱的状态，也易产生适应障碍。

2. 基本判断

（1）有明显的生活事件（但不是灾难性的或异乎寻常的）应激源作为诱因，特别是生活环境或社会地位的改变（如移民、出国、入伍、退休等），情绪、行为异常等精神障碍多开始于应激源发生后 1 个月内。（2）有证据表明患者的社会适应能力不强。（3）临床表现以情绪障碍为主，如烦恼、焦虑、抑郁等，同时有适应不良行为（如不愿与人交往、退缩等）和生理功能障碍（如睡眠不好、食欲不振等）。但严重程度达不到焦虑症、抑郁症或其他精神障碍的标准。（4）社会功能受损。（5）病程至少 1 个月，最长不超过 6 个月。

二、学会调适

（一）大学生自我调适的原因

现代社会的飞速发展给每个人的生活适应都提出了较高的要求，对于正处于成长过程中的大学生来说尤为突出。从主观上说，大学生处于青年期，是人生中生理与心理发展变化最剧烈的时期；从客观上说，大学环境与中学相比有极大的不同。如何进行自我调适，以适应主客观的变化，是每个大学生都面临的首要挑战和必须解决的首要问题。

1. 自我调适是大学生身心发展的必然要求

根据发展心理学的理论，一个人从出生到死亡所经历的每个人生阶段都要完成这个阶段人的发展与成长所面临的课题，即人生发展课题。青年期是人生发展变化的重大转折期，不单是生理上迅速发育并走向成熟，更是心理上快速发展，特别是自我意识发展的关键期，这就决定了青年大学生面临和需要解决的人生发展课题更加复杂、更加多样。美国发展心理学家哈维格斯特提出了青年期发展的课题：学习与同龄男女的新交际、学习社会性别角色、认识自己的生理结构、有信心经济独立、选择职业、做结婚与组织家庭的准备，等等。人生发展的新课题，会给大学生带来一些烦恼与痛苦。但是，只要他们能恰当地把握和调适自我，反而会在烦恼与痛苦中更快地成长与成熟起来；否则，很有可能造成心理异常。大学生发展自我调适能力，消除稳固的、习惯性的心理机制，满足新的需要，就能够使自己较好地完成面临的人生课题，维护健康的心理。

2. 自我调适是大学生适应大学生活的必然要求

大学展现给大学生的是一个全新的面貌，大学生所要经历的也是一种全新的生活。大学的生活环境、人际关系、学习的方式方法等，都与中学有明显的差异。这将使大学生原有的、习惯了的心理定式受到冲击，不可避免地产生孤独、苦闷、焦虑、烦躁等情绪反应。在这种情况下，他们只有根据客观环境的变化调适自我，适应大学新的管理模式、授课方式、师生关系和学习生活等，才能实现由中学生到大学生的角色转变。是否适应大学生活，不仅表现在入学初期，而且表现在大学生活的整个过程之中。不同时期大学生面临的心理困惑和出现的心理问题不同，大学阶段大致可以划分为入学适应期、稳定发展期、准备就业期，其中，入学适应期是整个大学阶段问题最突出、适应最困难的时期。大学生活是一个需要不断调适自我的过程，自我调适能力的高低会直接影响大学生整个大学时期的学习成绩与生活质量。

3. 自我调适是大学生适应社会发展的必然要求

人类社会从原始农业经济发展到今天的知识经济时代，社会的发展速度日趋加快，知识的创新能力明显增强。知识经济时代的到来、市场经济的深入发展都对未来人才素质提出了更高的要求。为此，大学生应对自己的知识结构、能力结构做相应的调整，除了掌握所学的专业知识和基本技能之外，还必须具备与社会发展相适应的新的能力，同时，还要不断调整自己的思想观念、心理状态、思维方式等，依据社会对人才的要求和自身的特点，进行合理的自我设计，努力把自己培养成社会需要的新型人才。

（二）影响自我调适的因素

生活在社会环境中的人时时接收外界信息，经过个人的知觉选择进入大脑，大脑又时时加工着各种信息。对每个人来说，输入的信息可能是相同的，但经过加工输出的信息会千差万别，不同的输出结果又会影响人的自我调适。大学生一起走进校园，他们面对的困惑基本相同，但经过加工调适的结果却有很大的差异，这主要是由于影响大学生自我调适的各种因素不同造成的。

1. 人生目标和态度

人生态度是人们在一定的社会环境中，经过个人的生活体验表现出来的对人生问题的行为倾向，它集中表现在一个人怎样对待生死、荣辱、苦乐、义利以及顺境与逆境、幸福与不幸、成功与失败等问题上。当然，人生态度与人生目标密不可分，人生目标是否明确常常决定着一个人的人生态度是乐观还是悲观，是积极还是消极。一个大学生具有怎样的人生目标和态度，就会有怎样的行为表现。就当代大学生来说，绝大多数抱着积极有为、益于社会的人生态度，但少数人或者抱着自甘平庸的人生态度，或者抱着看破红尘、与世无争的人生态度，或者抱着享乐、实惠的人生态度。他们的人生态度不同，也就决定了他们遇到问题时，是积极主动地处理，还是消极被动地等待，以及如何对待、怎样对待等行为表现。人生目标和态度决定了一个人自我调适的方向和驱动力的大小。人生目标和态度一经形成，就为自我调适提供了心理基础，并成为指导行为活动的稳定的心理倾向。

2. 人际交往的范围

从社会性角度说，交往是人的第一需要。人的社会性决定了人只有在与他人的交往中，才能获得自我作为社会一员的身份确认的意义。“自我与社会是双胞胎”，一个人的自我是由其人际交往产生的，以不同性质、不同范围的他人的观点为参照对自己进行认识和调适，他人成为认识和调适自我的一面镜子，这就是库利的“镜中自我”。人能够在特定的场合下，由人际交往经验形成他人对自己可能采取的态度的预感，并由此调适自己在特定场合的反应。人是依据内化了的所属群体的态度调适自己的行为。米德强调指出，他人对自己的态度、行为与自我采取的态度、反应之间的关系就形成了主体的意义。意义是人际适应的重要因素，也是自我调适的重要因素。所以，离开与他人的交往，离开了人际关系，自我将无法对象化，自我的认识与调适也将不复存在。适当地交往既可以防止人盲目地自傲自大，也可以防止人轻易自卑自贱。每个大学生原有的交往范围和层次，以及在交往中形成的对事件意义的认识，成为影响自我调适的重要因素。

3. 个人的经历与认知水平

人拥有的心理状态、精神活动乃至自我意识都来源于自身与物质世界、社会环境的交互作用之中。个体的经历是联系人与外界、主体与客体、自我与他人的桥梁，是实现客观主体化和主观客体化之间转化的方式，也是影响个体对自我、他人和社会认知的重要因素之一。自我调适本质上源于主观意义，而主观意义形成于各种形式和层次的活动之中，形成于个体的整个成长经历之中。

（三）自我调适能力的形成与培养

在瞬息万变的信息时代，大学生要适应不断变化的环境，维护身心的健康发展，最根本的在于形成自我调适能力。因为每个人所处的环境中，“致病因素”大量存在，只有依靠自己的力量，才能长期地并依据外界的变化随时随地、及时地调适自我。预防心理疾病的关键就是增强自身的“免疫”能力。因此，重视大学生自我调适能力的形成，符合维护其身心健康发展的需要，也符合构建学习型社会和终身教育的时代要求。

1. 树立正确的奋斗目标，以积极的态度对待人生，是主动进行自我调适的思想前提和心理基础

正确的奋斗目标是人生的灯塔，是人的精神支柱，是积极主动调适自我适应社会的永不枯竭的力量之源。正确的奋斗目标是以正确地认识自我、认识社会为前提的。青年大学生正值青春年华，对未来充满憧憬，往往把目标确立得过高，这很容易使他们屡遭失败，从而导致心理崩溃。我们要帮助大学生正确认识自我，确定自己在社会中的位置，摆正个人与社会的关系，这样建立起来的目标才具有实现的可能性，才能达到自我期望与现实的契合。正确的奋斗目标会使大学生心理充实，从工作、学习和生活中得到乐趣，以积极的态度对待人生，保持身心的健康发展。

2. 不苛求他人、不苛求社会，是自我调适必须遵循的基本原则

在现实生活中，我们发现许多出现心理问题的人，多是以他人或者社会必须怎样或者应该怎样为前提的，并以这个设定的前提为依据思考问题和处理事情。而当他们设定的前提崩溃时，便会由于接受不了现实而导致心理异常，或以仇视的心态，或以消极的态度，或以忌妒的心理等对待他人和社会，这必然会使他们作出错误、被动的调适，而最终的结果只能是适应困难，心理问题加重。我们应该以平静的心态接纳一切，包括不如意的环境、自己和他人的缺点。一个人只有具备了博大的胸怀，才能客观冷静地认识现实、接纳现实、把握现实，与环境保持良好的接触，才能随时调节自我、适应环境。

3. 遵循人际交往原则，建立良好的人际关系是自我调适的重要内容

人是一切社会关系的总和，个体的生存和发展离不开纷繁复杂的人际关系。人际关系是个体社会生活的重要组成部分，是个体心理正常发展的基础。人类的心理适应，最重要的是对人际关系的适应，所以人类的心理病态主要是由人际关系的失调带来的。由此可见，从一定程度上说，自我调适主要是调适人与人之间的关系。我们应该帮助大学生掌握人际交往的原则，学会正确处理人际矛盾与冲突，把握人际交往的技能与技巧，这对于调节好个人与他人、个人与社会的关系都是十分重要的，同时也有利于形成良好的自我调适能力。

第二节 学会学习

“学习”是大家都非常熟悉的社会现象，在现实生活中早就有人去追问“什么是学习”“学习与心理健康的关系是什么”，其实，学习作为一种社会现象，有它自身的特点和本质，也有与其他社会现象的区别和内在联系。学习是影响和决定人类心理发展的主要因素，因此，人们很早就开始研究学习问题，并提出了各种学习理论。学生是学习的主体，研究学习的发展及其与心理的关系应主要围绕学生的学习活动来展开。

一、学习概述

（一）学习的含义

学习是指通过阅读、听讲、思考、研究、实践等途径获得知识或技能的过程。学习分为狭义的学习与广义的学习两种。

1. 狭义的学习

狭义的学习是一种使个体可以得到持续变化（知识，技能、方法与过程、情感与价值的改善和升华）的行为方式。例如，通过学校教育获得知识的过程。

2. 广义的学习

广义的学习是指人在生活过程中，通过获得经验而产生的行为或行为潜能的相对持久的行为方式。

（二）学习的本质内容

人从出生到死亡，学习从未间断，从牙牙学语开始通过学习慢慢了解这个世界。

学习作为一种获取知识、交流情感的方式，已经成为人们日常生活中不可缺少的一项重要内容，尤其是在21世纪这个知识经济时代，自主学习已是人们不断满足自身需要、

充实原有知识结构、获取有价值信息，并最终取得成功的法宝。

心理学家普遍认为，学习集中地表现为由经验的积累而持久地改变行为的过程。也可以说，学习是指依靠经验的积累而引起的动物或人类的行为产生的持久的变化过程。这个概念中包含着以下几层意思。

1. 学习的结果就是学习者行为的改变

例如，一个人原本不会骑自行车，但经过反复练习，积累经验，掌握了骑自行车的要领，最后学会了骑自行车。在这一学习过程中，学习者行为的改变就是从不会骑自行车变为会骑自行车，这就是他学习的结果。

2. 强调经验的作用

明确地讲，那些不依靠经验而产生的行为变化不属于学习之列。例如，初中学生在变声期产生的声音变化纯粹属于生理现象，它与学生个体的经验积累没有太大关系。又如，小朋友因头痛感冒等生理疾病的影响而产生的一些行为变化也不是学习行为，随着疾病的痊愈、身体的康复，这些生病时出现的行为变化就会逐渐消失。而以经验为依据的学习行为将会更加合理和持久。

3. 行为的变化是持久性的，而不是暂时性的

例如，婴儿学说话时，偶然间可能发出“妈妈”的音，但不能由此断定婴儿已经学会了叫“妈妈”。只有当他能持久地把这一声音符号和母亲联系在一起时，才可以说他学会了叫“妈妈”。

学习是人们在实践过程中自觉地、不断地通过多种途径、手段、方法获取知识并内化为自身素质和能力的人的自我发展、提高、完善的过程，是逐渐使人自身成为主体并不断增强主体性的过程。“学习”这个定义包含以下三层含义。

第一，学习是人类实践活动中自觉地改造自己、发展自己、提高自己、完善自己，使自身成为主体并不断增强自身主体性的过程。

第二，学习是人类获取知识并内化为自身素质和能力的过程。

第三，学习是人们通过多种途径、手段、方法、形式获取知识并使之转化为人的素质和能力的过程。读书是学习，使用也是学习，而且是更重要的学习。学习的这两种基本途径和形式是一个完整的系统，它们相辅相成，缺一不可。

（三）“学习”的深层含义

美国认知教育心理学家奥苏伯尔根据学习材料与学习者认知结构中已有知识的关系，将学习分为机械学习和有意义学习。有意义的学习就是把新知识和原有知识联系起来，将新知识纳入原有知识结构中。由此来看，学生的认知结构是新知识的生长点，帮助学生建立起良好的认知结构是学习的基础。图式对认知结构具有积极的影响，能够帮助学生建立良好的认知结构。

要想实现有意义的学习，必须同时具备如下两个条件：第一，学生应具有有意义学习的心向，即积极主动地把新知识与自身认知结构中原有的适当结构联系起来的倾向性；

第二，学习材料对学生应具备潜在的意义，即学习材料可以和学生认知结构中的适当观念相联系。如果学习材料本身具有逻辑意义，学生认知结构中又具有同化新知识的适当观念，那么这种学习材料对于学生就构成了潜在意义。另外，除了这两个必备条件之外，奥苏伯尔认为，在有意义的学习中，影响新知识学习的最重要条件是学生原有认知结构的适当性，包括在认知结构中是否有适当的、起固定作用的观念可利用；新观念与同化它的原有观念的分化程度；原有观念的稳定性与清晰性三个方面。

二、大学学习的心理准备

（一）完成中学到大学的过渡

对一名刚刚迈入大学校门的新生来说，大学和中学是两个完全不一样的世界。新生进入大学后，最重要的转变之一就是中学到大学的转变。所以，让我们首先来扼要了解一下中学和大学的不同。

大学要培养什么样的人？中学里的学习基本是围绕高考而展开的，但是到了大学就不一样了。大学是升学教育的顶点，之后就没有类似中小学的升学考试了。也许有人会说，不是还有研究生考试吗？其实，研究生教育已经不是一般意义上的普通教育了。它的升学机制也与以前的升学机制不同。可以说，进入大学以后，以往那种为了升学而学习的学习结束了。大学的学习不再是为了升学而学习，而是为了今后的职业生涯而学习。一个高中生去找工作，他只要在自己的简历上写明自己是高中毕业就可以了。而一个大学毕业生去找工作，除了在简历上要写明自己是大学毕业、获得什么样的学位外，还必须写明自己是学什么专业的、学了哪些课程。之所以这样，是因为大学是培养某一领域的高级专门人才。

所以，大学教育的特点是专业教育，而不是升学教育。它是按照一定的培养目标培养某一领域的高级专门人才，而不是为了学生更高级的学习打基础。了解这一点非常重要。在大学中，学习目的往往会成为问题，不同的学生可以有完全不同的学习目的。这个问题解决不好，就会影响到学生的学习。

步入大学，你会发现，大学的学习和生活方式可能与高中阶段有很多不同，这时难免感到迷茫。因此，在入学前，思想上要准备充分，调整心态，学会独立，这样才能顺利地适应大学生活。

1. 远离父母“包办”，学会独立生活

很多准大学生高中三年冲刺学业考试，生活方面基本都由父母来操持，自己独立生活能力较差。但进入大学意味着将远离父母“包办”，要做好战胜和克服困难的准备。

高中三年拼搏，又疯玩了一个假期，各位准大学生可以根据自身情况锻炼身体，为迎接大学生活的挑战做准备。

2. 学会包容接纳，学会沟通

大学生活第一个要面对的就是集体生活，未来共居一室的舍友可能来自全国各地，生活习惯、行为方式、思维逻辑以及文化风俗等方面都存在不少差异，在学习和生活中难免产生矛盾和摩擦。对不同的人和事，不仅要学会包容和接纳，更要学会沟通。对舍友要真诚，并尊重他们的隐私。融入班级，多了解别人的同时，也更多地展示自己。

3. 考虑职业生涯规划

学生生活和心理方面适应大学生活后，马上要考虑的就是今后的职业生涯规划。为了未来能更好地就业，学生一定要确立正确的学习目的和学习态度。

首先，要全面审视自己，正确评价自己，在学习中树立自己的世界观、人生观、价值观，明白自己的兴趣、能力和理想，清楚自己的优势和劣势。

其次，要为自己规划目标，是否要读双学位或研究生，考哪些资格证书等。了解规划目标职业的具体要求，参加与其相关的社会实践活动等。

（二）进入大学必须面对的几个问题

1. 为什么要上大学

在现代社会中，接受高等教育已经成为一个人职业发展的重要条件。因为现代科技的发展，使许多工作需要受到过专门训练的人才来负责，高等教育就是要培养这样的人才。

上大学无疑是要学习知识，但同时，我们还要学会获取知识的能力。因为现代科技的发展是非常迅速的，知识每天都在更新。如果现在我们不努力学习，不仅眼前的知识学不好，以后我们想获取新的知识也会很困难。我们说大学的时光是宝贵的，不仅说的是大学的生活非常美好，而且是说它将为我们今后的发展奠定基础。所以，上大学首先还是要学习，要按照大学的培养目标来学习，这里的学习既包括专业知识的学习，也包括学习能力、工作能力的学习。因为毕竟大学是培养高级专业人才的。

2. 要学会学习

有一位学生在中学时学习成绩非常好，然后考进了国内一所著名大学，可是上大学以后，他的学习成绩出现了很大的滑坡。老师在与他谈话中了解了很多信息，便说你在中学时就是“学霸”，应该是有能力学好大学课程的，但是感觉你现在学习上的投入明显不够，你这样做对得起你的父母吗？他的回答是，我从小学开始就是按照父母的要求，努力学习，争取上一个好的中学，后来又是努力学习，上一个好的高中，然后还是努力学习，争取上一个好的大学。这么多年来，我实现了他们对我的所有要求，上了我所能上的所有最好的学校。现在，我还能做什么呢？

我们在大学里经常能够看到这样的情况：有些学生上了大学以后，学习动力反而下降了。很多学习成绩不好的学生，分析原因，几乎都存在学习目的的问题。

3. 在大学里学什么

要搞清楚这个问题，就必须了解大学的特点。

首先，大学里课程很多。当你拿到课表，就会发现，每个学期，你都要学好几门课。到了高年级，课程还会更多。有些课程是前后衔接的，你必须先学基础课，然后才能进入专业课。因此，在大学里，每一个学期的学习都很重要。哪一门课没有学好，都有可能影响到你下一阶段的学习。

其次，大学里的学习专业性很强。除了一些公共课程（如“两课”、英语、体育等）外，几乎所有课程都是围绕着专业安排的。不同的专业，课程内容不同。因为大学的教育是专业教育，是以培养某一领域的高级专门人才为目标的。

再次，大学里的课程很杂。除了要学习本专业的课程外，还要学习很多相关专业的课程。例如，学机械的要学计算机课程；学计算机的也要学一些机械类的课程。至于学文科，交叉的课程就更多了。这些课程有些是指定的，有些则是选修的。

最后，大学里所要学习的内容非常广泛。在中学，学生只要按照教科书的要求去学就可以了。但在大学，你会发现，教师讲授的很多内容超出了教科书的范围，有的甚至没有教科书，只有讲义。教师在讲课时，除了指定教材外，还会开列一大堆参考书。

总的来说，在学习内容方面，大学可以用多、专、杂、广来概括。只要你愿意学，大学中有学不完的东西。如果说，在中学，我们的学习是精益求精，那么在大学，我们的学习就是多多益善了。

4. 在大学里怎样学习

进入大学后，你会发现，大学教师的授课方式与中学教师的授课方式有很大不同。大学教师讲课一般只讲重点，点到为止。而且，大学有的课程没有统一的教材，即使有，也只能做一个参考。有很多东西是教材上没有或教师没有讲的，学生必须自己去看很多参考书。如果说在中学，学生面对的是有限的学习内容，那么，大学的学习内容几乎是无限的。因此，中学的学习方法在大学中有不少是不适用的。大学生必须主动学习，必须有针对性地学习，同时，也要对学习的内容有判断和取舍的能力。

5. 树立稳固的专业思想

学生一到大学，首先接触的就是自己的专业。从实际情况来看，在大学的新生中，非常满意自己专业的人不多（一些特殊的专业如医学、艺术、语言等可能要好一些），多数学生，不论是不是第一志愿录取，或多或少地存在一些专业情绪，而一些传统的专业，如化工、水利等，简直成了专业情绪的重灾区。即使是在一些新兴的热门专业，对专业的不满也非常常见。在一些学校，转系转专业成了一个热门话题。甚至在填报志愿的时候，一些学生就是抱着先有学上，以后再转专业的念头。

产生这样的问题并不奇怪。一方面，很多学生对大学的专业不了解，在填报高考志愿时有很大的盲目性，一旦考进了大学，接触了专业，往往会发现，自己所学的专业与原来自己所想的不是一回事。另一方面，社会上对一些专业也存在偏见。比如，一说到高科技，人们往往会将它与电子信息技术联系起来，而一说到机械、化工、水利，人们往往想到的是“夕阳产业”。此外，还有一方面的原因也很重要，那就是在计划经济时期，专业是与一个人一生的职业相联系的，直到现在，专业决定人的一生的观念依然存在，使学生过分看重专业。这些原因使专业思想问题成了很多学生在进入大学以后绕不过去的一个问题。应该怎样看待这个问题呢？

首先，我们说，专业只有是否适合自己的问题，而没有好坏之分。比如，有的学生适合学社会科学，有的学生适合学自然科学；有的学生适合学艺术，有的学生适合学工程，这种差别的确是存在的。有些专业虽然有高科技的好名声，但也有很强的工具性，或者说是工具专业。而那些老的专业虽然不那么时髦，但很多是属于核心技术的。所以，在对待专业的问题上不要太急功近利。

其次，与研究生教育相比，大学本科阶段的学习还是属于打基础的学习，很多基础知识不同的专业都是要学的。而且随着交叉学科越来越多，复合型的人才越来越受到用人单位的欢迎。因此，不论学什么专业，只要学得好，都对自己的成长有益。

（三）大学生学习生涯规划

1. 规划人生是一个成长发展的重要课题

进入大学，可以说是人生的重要里程碑。在我们国家，是否受过高等教育对一个人的发展是有重要影响的。它是人生旅途的转折点，规划人生是每一个学生都要去做的事情，但并不是每一个学生都会合理规划自己的人生。

那么，什么样的人生规划才是合理的呢？

要对自己的情况有一个比较客观的分析，自己的兴趣是什么、优势是什么、不足是什么、自己今后发展的条件是什么、自己所学专业的前景是什么，如此等等。比如，你的兴趣可能是搞理论研究，那么，你就应该考虑如何在理论研究方面发展自己，而没有必要拼命向比较热门的技术和管理方向去发展。如果你发现自己没有哪一方面的能力可以傲视群雄，但也没有明显的短处，那你就应该尝试一下在一些需要综合能力的方向上发展自己。当然，专业也是一个不能不考虑的问题。如果你学的是一个理论性比较强的专业，而你在理论研究方面的能力并不突出，那么，一方面，你应该努力加强自己的理论思维能力，把它作为自己在大学阶段重点要解决的问题；另一方面，你也应该寻找一些在该专业中对理论素质要求不是很高的领域，如学物理的可以多关注一下实验物理领域；学数学的可以去搞应用数学。同样，如果你学的是很强调应用的工科，而你在理论研究方面的能力很强，动手能力却比较弱，那么你就可以考虑在该专业的基础理论研究方面有所发展。总之，你要客观地分析自己的特点，搞清楚自己应该努力的方向。

2. 要永远记住：成为你自己

许多人喜欢崇拜伟人，喜欢模仿别人，但他们可能忘掉了最重要的一点：成为自己！

成为自己的艺术就是把自己的个性按照你所乐意的方式和社会所欣赏的形象去塑造。大学是智慧的象征、精神的家园和人生的灯塔，是放飞青春梦想、成为自己、成就事业的新起点和理想舞台。

站在新的起跑线上，能否镌刻出成长成才的足迹，路就在你的脚下；站在新的人生舞台上，能否演绎出精彩绝伦的乐章，笔就在你的手中。相信你自己，相信你所拥有的好运。既然你来到了大学校园，你就步入了尊重自由、珍视选择、成为自己的理想天地。

爱默生曾满怀希望地鼓励人们："相信你自己。如果你能够做到这一点，那么，你的每一根心弦都会随此而颤动。"

成为自己，就意味着不要成为别人。那么，怎样才能成为世界上独一无二的自己？在大学校园里如何才能实现对自我的探求、坚定地成为自己呢？苏格拉底真诚地忠告人们："了解你自己，了解你的力量和弱点，了解你的潜能，了解你的精神，了解你和宇宙的关系，了解你的人生目的。这样你就可以把握一个完整的自己！"今天，如果我们将自己置身大学这个特定的时空下，那这位先哲的忠告至少应该蕴含下面几层意思：

一是认识现在的自己。这就要求我们应该弄明白："我是谁？""现在我在哪里？"也就是说，作为一名大学生，我的角色定位在哪里，我该怎样看待我所在的大学和相应的生存环境。

二是发掘可能的自己。这就要求我们应该着眼自己的个性和社会所需，善于从思想境界、道德情操、学习修炼、身心健康、人文素养、人际交往等方面发掘自己、培养自己。

三是规划将来的自己。这就要求我们应该懂得运筹帷幄，深思熟虑地去规划人生、谋划职业，勇敢地走出"温室"，积极地去尝试和体验创造的快乐。

（四）了解大学的独特魅力

1. 大师风范展示大学独特魅力

大学者，非谓有大楼之谓也，有大师之谓也。

大师是大学最具魅力的标志。正如当代美国哲学家怀特海所说，大学是教育机构，也是研究机构，但大学存在的主要原因既不能从它向学生传授纯粹知识方面，也不能从它为院系成员提供纯粹研究机会方面去寻找。大学存在的理由在于它联合青年人和老年人共同对学问进行富有想象的研究，以保持知识和火热的生活之间的联系的大师即是促成大学这一功能得以实现的根本所在。

2. 学问仰其深，品格仰其高

"师者，所以传道受业解惑也。"大学中的教师有很多，但不是所有教师都可称为大师。大师者，定是学术造诣颇深之人，定是教授方法灵活之人，定是人品人格高尚之人。由这些大师在大学中传道授业，教课程之精细，导研究之巅峰，育品格之健全，效果俱佳自不待言。大师可以把大学静默耸立的"大楼"赋以生命，可以把图书馆浩如烟海的藏书变得灵动，可以把学生简单幼稚的想法点石成金，可以把大学悠久漫长的历史演绎得灿烂夺目。

三、大学生常见的学习心理障碍与调适

（一）学习动机缺乏

1. 何谓学习动机

学习动机是指引发与维持学生的学习行为，并使之指向一定学业目标的一种动力倾向。

2. 学习动机的功能

（1）启动功能

启动功能即学习动机能唤起和发动学生学习基本技能或从事某种活动。学生的学习行为总是由一定的学习动机引起的。

（2）导向功能

导向功能即学习动机指导学生学习的方向，使学生朝向某一目标，换言之，在学习动机的支配下，学生的行为总是指向某一目标或对象的。

（3）维持与调节功能

维持与调节功能即学习动机能激起学生活动时坚持到底并且能根据需要及时做出调整，使学习活动和行为始终不离目标。

（4）强化功能

强化功能即当学习动机能激起学生的学习行为，使其需要达到满足时，能引起学生产生愉快的情绪体验，强化其已有的学习行为。

3. 学习动机的分类

由于学习动机所采取的形式及其影响的范围不同，借以实现活动的具体内容以及所起作用的持续时间也不同，因而我们可以从不同的角度和侧面对学习动机进行分类。

（1）求知性动机

求知性动机是指一种由学习活动本身引起的、力求获得知识技能的动机。心理学家认为，这种动机构成的学习情境是最有吸引力、最理想的情境。

（2）功利性动机

功利性动机是指一种与个人利益相联系的学习动机。也就是说，学习者并非为了获取知识本身而学习，而是将学习作为达到某种个人目的的手段，如获得奖励、能被选为干部、显示自己等。这类学习动机虽能起作用，但往往难以持久，而且容易养成不端正的学习态度。

（3）社会性动机

社会性动机是一种间接的、与广泛的社会意义相联系的学习动机，是社会需要在学生学习上的反映。比如，学生把个人的学习和祖国的发展建设与现代化事业相联系，把个人的学习看作自己的一种社会职责等。这类学习动机直接指向学习活动的结果和社会价值，它会因认知水平和能力的发展而提高和不断深化。因此，它能在学生的学习过程中产生较持久的作用，是一种较稳定的学习动机。儿童的社会性动机有一个发展过程。在小学，广泛的社会性动机虽是儿童学习的主要动机，但真正属于社会责任性动机的部分要到高年级阶段才占有一定比例。学生一旦形成了这种社会责任性动机后，学习便可能更主动、持久。

（4）强迫性动机

强迫性动机是一种由外界的强制性因素的推动而促使人去完成某种学习任务的动

机。例如，教学中的惩罚、责备、威胁和要求，班级和小组竞赛造成的压力，父母的要求规定等。这类动机是由外部压力产生的。由此产生的学习带有强制性、被动性，在有些情况下，甚至可能由于学生内心所产生的冲突，而引起对学习的漠不关心、厌恶等。这类动机多发生在学习目的不够明确的学生身上。

4. 学习动机对学习成绩的影响

学生的学习行为总是受一定动机所支配的。学生学习动机的种类各不相同，动机的水平也有不同。

（1）动机强度对学习的影响

在学习活动中，学习动机的增强可以引起学生的学习紧张性，调动学习的积极性与主动性，充分发挥其学习潜能，从而提高学习效率。因此，人们认为，动机强度可以促进学习。但是，动机强度的这种作用是与学习内容密切相关的。只有当学生感到学习内容的难度适中时，其学习效率才会随着动机强度的增加而提高；当学习内容复杂、困难时，增加其动机强度易引起学生过度的紧张和焦虑，抑制思维的灵活性，反而使学习效率下降。可见，动机强度与学习内容的关系是复杂的，只有在学习内容的难易程度与学生的动机强度水平处于最佳结合状态时，其学习效率才是最佳。

（2）焦虑情绪对学习的影响

强度过高的学习动机会引起学生的焦虑情绪。焦虑指个人对某种具有潜在威胁的情境产生的一种恐惧反应倾向。例如，当学生预计到考试不及格会丧失尊严时，会产生焦虑的反应。学习动机对学生学习成绩的影响是复杂的，它是和其他因素共同发生作用的。这些因素有智力状况、知识基础、学习方法、学习习惯和身体状况等。所以，不能简单地把学生学习的好坏全部归结为动机问题。

5. 大学生动机缺乏的原因分析

学习动机缺乏是指学习没有内在的驱动力，没有明确的学习方向，无知识需求，更无学习兴趣而逃避学习。主要表现有：对学习方法掌握不够，学习效能感缺乏；对学习目标了解不够，缺乏努力的方向；迫于小团体压力，学习不用功；对科任教师不满意，缺乏学习兴趣；与父母感情不睦，缺乏自我价值感等。

其主要原因有以下几个方面：（1）社会责任感不强。认为上大学目的是拿到大学文凭，以后能有个好工作。（2）对所学专业无兴趣。认为自己的专业没有发展前途或不适合学习此专业。（3）缺乏自我效能感。自我效能感是指自己能够成功地执行产生某种结果所需行为的信念。自我效能感会直接影响大学生能否正确面对并努力克服学习中的问题和困难。（4）错误归因。归因是个体寻求理解导致某种结果的原因的一种心理倾向。例如，某大学生考试失败了，他往往会去分析导致失败的原因，是自己努力不够，或是能力不及，还是教师教学不当？心理学研究发现，能力、努力、任务难度和机遇是人在归因时所知觉到的四种基本原因。这四种原因在控制源、稳定性和可控性方面是不同的。这样，归因可分为六种：第一种是内部归因，把成败归结为自己的努力和能力；第二种是外部归因，把成败归结为任务难度和机遇；第三种是稳定归因，把成败归结为任务难度和能力；第四种是不稳定归因，把成败归结为机遇和努力；第五种是可控归因，把成败归结为能力和努力；第六种是不可控归因，把成败归结为机遇和任务难度。属于上述六种不同归因的大学生对学习成败的理解是不同的，这会直接影响他们的学习动机、学习兴趣和学习态度。例如，属于内部归因和可控归因的大学生，他们认为学习的成败是可以由他们控制的，当他们取得好的成绩时，他们就认为自己有较高的能力；当成绩不好时，则认为是自己不够努力。对他们来说，成功将提高自信心，失败则意味着需要付出更多努力。这样，他们的每一次学习活动，不论成功与否，都能增强学习动力。而外部归因和不可控归因的学习则不同，在他们看来，学习的成败和好坏与自己无关，不能由自己控制，成功是由于自己运气好，失败是由于考题太难或教师教学无方等。因此，他们往往缺乏学习动力，对学习的反应和态度是消极的。

6. 激发大学生学习动机的对策

教师有时会发现，一些学生对某门课程特别感兴趣，不需要什么引导、鼓励或奖励，也学得比其他课程更卖力一些，对这些学生来说，这门课程具有足够的内在诱因价值，能驱动他们去学习。但是，学校里大多数教学内容对学生来说，可能一时并不感到很有趣味或很有用，因而，教师要采用各种外部诱因来激发学生学习。一般需要注意以下几个方面。

（1）提出明确而又适度的期望和要求

学生需要确切知道应该做一些什么、教师将会怎样评价他们，以及成功后会得到什么结果。一些证据表明，学生从事某项学习任务时之所以失败，是由于搞不清楚要自己做什么。此外，教师提出的要求既不能太高，使学生感到无法达到，也不能太低，使学生感到不值得去努力。

（2）给予清楚而又及时的反馈

对学生的作业及时给予不含糊的反馈，这是课堂教学中的一个重要部分。事实上，每一反馈既起信息的作用，又起动机的作用。另外，反馈的及时性也极为重要。如果学生这个星期做的作业到下个星期再给反馈，那么，反馈的信息作用和动机作用就很难发挥。因为一星期前的作业往往已被他们淡忘了，这时再给他们成绩，便很难激起他们的动机。

（3）注意评估、反馈和奖励的频率

教师需要经常给予学生反馈和奖励，以使学生尽力而为。事实上，除非经常给学生以反馈，否则，要他们只为最终的奖励而长期努力学习是不现实的。研究表明，小的但又经常的奖励比大的但极少的奖励更具有诱因价值。这里要指出的是，课堂提问也是很重要的，这样做，学生既可以了解自己理解的水平，又能因注意听讲而受到奖励。

（4）了解学生对奖励的估价

动机是学生对成功的估价和对成功概率的估计的产物。这意味着学生必然会对奖励做出估价的。这里要注意的是，教师应把奖励的重点放在学生的努力上，而不是放在学生的能力上。对学生的奖励，应根据学生是否尽力了，是否在原有基础上有所提高。如果只是奖励成绩好的学生，必然会使成绩不好的学生失去信心，而成绩好的学生也会因表扬多了而不在乎。

（5）使所有学生都有得到奖励的可能性

要使全体学生意识到，只要他们尽力而为，所有人都有机会得到奖励。同时又要注意，不能使有些学生感到不费吹灰之力就能得到奖励。奖励那些尽了自己努力的学生是很有必要的。

7.激发学习动机的方式

（1）创设问题情境，实施启发式教学

所谓问题情境，指的是具有一定难度，需要学生努力克服，而又是力所能及的学习情境。在学习过程中，对难度过小或难度过高的东西，学生都不会感兴趣。只有在学习那些“半生不熟”“似是而非”的东西时，学生才感兴趣而迫切地希望掌握它。因此，能否成为问题情境，主要看学习任务与学生已有知识经验的适合度如何。研究表明，问题情境的难度在50%左右最有利于激发学生的学习动机。创设问题情境要求教师熟悉教材内容，掌握教材内容的结构，了解新旧知识之间的内在联系，并且充分了解学生已有的认知结构状态，使新的学习内容与学生已有水平构成一个适当的跨度。这样，才能创设问题情境。具体创设问题情境的方式可以多样，既可以用教师设问的方式提出，也可以用作业的方式提出；既可以从新旧教材内容的联系方面引进，也可以从学生的日常经验引进。问题情境的创设既可以是在教学的开始阶段，也可以在教学中和结束时进行。

另外，学习材料要具有科学性与趣味性。学习材料的科学性不仅是指材料内容要正确，符合客观规律，逻辑结构严谨，还包括材料内容要适合学生已有的知识背景，符合学生的年龄特征和心理发展水平。材料的趣味性是指材料的内容要生动活泼，富有趣味，同学生生活经验联系紧密，实用性较强。

（2）利用学习结果的反馈作用

让学生及时了解自己的学习结果，会产生相当大的激励作用。因为学生知道自己的进度、成绩以及在实践中应用知识的成效等可以激起学生进一步学习的愿望。同时，通过反馈的作用又可以及时看到自己的缺点，及时改正，并激发起上进心。因此，在教学过程中，教师应注意：①及时批改和发还学生的作业、测验试卷。“及时”指利用学生刚刚留下的鲜明的记忆表象，满足其进一步提高学习的愿望，增强其学习的信心。②眉批、评语要写得具体，有针对性、启发性和教育性，使学生受到鼓舞和激励。

（3）进行正确的评价和适当的表扬与批评

正确的评价和适当的表扬与批评所起的作用主要是对学生的学习活动予以肯定或否定的强化，从而巩固和发展正确的学习动机。一般来说，表扬和鼓励比批评和指责更能有效激励学生的学习动机。因为前者能使学生产生成就感，后者则会挫伤学生的自尊心和自信心。进行有效的评价和适当的表扬与批评，应注意以下几点：①要使学生对评价有一个正确的态度；②评价必须客观、公正和及时；③评价必须注意学生的年龄特征与性格特征等。对自信心差的学生更应多一些鼓励与表扬，对过于自信的学生，则应更多地提出要求，在表扬的同时，还应指出其不足之处。

（4）适当开展竞赛

一般在竞赛过程中，学生的好胜动机和成就需要更加强烈，学习兴趣和克服困难的毅力会大大增强。所以，多数学生在竞赛情况下，学习和工作的效率会有很大提高。然而，竞赛也具有消极作用，过多的竞赛不仅会失去激励作用，还会造成紧张气氛，加重学生的负担，有损学生的身心健康。在某些情况下，竞赛还可能带来人际关系紧张等消极影响。应注意以下几点：①按能力分组竞赛，这样，多数学生都有获胜的机会；②按项目分组竞赛，使不同智力、不同兴趣、不同特长的学生都有施展自己才能的机会；③鼓励学生自己和自己竞争，争取这次成绩比上次好，同样可起到激励作用。

总之，激发学生学习动机的方式和手段多种多样，只要教师有效地利用上述手段来调动学生学习的积极性，学生就有可能学得积极主动，并学有成效。

（二）学习动机过强

学习动机固然对学生活动起着发动、推进、维持的作用，但并不意味着学习动机的强度越大，学习效果就越好。学习动机作用于学习活动，有一个最佳水平的控制问题。缺乏动机，则学生不能专注学习，学习行为不会发生，即使发生，也不能维持；而动机过强，不论是内部的抱负和期望过高，还是外部的奖惩诱因过强，都会使学生专注自己的抱负和外部的奖惩，而不是专注学习，从而阻碍了学习。

有些学生由于对自己的能力缺乏正确的认识，做过高估计，所树立的抱负与期望远远超过自己的实际水平，因而不但不能使自己专注学习，还会造成心理上的不平衡，内心潜藏着威胁自己的莫名恐惧。由于心理压力太大，最后多半导致失败，而失败的体验又会挫伤学生的自信心和自我效能感，最终可能会使抱负和期望变得很低。

要避免学习动机过强，尤其是成就动机过强，需要大学生对自己的能力有充分、正确的认识，使自己的抱负与期望切合自己的能力发展，既不好高骛远，也不操之过急；制定切实可行的、与自己的远大目标相结合的阶段性目标，脚踏实地，循序渐进；把关注点聚焦在学习活动中，而不是总在设想成败后果；淡化名利得失，这样反而更有效率、更能发挥水平、更有成功的希望。

（三）严重的学习焦虑

正常的、适度的焦虑为学习所必需，但若焦虑过度，则会对学习起破坏作用。在环境的影响下，有些学生形成了不适当的学习目标和抱负，千方百计通过学习保护自己的自尊心不受损害，而自信心又不足，心理压力很大，这样就会产生严重的学习焦虑。而个性偏敏感、易焦虑的大学生更容易陷入此种状态。这使得他们注意力不能集中，在问题面前显得呆板固执，学习效率很低。为了减轻学习焦虑，他们常采取回避和退缩的方式来消极地对待问题，过早地放弃努力，不能取得应有的成绩，令他们感到自责，从而进一步增加焦虑，导致恶性循环。

正确认识和评价自己的能力，确立切合自身的抱负和期望；增强自信和毅力，不怕困难和失败；保持适度的自尊心，降低对胜败的敏感度；保持情绪的稳定；掌握适合自己、切实有效的学习方法等都有助于避免或克服严重的学习焦虑。

（四）学习疲劳

1. 学习疲劳及其原因

学习疲劳是学习效率逐渐降低并伴有渴望停止学习活动的生理和心理现象，具体表现为学习错误增多、学习效率下降、动机行为改变、生理失去平衡，等等。

学习疲劳分为生理疲劳和心理疲劳。生理疲劳主要是肌肉受力过久或持续重复伸缩造成肌肉痉挛、麻木、眼球发疼、腰酸背痛、动作不准确、打瞌睡，等等。心理疲劳一般是由于长时间从事心智活动，大脑得不到休息而引起的。特点是感觉器官活动机能降低，注意力涣散，思维迟钝，情绪躁动、忧郁、厌烦、易怒，学习效率下降。出现心理疲劳的机制是从事心智活动时，大脑皮层兴奋区域的代谢逐步提高，持续时间较长，消耗过程超过恢复过程，脑细胞会处于抑制状态，此时，学习能力下降，出现疲劳。学习疲劳中，心理疲劳是主要的。

学习疲劳是一种保护性抑制，经过适当的休息即可得到恢复，这是合乎生理心理规律的，对大学生的身心发展不会造成什么影响。但如果长期处于疲劳状态，勉强让大脑有关部位持续保持兴奋，就会导致大脑兴奋和抑制过程的失调，严重的还会引起神经衰弱。如此会对学习产生厌恶和烦躁情绪，学习效率大大降低。

造成学习疲劳的主要原因有：对学习活动缺乏兴趣；学习时间过长，不注意劳逸结合；学习内容的难度较大；睡眠不足；等等。

2. 学习疲劳的防治

（1）善于科学用脑

现代科学已经较清楚地揭示了大脑两半球的不同功能：大脑的左半球与逻辑思维有关，主管计算、语言、逻辑、分析、书写及其他类似活动；大脑的右半球则与形象思维有关，主管想象、色觉、音乐、韵律、幻想及其他类似活动。如果一个人长时间地运用一侧大脑半球，则相对地容易产生疲劳。因此，应根据大脑两半球的不同分工而科学用脑，如在从事计算、语言、逻辑、哲学等科学活动时可穿插色彩、音乐、幻想等艺术活动，这样就可延缓疲劳现象的产生。此外，大脑活动还有一种“优势现象”，即当大脑某一功能区的活动占优势时，可使其他功能区的活动相对处于休息状态，所以，如果能把读书—计算、读书—思考、写字—听音乐等脑力活动穿插进行，就能防止疲劳，达到事半功倍的效果。例如，马克思在写《资本论》时，就常把做数学题当作一种消遣和休息。

（2）注意劳逸结合，保证充足的睡眠时间

“一张一弛”是用武之道，学习也应如此。学习一定时间后，就应休息片刻，放松一下。在学习之余，可参加一些文体活动，使身心都得到放松和调节，有利于消除疲劳，提高学习效率。另外，每天还应保证充足的睡眠时间，因为“睡眠是大脑的救星”，酣睡醒来，头脑清晰，精神振奋，疲劳烟消云散。一般认为，对大学生来说，每天的睡眠时间应保证 7 ～ 8 小时，当然，人有个体差异，每个人都应视自己的实际情况而定。

（3）遵循人体的生物节律

人体的各种生理和心理功能随时间推移而做规律性的运动。根据苏联科学家研究，人在一天中，上午 7 ～ 10 点，生物机能逐渐上升，10 点左右，精力充沛，处于最佳工作和学习状态，之后趋于下降；下午 5 点再度上升，到晚上 9 点又达到高峰；晚上 11 点过后，便又急剧下降。然而，人群中最佳学习时间的分配又存在一定差异：早上型，早上醒来精力充沛，下午衰退，晚上衰竭；晚上型（猫头鹰型），上午无精打采，晚上精力十足；白天型（百灵鸟型），日间精神好，晚上效果差。大学生最好能探明自己的“黄金时间”，并在此时安排从事难度较大的学习，这样不易疲劳。

（4）培养对学习的兴趣

如果学习兴趣浓厚，学习时心情愉快，即使长时间的学习，也不易感到疲劳。反之，学习那些兴趣不大甚至厌烦的内容时，则很快就会进入疲劳状态。

（5）创设良好的学习环境

尽量将学习环境布置得幽雅、整洁，使人感到身心舒畅。避免在有噪声和温度不适宜、光线不舒适的地方学习。

四、大学生知识结构与能力的培养

（一）大学生建构知识结构的基本原则

构成人才能力的基本因素是知识，构成人的能力结构的基本因素也是人的知识结构。因此，从未来人才所需要的能力结构及其特点出发来建构人才的知识结构，是评价、衡量不同类型的知识的功能和建立自身知识结构的一个指导思想和原则。它包括如下几点。

1. 厚基础性原则

所谓厚基础性原则，就是高度重视基础类知识的建构，重视基础类知识的扎实、厚重。许多学者和杰出人物都强调知识建构中的这一原则。当代物理学家周培源说：“掌握知识，就要在某一个学术领域或几个领域内获得一定宽度与深度的基础知识。这是培养一个科学工作者必要的前提。”未来社会的发展并没有降低对人才知识结构中的基础类知识的要求，反而越来越高。一是因为未来人才中的共性能力并没有因社会发展中的社会分工越来越细而缩小和减弱，相反，却是进一步扩大和增强。二是因为未来社会对每一个人所从事的特殊专业能力要求也是越来越高，因此，要求与专业能力直接有关的基础类知识如规律本质类知识和事实现象类知识等掌握得更加扎实、牢固。

2. 精专业性原则

所谓精专业性原则，就是在知识结构中对专业知识的要求精而又精、深而又深。未来社会的人才总是具有一定专业的人才。随着社会生产力和科学技术的发展，社会对专业能力，特别是专业的实际操作能力的要求也是越来越高。因此，对形成专业能力的专业知识的要求也是越来越精和越来越深。宋代哲学家程颐说：“学贵专，不以泛滥为贤。”在这里需要指出的是，对专业知识的精度和深度的要求不能理解为专业知识的范围越狭窄越好。现代社会的发展要求专业知识范围逐步加宽。对于狭窄的专业知识不可能达到专业知识的精度和深度。

3. 广博性原则

所谓广博性原则，就是在知识的建构过程中，在重视基础类知识和专业类知识的基础和前提下，努力扩展自身的基础类、专业类知识之外的其他横向类知识的范围。因此，横向知识的多少也已经成为现代人才能否真正有所作为和创新的一个关键性问题。古今中外，许多学者反复提出和强调的“博学”思想正是我们这里所说的知识结构中的广博性原则。

4. 系统性原则

所谓系统性原则，就是从自身的专业特点出发，把不同学科、不同类型的知识结合形成一个有机的内在整体，能够最佳限度地发挥各种知识的最大功能的知识建构的指导思想。它的基本思想是组成整体的各个部分和各个要素之间不是机械的相加和偶然的堆积，而是内在的有机结合、有机作用、有机联系，因而能够形成特定功能并能发挥各个部分和整体的最佳有效功能。用系统方法认识现代人才的知识结构，也就是说，组成人才知识结构的各种不同类型、不同学科、不同内容的知识之间相互协调、相互磨合、相辅相成，巧妙有机地结合起来，因而使其中的每一类型知识、每一学科知识、每一知识点及其组成的知识整体都能发挥最佳效应和最大功能。

5. 动态性原则

所谓动态性原则，就是把自身的知识结构不是看作僵化的、静止的、封闭的、教条式的知识体系，而是看作流动的、开放的、发展的知识体系，因而经常地、不断地调整、补充、完善、丰富、发展、深化自身的知识结构。现代人才的知识结构之所以处在动态的流动过程中，一是因为当代科学技术和知识发展的速度日益加快，知识陈旧的周期日益缩短，这就要求人们的知识结构不断更新；二是因为人类的实践活动不断深入和扩展，给现代人才提出了更高要求，也要求人才的知识结构不断调整和深化；三是每一个人的实践活动内容和范围的不断变更即社会职业的变化，要求人们的知识结构必须随之变化。

（二）大学生知识建构中存在的问题及调适

古今中外，有作为的杰出人物无不注重自身的知识结构建设。他们对社会、国家所做出的巨大贡献与他们合理的知识结构有直接关系。大学生应当充分认识建立合理的知识结构的重要意义和作用。但是现实生活中的一些大学生在知识建构问题上却存在着许多这样或那样的问题。例如，在专业知识和基础知识的关系上，重专业类知识，轻基础类知识；在不同的基础性知识中，重专业基础性知识，忽视其他各种不同的基础性知识；

重外语、计算机等实用技能性知识，轻其他专业知识和规律本质等抽象理论性知识等；在文理科知识的关系中，重理工科知识，轻文史哲知识等。

大学生怎样克服知识建构中存在的问题呢？

第一，进一步明确未来社会发展的人才能力结构。它是由未来所需要的人才的能力结构所决定的，这是知识建构中总的指导思想。未来人才能力结构的全面系统性、自我提高性和创造性决定了知识结构中的重基础性原则、精专业性原则、广博性原则、系统性原则和动态性原则。因此，现代大学生应当从关于社会现代化和社会未来发展趋势的有关书籍、网络、报纸、杂志及学校的有关讲座中进一步了解和明确未来社会究竟需要什么样的人才，自己要把自己培养成什么样的人才，经常思考这些问题，有助于大学生合理知识结构的建立。

第二，进一步明确知识的功能、价值和扩大自身的需求范围。现实生活中经常听到一些大学生谈到课程和知识的选择时说，有用的知识我就学，没有用的或用处不大的知识我不学。孤立抽象地看待这句话应该说是没有错误的。但关键问题是，究竟什么叫“有用”的知识？什么叫“没有用”或“用处不大”的知识？从哲学角度来讲，实际上是一个价值范畴，对象是对于人的意义、对于人的需要的满足程度的关于与人的关系的范畴。一个对象的有用性、价值性的大小，一方面取决于对象自身的特性、特点；另一方面则取决于人的需要、需求。人的需要、需求不同，对对象的有用性、价值性的评价必然不同。不仅一个实在的物品是这样，知识也是这样。之所以有些大学生做出有的知识“没有用”或“用处不大”的结论，原因在于他们把自身的需要、需求理解得过于狭窄，因而对不同类型的知识的功能和价值的评价必然囿于井蛙观天式的观察方法和认识方法，看不到各种知识之间的内在联系和它们对自身的特殊价值、功能和意义。因此，进一步明确各种知识的多重功能和价值也有助于当代大学生建立合理的知识结构。

第三，克服单纯凭兴趣获取知识的方法，树立理性思维的方法，建构自身的知识体系。大学生是否要学习和掌握某种知识，一个很重要的动力和原因就是“兴趣”。应该说，兴趣确实有助于人们对知识的获得和掌握。对“兴趣”也应该做具体的分析。对那些不能直接引起主观兴趣，但确实从眼前或长远角度对学习主体有用的知识，学习主体必须从理性的高度认识其学习的必要性和迫切性，自觉培养对这些知识的间接兴趣和情感。这样才能建立起合理的知识结构。

第四，积极参加校院系组织的关于读书和素质教育的有关活动。近些年来，许多大学为了改变学生知识结构中单一性和片面性的倾向，纷纷开展多种形式的读书活动和人文素质教育活动。大学生应当充分认识开展这些活动的重要意义，按照校院系的有关规定，主动投身到这些活动中去，一定有助于自身合理知识结构的建立。

第五，正确接受教师和他人对自我知识结构问题上的批评和帮助。在许多情况下，自我不易发现知识结构方面存在的缺陷和不足。当自己周围的教师、家长和同学发现和指出自我存在的问题时，一定要虚心接受，并努力对存在的问题加以改正。

大学生寻求安身立业的资本，或者说，足以使大学生在未来的竞争中能够始终有效的东西，一是开阔的视野，二是扎实的基本功，三是掌握新知的能力，四是运用知识的能力。

（三）学习过程中知识向能力的转化及其基本条件

现实的学习过程中，大学生往往看到不知与知的矛盾，并把重点放在解决这一矛盾上，而对于知识与能力的矛盾则不易察觉和发现，更没有把重点放在分析和解决这一矛盾上。那么，知识向能力转化的基本条件是什么呢？

第一，牢记。知识是人类所获得的一切认识成果的总称。知识向人的能力转化的首要条件就是必须记住它，使之牢固地嵌入人的大脑中来。如果一个学习者根本没有学过某一知识，或者虽然学过，但遗忘了，那么这样的知识是绝对不会转化为人的能力的。

第二，理解。知识向能力的转化仅仅停留在牢记上，还不能完全实现向能力的转化。如果对知识的理解含混不清，没有真正弄懂，那么即使记住了它，也不能向人的能力转化。

第三，辨别知识的正误。知识有正确与错误之分。只有正确的知识才是正确反映了客观事物及其发展规律的知识，人们在这种知识支配下去实践，才有可能达到预期目的。但由于现实生活中，人们判断知识正误的标准不同，有时把错误的知识当作正确的知识，这种知识也是绝对不能转化为人们的能力的。因为达不到预期结果的知识就没有转化为能力。

第四，熟知知识的功能。知识之所以能够转化为人的能力，是因为知识都有其功能。知识的类型不同，知识的功能也不同。知识在有其共性的功能的同时，也有其特殊的功能。例如，数学知识是用来说明和解决事物的数量关系和空间形式；物理学知识是用来说明和解决力、热、声、电、光等物理现象的特性和问题的知识；中文、外语等符号类知识是用来表达人们的思维内容、过程和结果的工具性的知识；医学知识是说明健康与疾病之间相互关系的学问；哲学知识是为人们处理与外部世界的关系提供世界观和方法论的知识。同时，同一门学科内部不同的知识点，其功能也不完全相同。如果一个学习者不熟悉和了解每一种类型的知识、每一门学科的知识、每一个知识点的特殊功能和要说明解决的具体的特殊问题，那么即使背得滚瓜烂熟，理解得多么深刻，这样的知识也是不能转化为人的能力的。

第五，应用知识。要向能力转化，就必须在记忆、理解、辨别其真伪、熟知其功能的基础上，把这一知识同所要说明和解决的具体对象与实际问题联系起来。意大利学者、诗人彼特拉克说：“你知道得很多，但如果你不善于把你的知识用于你的需要，那就没有什么用处。”应用是知识向能力转化的重要条件。

第六，重复知识。向能力的转化是一个比较复杂的过程。一次应用知识，虽然达到了预期目的，知识在这里确实变成了一种能量、力量。但这只是向能力转化的开始。要真正实现向能力的完全转化，绝不是一次记忆、一次理解、一次辨别、一次应用所能完成的。它必须经过反复多次的记忆、理解、辨别、应用，特别是在重复应用过程中，知识才能真正内化为学习主体的素质和能力。

第七，知识之间的相互结合。因为现实问题是复杂的，当应用知识来说明和解决实际问题时，往往所需要的知识就不是一个知识点，而是两个、三个甚至更多知识点。如果对与该实际问题有关系的其他知识点一无所知，孤零零地只是运用某一知识点，那么，这一知识点也是不能转化为实际能力的。在知识向能力转化的过程中，不仅需要书本知识与书本知识的结合，更需要书本知识与实际知识的结合。知识向能力转化受上述七个基本条件的制约，实际反映了学习过程中基本矛盾和非基本矛盾的关系、第一个基本矛盾和第二个基本矛盾的关系。大学生在学习过程中既要善于处理两个基本矛盾之间的关系，也要善于处理基本矛盾与非基本矛盾之间的关系。

（四）大学生知识结构的三个层次

大学不同于一般的职业培训机构，除了培养、熏陶出精英式的人格境界外，就知识而言，它也应该有其自身特点。大学生的知识是由三个层次形成的有机结构。

1. 原理性知识

原理性知识是从具体事物和实践经验中提升出来的、具有超越性和普遍意义的理论知识。原理性知识除了直接概述某一学科基本原理的“概论”，更重要的是该学科奠基性的理论经典。经典是经过历史淘汰和甄选出来的，因此，它携带着许多历史信息与文化的启示。经典所包含的丰富的文化内涵大多都很难以简单的理性加以解释。后学者只能将其归于历史来对它们进行阅读、反思或进行建设性的驳正。传统的书院式教学和现代大学传统的文史哲学科一直重视经典的阅读，从而为大学保留了宝贵的教育资源。

经典细读是原理建构的基础。所谓细读，实际就是以“原典实证”推进的文本批评。这是一个认真辛苦的读书和思辨的过程，它是一个丰富自己学术基础、矫正自己知识错乱、提升自己在文本使用和处理方面的基本能力，从而形成学术观念的过程。被中国人文学界虚靡的“理论”迷惑，学生往往在没有读多少文本之前，就要研究宏观的“主义”或“论说”，没有原典阅读的根基，“理论”的创新是不可能落实到一处“文化事实”上的。对不太习惯做文本细读的学生，教师一定要训练他们从喜好空口说白话的狂热中解脱出来。

2. 特殊案例性知识

特殊案例主要是指历史（可靠的文献材料）与现实生活（调研统计材料）中包含丰富信息的事例。

3. 把原理和规则运用到特殊案例中的知识

学习过原理，读过一些经典，又了解一些事例，是不是就一定能够很好地运用原理解读、发掘出案例中蕴含的意义呢？不一定。瑞恰兹曾经做过一项实验。这项实验说明：把书本上的知识运用于实践，需要书本之外的能力。“不徐不疾，得之于手而应于心，口不能言，有数存焉于其间。”这个“数”也是一种知识，只不过是一种“口不能言”的知识。用美国著名技术哲学家德来夫斯的话来说，它是不能被语言化的知识，即“身体的知识”。

德来夫斯把身体的知识和思维的知识分别称作“经验基础之方法的知识”和“规则之事实的知识”。从西方哲学的传统来看，直至20世纪以来，仅把一般的事实的知识看作唯一的知识种类。此种立场基于柏拉图以来的传统的知识观，即知识不是身体的问题，而是精神的问题。

德来夫斯指出，方法的知识不但是全部的人的身体活动，如骑自行车和游泳之类，而且专门的活动境遇，如医生诊断病人、经营者决定政策，也同样适用。他强调，就专家而言，事实的知识和方法的知识都是要兼备的。

事实的知识和方法的知识不是完全独立存在的知识。如前所言，事实的知识如“骑自行车之法”，人们在练习时，可以借助这种方法的知识。只是一个人能骑自行车的话，那么，他早忘掉了“骑自行车之法”。如果总是想着“骑自行车之法”，那么，他将永远停留在初步者的水平上。

五、大学生健康学习心理的培养

（一）健康学习心理培养的目标

根据人类实践活动的规律，我们把学习心理培养的目标定位为三个方面。

第一，通过对学习过程中学习的心理结构的掌握，使学生在学习过程中能利用学习的心理结构，即在学习过程中把心理基础、操作系统与心理条件、调控系统紧密地结合起来，换句话说，就是把智力因素和非智力因素紧密地结合起来，真正达到学习预期的目的。

第二，通过对学习过程中学习的心理特点进行深入剖析，即对学习活动中的知识学习、技能学习和解决问题学习的心理因素各自特点的分析，使学生了解学习的实质，从而提高学习效率。

第三，通过探索学习过程中的学习规律，使学生了解学习中应遵循的一般规律，从而使学生在学习过程中能够利用规律建立适当的学习途径，提高学习质量。

（二）健康的学习心理培养

通过对前面的学习理论的了解，我们已经掌握了学习的一般规律。我们知道，具体知识和技巧的学习是有限的，要学习掌握一定知识，一定要拥有良好的学习心理，所以，我们首先要培养良好的学习心理。

1. 培养学生有效的学习策略

有效的学习策略有以下五种。

（1）识记策略

识记策略是指积极地重复一定材料或注意材料的关键部分。对简单的机械识记而言，这一策略主要是指重复感知；对于较复杂的材料而言，识记策略包括重复关键部分、抄写、有选择地记录，对重要内容部分做出特别标记等。

（2）加工策略

加工策略是指建立新旧材料之间的联系。对于简单的学习来说，其主要包括形成记忆材料的表象，用句子把不同的记忆项目联系起来，以及各种记忆术的使用等；对于较复杂意义的学习来说，其主要包括分段、归纳、类比、评论材料、自我提问等。

（3）组织策略

组织策略是指把材料划分为不同的部分或归入某种更大的范畴，使之具有一定结构。

（4）理解监控策略

理解监控策略是指在阅读过程中保持对目标的意识，记住自己所运用的策略及成功的程度，并及时做出调整。即在对目标的学习与掌握过程中，对目标保持有意识学习的同时，要不断评价目标的实现情况，必要时可以改变或修改自己的学习策略。

（5）情感策略

情感策略是指减少不利情感的干扰，保持良好的学习准备状态。其中包括确立和保持较高的学习动机，集中注意力、克服作业焦虑，有效地安排和使用时间等。

2. 要充分培养学生利用学习理论学习的能力

美国著名教育心理学家加涅认为，学习是学生与环境之间相互作用的结果，学习过程是由一系列内部心理状态和外部影响事件构成的。每一个学习行为都可以区分为八个相互联系的阶段，每一个阶段都有相应的内部心理过程和外部影响事件。学习就是在这种内外因素互动过程中实现的。教学就是有计划地发动、激发、维持和提高学习者内部心理状态的一整套外部影响事件和条件。这八个阶段依次是：

（1）动机阶段

本阶段相应的内部心理过程是期望。期望本身不能完成任务，但它是完成任务的动力，能给学生指明方向和道路。学习动力一般指参与学习过程中的非智力因素，起发动、维持和调节作用，是学习成功或失败的重要因素之一。激发学习动力，关系到学生整体素质的提高和良好学习素质的养成。

（2）领会阶段

本阶段相应的内部心理过程是注意、选择性知觉。它是指已具有学习动机的学生更注意和接受与学习目标有关的整个刺激及其基本因素，淘汰无关信息，并对有关信息进行记忆。

（3）习得阶段

本阶段又称获得阶段，其相应的内部心理过程是编码、存入。这个阶段起着编码的作用，即对被选择出的信息进行加工处理，使其成为持久保持的记忆状态。

（4）保持阶段

本阶段相应的内部心理过程是记忆储存。它是指获得的信息经过强化之后，以一定形式（形象的或概念的）在长时记忆中永久地保持下来。

（5）回忆阶段

本阶段相应的内部心理过程是检索。检索过程也就是寻找记忆储存中的知识，使其复活的过程。

（6）概括阶段

本阶段相应的内部心理过程是迁移。它是指把已经获得的知识和技术应用于各种新的情境中，这一阶段涉及学习的迁移问题。

（7）作业阶段

本阶段相应的内部心理过程是反应，也被称为操作阶段，是获得解决问题能力的初步表现。通过反应发生激起反应器活动，使学习付诸行动，即完成新作业或新操作。

（8）反馈阶段

本阶段相应的内部心理过程是强化。学生完成了新作业并意识到自己已达到了预期的目标，即期望已被证实，从而使学习动机得到强化。这是学习行为完成的最后阶段。

（三）健康学习心理培养的意义

学习心理培养的意义可以从实践和理论两个方面加以说明。

1. 理论意义

为教学和学生的学习提供了一定的理论依据，教师和学生在学习活动中能够紧密地配合起来，使教师知道怎样教、学生知道怎样学有了科学依据的制定和调整。

2. 实践意义

第一，有助于学生了解学习过程，改善学习态度和学习方法，使学生不仅学到知识，更重要的是指导学生学会学习，提高学生的自学能力。

第二，有助于学生发展智力，开发学生的非智力因素。

第三，有助于教师改进教学工作，提高教学质量。

（四）注意学习的心理卫生

1. 培养学习动机

大学生对学习的意义和目的认识得越明确，其学习动机越强烈。大学生应认识到学习与社会发展、自我发展的密切联系，树立远大的理想，并为理想而奋斗。

2. 关注个人特长

心理学研究表明，当一个人有成就感时，他的自信心就建立起来了；当一个人面对自己喜欢的东西时，他总是兴趣十足，而个人特长正是自己喜欢的东西，必然会做出一定成绩，建立起充分的自信。用自信和兴趣去开启智慧之门，必然会激发其学习兴趣。

3. 正确看待失败

相当一部分学生的心理障碍是由于在学习上遭到失败和挫折后，进行了不正确的归因而造成的。因此，要建立一种正确的成败归因模式（心理咨询者的任务），把失败的原因归结为内因自己不努力，把外因不可控因素降到最小，从而使自己更加努力。

4. 关注学习过程中的成功体验

如果学生在学习中有成功体验，那么，他就会对自己的努力给予肯定的态度，他的自我效能感就高。自我效能感指人们对自己是否能够成功地进行某一行为的主观判断。按强化论观点，成功作为一个行为的正向刺激可以强化这一行为。如果学生在学习过程中不断获得成功的体验，其情绪必定是积极的、愉悦的，具有满足感，会增强他的学习动机，使他乐意在学习方面去探索，而且不畏困难，有毅力坚持和克服，从而形成勤奋好学的好习惯。

如何让学生在学习过程中获得成功的体验？

第一，学习目标分层而设。由于学生在智力结构和发展水平上是有差异的，其成长环境和生活经历不同，他们在学习上所能达到的程度也是不同的，因此，教师和家长在协助学生设立学习目标时一定要根据学生自身的最近发展区而定，不可强求统一，让不同层次的学生在经过努力后，都有机会获得成功的体验。

第二，赏识的态度和及时的鼓励。学生自身是富有潜能的个体，但他们需要赏识的眼光。赏识的眼光不仅表达了对学生的尊重、信任，而且表达了教师、家长的期望，在这种赏识的眼光下就能够发生罗森塔尔效应。

5. 学习的心理卫生原则

根据高级神经活动的生理学原理，大脑皮层的神经细胞在学习过程中所受的影响尤其明显。预防疲劳在于使原来的神经活动部位停止工作，而相应地使相对部位开始活动。

（1）原则

俄国生理学家韦坚斯基的研究提出五项提高工作能力的原则，这些原则大都涉及学习过程和脑力活动的合理化。①循序渐进。学习者不能骤然竭尽全力进行学习，而是要逐渐地发挥力量，这样才能保证效果。②节奏性。学习的安排有张有弛，过强的紧张阶段必须有轻松阶段代替。③习惯的顺序性和活动的系统性。这在计划工作的预定时间中表现出来。适当地支配时间和安排自己力所能及的任务等都有益于学习和脑力劳动。④劳动和休息的正确交替。即以一种学习内容更替另一种内容。⑤社会和工作的良好关系。只有从各方面来关心人的社会和制度，才能获得从事学习和脑力工作的良好基础。

总之，学习的心理卫生在于培养合理的用脑习惯，建立学习兴趣，防止过度疲劳，安排好学习时间，并使看、听、写、想和各种实践活动适当地交替。

（2）矫正措施

学校教育中的某些心理卫生问题已得到心理学和教育学研究的广泛重视。不管在小学、中学或大学，有许多学生虽然都有相当强的心理能力，但难以学习学校的课程，训斥、批评和说服的方法都无济于事。这些学生中有一些是由于学习习惯缺陷所致。施行诊断性测验可以发现他们的弱点，使用矫正训练的方法可以对这些习惯缺陷加以适当治疗。首先，立即停止那种学习失败就去批评和惩罚的做法，改为得到成绩就给予表扬的做法。其次，要安排学生在一个新的富有同情心的教师的指导下重新开始这门学科的学习。这种重新训练必须使这个学生感到他现在的这种学习是十分成功的。通过把这门学科同那些愉快的情境联系起来，而不是同挫折联系起来的做法，那些恐惧反应就会逐渐消退。

（3）预防

预防学生学习能力的丧失总比已经造成了这种损害后，再去矫正更有益心理健康。作为一种诱因，表扬和鼓励必须代替训斥，使学生在学习上能够收到良好的效果。学业分数的竞争性质就很不合乎心理卫生的要求。一个较好的方法就是要使每一个学生都同他自己过去的成绩做竞争，然后再努力改善和提高。如果使每个学生在学习上都能够感到他们有某种程度的成功，那么他们对待学校各门学科的那种消极态度就可以完全避免。以上这些方法不仅是一些有效的教育措施，而且是心理卫生原则的具体实施。

第三章 大学生自我认识与健全人格

第一节 认识自己

一、大学生自我意识概述

自我意识的确立是大学生心理发展的重要标志之一，对大学生人格的形成、心理发展起着重要作用。大学阶段的自我意识是大学以前的自我意识的继续与深化，同时又与其有着质的不同。这一时期，大学生自我意识从分化、矛盾走向统一，对于人的一生都有着特别重要的意义。

（一）自我意识的含义

1. 个体对自身生理状态的认识和体验

个体对自身生理状态的认识和体验是指对自己身高、体重、容貌、身材、性别等的认识以及对生理病痛、温饱饥饿、劳累疲乏等的感受。如果一个人对自己的生理不能接纳，如嫌自己个子矮、不漂亮、身材差、皮肤黑等，就会讨厌自己，产生自卑，缺乏自信。

2. 个体对自身心理状态的认识和体验

个体对自身心理状态的认识和体验是指对自己知识、能力、情绪、兴趣、爱好、性格、气质等的认识和体验。如果一个人对自己的心理自我评价低，如嫌自己能力差、智商不高，情绪起伏太大，自制力差等，就会否定自己。

3. 个体对自己与周围关系的认识与体验

个体对自己与周围关系的认识与体验是指对自己在群体中的地位、作用以及自己和他人的相互关系的认识、评价和体验。如果一个人认为周围的人不喜欢自己，不接纳自己，找不到知心朋友，就会感到很孤独、寂寞。

影响个体自我意识的因素除了与人的自我态度、成长经历、生活环境有关以外，他人评价，特别是生命中重要人物如父母、家人、老师、朋友、同学等的态度和评价，会对自我意识的发展产生重要影响。

（二）自我意识的分类

1. 根据自我意识的结构要素可分为认知自我、情绪自我和意志自我

认知自我包括自我感觉、自我观察、自我概念、自我分析与评价等。比如说“我是高个子”“我很老实”“我的脾气很温和”等，都属于认知自我的内容。

情绪自我包括自尊、自爱、自信、责任感、义务感、优越感等。比如说一个人感到很有自信，因为自己较有能力；很喜欢自己，因为自己长得漂亮（或潇洒）。

意志自我包括自主、自立、自制、自律等，主要表现为个体对自己的行为表现的调节以及个体对待他人和自我态度的调节。比如说“我怎样才能成为一个更有自信的人”，“我怎样才能克服自己的惰性”。

2. **根据自我意识内容可分为物质自我、社会自我和精神自我**

物质自我是指个体对自己身体、衣着、金钱等所有物质方面的一种意识。其中身体包括躯体、性别、体型、容貌、年龄、健康状况等生理方面的意识，如认识到自己是个高个子或体质较好。

社会自我是指个体对自己在一定的社会关系、人际关系中的角色、地位、名望等方面的认识，主要表现为在行为上追求个人的名誉、地位，和他人进行激烈竞争等。

精神自我是指个体对自己的心理活动包括心理过程和个性心理特征的意识，主要是对自己个性特征的意识，包括对自己的性格、能力、态度、道德、理想和信念以及行为、习惯等的意识。比如说觉得自己比较温和，智商较高。

3. **根据自我观念可分为现实自我、投射自我和理想自我**

现实自我是指个体从自己的立场和观点出发，对自己目前的实际状况的评价和看法。比如说认为自己是个大学生或自己的家庭经济比较窘迫。

投射自我是指个体想象他人对自己的评价和看法。比如说觉得别人看不起自己或认为自己的能力很强。

理想自我是指个体要实现的比较完善的一种自我境界或形象，是个人追求的目标。比如大学毕业后想当科学家、政治家或企业家。

4. **根据自我意识的作用可分为积极的自我意识和消极的自我意识**

像自信心、适度的自尊心、一定的责任感和义务感等都属于积极的自我意识，而自卑、自我否定、缺乏自制力等属于消极的自我意识。

此外，自我意识还可分为自我认识、自我辨析、自我监督和自我控制等方面。

健康的自我意识首先应当是积极的自我意识，而健全的自我意识主要表现为认知自我、情绪自我、社会自我和精神自我的协调与统一，表现为现实自我与理想自我的协调与统一，投射自我与他人对自己的实际评价和看法相一致。

（三）自我意识的作用

1. **决定个体行为的持续性与目标性**

人是社会的动物，人的行为既受诸多社会因素决定，又在很大程度上与自己的自我意识有着密切的联系。每个人的现实行为，并不单是由其所在的情境决定的，而且更重要的是与对自我的认知、自我意识有着密切的联系。那些自我意识积极的学生，其成就动机和学习投入及学习成绩也明显优于那些自我意识消极的学生。当学生认为自己声名不佳时，他们会放松对自己行为的约束。可以说，个人怎样理解自己，是保证个体如何行为及以何种方式行为的重要前提。

2. 决定个体对经验的解释

不同的人可能会获得完全相同的经验，但每个人对这种经验的解释却可能有很大的不同。解释经验的方式决定于一个人的自我意识。一个自认为能力一般，只该获得平均成绩的学生，对于比较好的成绩会认为是取得了极大的成功，感到十分满足；而对于同样的成绩，一个自认为能力优秀、应当获得出众成绩的学生，会解释为是遭到了很大的失败，并体会到极大的挫折。事实证明，当个人的既有自我意识消极时，每一种经验都会与消极的自我评价联系在一起；而如果自我概念是积极的，每一种经验都可能被赋予积极的含义。

二、大学生自我意识的发展及类型

（一）大学生自我意识的发展

1. 自我意识分化阶段

青年期自我意识的发展是从明显的自我意识分化开始的。原来完整笼统的“我”被打破了，出现了两个“我”，即主观的我（I）和客观的我（me），大学生既是观察者又是被观察者。伴随着主我和客我的分化，“理想我”与“现实我”也开始分化，此时的大学生开始主动、迅速地关注自己的内心世界和行为，产生新的认识和体验，同时，由此引起种种激动、焦虑、喜悦，自我沉思增多，要求有属于自己的空间，渴望被理解、被关怀。

2. 自我意识冲突阶段

由于自我意识分化的出现，使大学生开始意识到自己以前不曾注意的许多有关“我”的问题，主体我与客体我的矛盾，理想我与现实我的距离加剧了自我冲突，使得自我不能统一、自我形象不能确立、自我概念不能形成，因此表现出明显的内心冲突，甚至有很大的内心痛苦和激烈的不安感。此阶段表现为他们对自我的评价往往是矛盾的，对自我的态度常常是被动的，对自我的控制是不果断的。

3. 自我意识统一阶段

自我意识分化、矛盾带来的痛苦不断促使大学生寻求方法以求得自我意识的统一，即达到自我同一性。自我同一性，是指主体我和客观我的统一，理想我与现实我的统一，也表现为自我认识、自我体验、自我监督的和谐统一。自我意识的矛盾冲突，常常会给大学生带来不安或心理痛苦，他们总是力图通过自我探究来摆脱这种不安与痛苦。在自我意识的矛盾冲突中，大学生的自我意识也在不断调整、发展。在自我意识的不断调整、发展的过程中，他们极易寻求新的支点，寻找自我意识的统一点，整合自我意识。由于自我意识具有复杂性与多维性，大学生逐渐在多维度中审视自我、调整自我，向理想自我靠近。这也是我们常说的自我同一性的建立。从多维度观察的自我同一性越高，大学生自我意识的发展越好，人格越完善。

（二）大学生自我意识的类型

1. 自我肯定型

自我肯定，即对自我的认识比较清晰、理性、客观、全面、深刻。这种积极自我的特点是在经过痛苦的选择与调整之后，大学生逐渐成长成熟，使自己的理想自我与现实自我趋于统一，而且正确的理想自我占优势；主观自我与客观自我趋于一致。达成同一性的积极自我不仅了解自己的长处与优势，而且也了解自己的不足与劣势，既适应社会发展的需要又有助于自身成长。自我肯定型大学生在大学生中占绝大多数。

2. 自我否定型与自我夸大型

消极的自我意识类型有两种情形，即自我否定和自我夸大，都是不健康的。其特点是对自我评价不正确、理想自我不健全、缺乏实现理想自我的手段。

（1）自我否定型

由于失败与挫折经历的累积效应，自我否定型的大学生对现实自我的评价较低，缺乏自信，被理想自我和现实自我的差距困扰，时常出现无价值感、无助感、自我排斥、自我否定。他们不但不接纳自己，而且自我拒绝、自我放弃、自我摧残，表现为没有活力、没有激情、没有生活目标。理想自我与现实自我无法对接，其结果则更加自卑，从而失去进取的动力。

（2）自我夸大型

自我夸大型的大学生正好相反，他们对自我评价非常高，往往脱离客观实际，虚假的理想自我占优势，常常以理想自我代替现实自我，自尊心盲目，虚荣心强，心理防御意识强。在行为表现上缺乏理智、情绪冲动、自吹自擂、自我陶醉，却不去为实现自我做出努力，因此在学业、友谊和爱情上易于导致失败。虽然大学生中这种类型的人较少，但是个别严重的大学生可能用违反社会道德规范或违法犯罪的手段来谋求自我意识的统一。

3. 自我萎缩型和自我矛盾型

自我意识难以统一，主要表现为自我认知或高或低，自我评价动摇不定，自我体验或好或坏，自我调控时强时弱；各类自我难以协调整合；心理发展非常不稳定、不平衡，有时自信而成熟，有时又自卑而幼稚，令人难以把握。其主要表现为自我萎缩型和自我矛盾型。

（1）自我萎缩型

自我萎缩型的大学生缺乏理想自我，对现实自我深感不满，可又觉得无能为力；消极放任，得过且过；麻木冷漠，自卑自弃；消沉自堕，丧失信心；退缩归隐，闭门隔世；孤独寂寞，沮丧失志；严重的还可能导致精神分裂症或绝望轻生。

（2）自我矛盾型

自我矛盾型的大学生，内心自我冲突激烈，持续时间长；理想自我和现实自我难以同一；自我认知、自我体验、自我控制不稳定；缺乏“我是我”的统合感觉，而易于产生“我不是我”“我不知我”的分离倾向。因此，新的自我无法同一。例如，有的大学生可能是既自信又自卑的人，有的可能是既诚实又虚伪的人。

三、大学生的不良自我意识及其调适

（一）大学生自我意识的矛盾

1. 主观的我与客观的我之间的矛盾

“主观的我”是个人对自己的认识和评价，“客观的我”是社会上其他人对自己的认识和评价。大学生远离具体的社会现实生活，大部分时间是生活在相对单纯的大学校园中，“主观的我”和“客观的我”存在着不合拍、不一致的现象。大学生往往根据书本对自己做出不符合实际的估价，要么过高，要么过低，一旦接触社会生活、接触现实生活中的其他人，便发现自己并不像自己想象的那样高明或低能，容易自我失落或沾沾自喜。这种矛盾可以通过适当的社会实践来化解。

2. 现实的我与理想的我之间的矛盾

大学生是富有理想的，这种理想在头脑中的形象化即构成了大学生的理想自我，而本身的现实经历又构成了现实的自我。大学生作为同辈人中的佼佼者，步入大学殿堂后在脑海中即设计出自己的完美未来（包括学习、爱情、就业），然而现实社会中的种种障碍会阻碍“理想自我”的实现。大学生对自我缺乏客观认识，往往在对现实自我不满的情况下否定自己。

3. 自尊心与自卑感之间的矛盾

大学生多有浓厚的优越感和很强的自尊心，对自己的能力、才华和未来充满信心。许多大学生发现“人外有人、天外有天”，有些大学生就会怀疑自己、否定自己，产生自卑心理，在他们的内心深处，自尊心和自卑感常常处于矛盾状态。

4. 自立和依附他人的矛盾

进入大学以后，大学生的独立意识迅速发展，希望能在思想、学习、生活甚至经济等诸多方面自立，希望摆脱家庭和学校的约束，自主地处理自己遇到的一切问题。有些大学生错误地认为，独立就是不需要任何人的帮助和指导，或者没有任何依赖别人的需要。事实上，即使是一个独立性很强的人，也会产生依赖他人的需要。独立并不意味着独来独往、独当一面，而是指个人对自己负有全部的责任。大学生不仅要分清两者的区别，而且还要认识到独立性的培养需要一个过程，对这一过程的认识不足和过分苛求都会阻碍自身的正常发展。

（二）大学生自我意识的偏差及调适

1. 自我意识过强

自我意识过强或过高的大学生，往往扩大现实的自我，形成错误的不切实际的理想自我，并认为理想自我可以轻易实现。这种类型的大学生往往盲目乐观，以自我为中心，自以为是，不易为周围环境和他人所接受和认可，容易引起他人的反感和不满。因此，极易遭受失败和内心冲突，产生严重的情感挫伤，导致苦闷、自卑、自我放弃。有时会引发过激行为和反社会行为。自我意识过强主要表现为过分追求完美、过度自我接受、过度自我中心等。

（1）过分追求完美

不能客观地评价和认识自我的情况有很多种，最明显的就是对自我的苛求和追求完美。“人皆有爱美之心”，也有追求完美之心。这虽然是人类健康向上的本能，但过分追求完美容易引起自我适应障碍。追求完美的大学生对自己要求过高，期望自己完美无缺，却不顾自己的实际情况。此外，他们不能容忍自己“不完美”的表现，对自己不完美的地方过分看重，把人人都会出现的、人人都会遇到的问题看成是自己“不完美”的地方，总是对自己不满意，从而严重影响了自己的情绪和自信心。他们对自己十分苛刻，只接受自己理想中的“完美”的自己，不肯接纳现实中平凡的、有缺点的自我。其后果往往适得其反，使其对自我的认识和适应更加困难。产生这种现象的原因有未真正了解自己、过分受他人期望的影响等。

改善过分追求完美的状态，要做到：第一，树立正确的观念。人不能十全十美，每个人都有优缺点。一个人应该接纳自己，包括自己的不足，同时肯定自己的价值，不自以为是，也不妄自菲薄。第二，确立合理的评价参照体例和立足点，以弱者为参照会自大；以强者为标准会自卑。因而人应该选择合适的标准，更重要的是以自己为标准，按照自己的条件评定自己的价值。第三，目标合理恰当。在充分了解自己的基础上确定恰当的目标和追求，目标符合自己的实际能力，不苛求自己，不被别人的要求左右。个体越能独立于周围人的期望，自我意识的独立性就越强，所遭遇的冲突也越少。对大学生来说必须明确自己的期望是什么，以及这种期望是来自自我本身的能力和需要，还是从满足他人的期望出发。只有明确这一点，才可能真正地认清自己，规划自己的发展方向，最终建立独立的自我。

（2）过度自我接受

自我接受是指自己认可自己、肯定自己的价值，对自己的才能和局限、长处和短处都能客观评价、坦然接受，不会过多地抱怨和谴责自己。对自我的接受是心理健康的表现。过度自我接受的人是有点自我夸张的人，他们高估自我，对自己的肯定评价往往有过之而无不及。他们拿放大镜看自己的长处，甚至把缺点也视为长处，拿显微镜看他人的短处，把别人细微的短处找出来。他们的人际交往模式是“我好，你不好”“我行，你不行”。过度自我接受的人容易产生盲目乐观情绪，自以为是，不易处理好人际关系；而且过高评价滋生骄傲，对自己提出过高要求，会因为承担无法完成的任务、义务而导致失败。

（3）过度自我中心

随着自我意识的发展，大学生越来越感到自己内心世界的千变万化，他们越来越多地把关注的重心投向自我，尤其是那些有较强自信心、自尊心、优越感、独立感的学生更容易产生自我中心倾向。当这种倾向与一些不健康的思想意识（如个人主义、自私自利思想）和心理特征（如过强的自尊心、唯我独尊）结合时，就会表现出过分的、扭曲的自我中心。过度自我中心的人往往以自我为核心，想问题、做事情从“我”出发，不能设身处地地进行客观思考，反而盛气凌人，不允许别人批评。这种人往往见好就上，见困难就让，有错误就推，总认为对的是自己，错的是别人，因而他们常不能赢得他人的好感和信任，人际关系多不和谐。

克服过度自我中心的途径包括：第一，建立健康的人生观，自觉地将自己和他人、集体结合起来，走出自己的小天地；第二，恰当地评价自己，既不低估也不高估，既不妄自菲薄，也不自高自大；第三，尊重他人，只有尊重和信任才能获得友谊；第四，设身处地地从他人的角度思考问题，将心比心，真诚地关爱他人，从而做到“我爱人人，人人爱我”。

2. **自我意识过弱**

自我意识过弱的大学生在把理想我和现实我进行比较时，对理想我期望较高，又无法达到，对现实我不满意，又无法改进。他们在心理上的一个特征就是自我排斥，往往会产生否定自己、拒绝接纳自我的心理倾向。他们的心理体验常常伴随较多的自卑感、盲目性、自信心丧失的情绪消沉、意志薄弱、孤僻、抑郁等现象，尤其是面对新的环境、挫折和重大生活事件时，常常会产生过激行为，酿成悲剧。自我意识过弱主要表现为极度的自卑。

自卑是个体由于某种生理或心理上的缺陷或其他原因而引起的一种消极情绪体验。表现为对自己的能力或品质评价过低，轻视自己，甚至看不起自己，害怕自己在别人心中失去应有的地位，因而产生消极心理。这种心理状态很容易使青年学生产生孤独压抑的情感，给自己的情绪和学习带来严重的影响，更甚者还会产生消极的态度，从而对前途失去信心。

大学里，人与人之间比赛、竞争的情况是无法避免的。而且，如果从能力、成绩、特长以及身体、容貌、家世、地位等所有条件相比，很少有人永远是强者。但有的同学过度自卑，斤斤计较于自己的缺点、不足和失误，结果因自卑而心虚胆怯，凡有挑战性的场合即逃避退缩，或对自己的所作所为过分夸张，过分补偿，唯恐天下不知，其结果捍卫的是虚假的、脆弱的、不健康的自我。

改变过度自卑，第一，对其危害要有清醒的认识，并且有勇气改变自己；第二，客观、正确、自觉地认识自己，无条件接受自己，欣赏自己所长，接纳自己所短，做到扬长避短；第三，正确地表现自己，对自己的经验持开放态度；第四，根据经验，调整对自己的期望，确立合适的抱负水平，区分长期目标和近期目标，区分潜能和现在表现；第五，对外界影响保持相对独立，正确对待得失，勇于坚持正确的东西、改正错误。

从以上分析我们可以看出，大学生自我意识发展过程中出现的失误、偏差是心理还不成熟的表现，这是由其身心发展状况和成长背景决定的，并不是某个人的缺点，而是所有大学生或多或少都要亲身经历的，是整个年龄阶段的特征。因而是普通的、正常的，但也是必须调整的。只有认识到这一点，才有可能去面对它、正视它，并争取解决它。

四、大学生健全自我意识的培养

（一）正确认识自我

1. 他人评价法

通过与他人的交往，从他人对自己的态度和评价中认识自己。不是他人的所有评价都是有益的，我们要以恰当的态度对待他人的评价。要重视对自己比较熟悉和了解的人的评价（如家人、好朋友等），要特别重视比较一致性的评价（如十人中有六七人持相同看法）。有些学生特别偏重别人对自己的负面评价，而忽略了对自己的正面评价，这是自卑的人。有些人听不进别人的批评意见，那么他就很难进步成长，完善自己。

2. 比较法

自我认识可以通过与他人的比较而实现。他人是反映自己的一面镜子，在比较中可以认清自己的优势和不足，扬长避短。同时，我们要注意比较的艺术。与谁比较，比较什么，怎么比较是有很大影响的。我们选择与自己条件相似的人进行比较，学习他人的优点和长处，这样会有激励作用。与我们相差太多的人比较，或者让我们沾沾自喜或者让我们灰心丧气，对自我的改善没有太大的帮助。我们比较的是学习能力、工作能力、意志行为等，这些通过自身努力是可以不断提高和完善的，而家庭背景、生活条件等在很大程度上并不取决于大学生自身，在短期内也难以有很大改变，我们不必过分在意。与人比较还要从相对标准而不是绝对标准的角度看问题。有些学生来自农村，条件不如别人，很多方面可能没有学习和实践的机会，而如果给予自己学习的机会，很可能就会赶上别人。

3. 经验法

通过自己参加各种活动时的动机、态度、表现以及取得的效果和成果来分析认识自己。活动成果的价值有时能直接标志着自身的价值，社会衡量一个人的价值主要是通过活动成果认定的。一次的成果会增加自己的自信心，但是一次的失败也可能让自己怀疑自己的能力。那么，怎么看待失败或挫折呢？最简单的一句话“失败是成功之母”。大学生具有各种潜在的天赋和能力，积极参加多方面的实践活动和社会交往，才有机会发现和发展自己的天赋和才能。

4. 内省法

个人自己的观察和思考是自我认识的一个重要方面。他人对自我的评价不等于自己对自身的评价。内省是指通过反省自己，分析自己来进行自我认识。孔子曰：“吾日三省吾身。”这里要注意的是，反省并不仅指觉察自己做得不好的地方，重点是对自己的言行思想保持觉知，鼓励自己做得好的方面，对于做得不够的地方，争取下次做得更好，努力完善自己。自己观察和分析自己，看似容易，其实是很困难的，我们难免会因为自己的情绪和愿望等而影响到对自己全面客观的评价。

在进行自我认识和自我评价的时候，要通过多条途径收集信息，要讲究评价的艺术。评价应就事论事，在就事论人时，不以偏概全，不以一时一事下结论，要有发展的眼光；不把与别人相比较或别人的态度作为唯一的衡量标准；不把成就和成绩作为衡量自己价值的唯一尺度。另外，在通过比较而评价自我时，要注意区分纵向比较和横向比较。我们通常的比较是指与他人进行比较。我们更要注重的是自己与自己的比较，自己的今天与昨天的比较，即纵向比较。如果我们看到自己一天天地进步和成长，会让自己对未来充满信心。

（二）积极悦纳自我

1. 检查自我期望

我们都会不断勾勒自我的理想形象，对自己有很多的期望。自我期望促使我们努力让自己变得更好。自我期望的合理性如何会对自我发展和自我实现有影响。如果期望与现实自我反差太大，期望是为了追求完美，追求虚荣，追求时尚，期望来自同伴压力，那么这样的期望会成为自我发展的负担和阻力。比如，一个内向不善交往的人期望自己成为社交能手，这样的期望可能不太恰当，他可能发现自己达不到目标而受挫，甚至放弃努力。恰当的自我期望，经过一定的努力能够实现，会增进你的自信心，是自我激励的动力。

2. 不过度自我批评

自我批评是必要的，在传统文化中强调通过批评和自我批评来改善自我，但是过度的自我批评就是对自己的苛求，可能养成自我否定的习惯。我们要学习适当的自我表扬。在自己有所进步，表现不错的时候，及时地表扬自己，是对自我的鼓励。以前我们更多地依赖他人的鼓励和表扬来肯定自我的价值，现在逐渐独立，我们需要自我鼓励来肯定自我。

3. 寻求有效的补偿

每个人都不是完美的，但我们并不需要彻底地“改造”自己。我们性格上的优点与缺点是矛盾统一的，好像一枚硬币的两面。比如，你也许比较粗心，这样可能就不那么敏感，在交往中既可能没有留意到别人的需求，也可能对他人不恰当的反应不那么斤斤计较。我们只要注意控制自己，尽力让自己性格上的弱点对自己和他人产生较少的不良影响。对于自己的短处和弱点，我们可以做的是在认真分析自我的基础上做有效的补偿，扬长避短，努力发挥自己的长处来增强我们的自信心和自我价值感，并从环境中寻找对自己成长有利的条件，让自己有效地利用资源发掘自己的潜能。

（三）有效控制自我

1. 建立合乎自身实际情况的抱负水平，确立适宜的理想自我

大学生对自我抱有很高的期望，希望实现自己的理想。怎样的理想是恰当的呢？我们要面对现实，确定自己具体的奋斗目标，由近及远，由低到高，循序渐进，逐步加以实现。

关键是每个目标都应是适当合理的，是经过努力可以达到的，以免失去信心。

2. 从积极乐观的角度看问题

在生活中，我们难免会遇到各种困难和挫折，以什么样的态度去面对，结果会有很大的不同。从积极乐观的角度去看问题，我们会继续努力解决问题，因为我们相信好的结果可能出现，即使无法改变，我们也能从挫折中学习到对我们有用的东西。这样，我们对自己的生活更有控制感。反之，从消极悲观的角度看问题，我们可能很快就放弃了希望和努力，也放弃了成功的可能性。如果我们在思想上认为一件事是不可能的，我们就会为不可能找到许多理由，例如："我的智商没有别人高""我吃不了苦""我天生记忆力差"等，从而使这个不可能显得理所当然，我们当然也就不会采取积极有效的行动，最终的结果是这件事真的成了不可能了。培养积极乐观的态度需要长期不懈的学习。

成为自己是我们的追求，即按照社会的需要和个人的特点来自我发展、自我实现。成为自己就是做一个"自如的你，独特的你，最好的你"。"自如的你"指不给自己提出脱离实际的过高要求，使自己总是陷入自责、自怨、自恨的境地，从而坦然面对自己的客观存在，给自己设计只要付出相当的努力就能达到的目标，愉快自在地生活。"独特的你"指不一味地追求时尚，在刻意模仿中失去自我，而是接受自身，追求自己的特性，积极地生活。"最好的你"指立足于现实而又不甘落后，充分利用自身的禀赋，积极发挥自己的特长，根据自己的条件规划自己的生活，选择适合自己的人生道路，充分实现自我，不断超越自我。

第二节　完善人格

一、人格概述

（一）人格的含义

"人格"一词是我们日常生活中的高频词语，我们经常说"他具有高尚的人格""他出卖了自己的人格""他具有健全的人格"等。"人格"一词涵盖了法律、道德、社会、哲学等领域。"人格"一词最初来源于古希腊语 Persona，是指演员的面具，面具会随着角色的变化而不断变化，后来此词被用作描述人的心理。心理学上的人格内涵极其丰富，但基本包含两方面的意义：一是个体在人生舞台上所表现出的种种言行所遵从的社会准则，这就是我们可以观察到的外显的行为和人格品质；另一方面是内隐的人格成分，即面具后面的真实自我，是人格的内在特征：（1）人格是构成一个人的思想、情感及行为的特有的统合模式，这个模式包含了一个人区别于他人的稳定而统一的思想品质。（2）人格是指稳定的行为方式。（3）查尔德认为人格是使个体的行为保持时间的一致性，并且区别于相似情境下的其他个体行为的比较稳定的内部因素。（4）人格是"稳定的""内部的""一致的""区别于"他人的心理品质。人格存在于个体内部，并不是外部行为。

（二）人格的特征

1. 独特性

个体的人格是在遗传、成熟、环境、教育等环境交互作用下形成的。不同的遗传、生存及教育环境，形成了各自独特的心理特点，我们经常所说的“人心不同，各如其面”就是指的这个意思。如有的人开放自然，有的人顽固自守，有的人沉默寡言，有的人豪爽，有的人谨慎等。环境会使某一人格品质在不同人身上表现出不同的含义。如独立性这一人格特质，在缺乏父母爱护的家庭中成长的孩子，独立带有靠自己努力的含义；而在一个民主型家庭成长的孩子，独立则作为健全人格培养的重要部分。

2. 稳定性

人格的稳定性是指那些经常表现出来的特点，是一贯的行为方式的总和。正如我们所说：“江山易改，本性难移。”一个人的某种人格特质一旦稳定下来，要改变是较为困难的事。这种稳定性还表现在人格特征在不同时空下的一致性。例如，一个性格外向的大学生，他不仅在家庭中非常活跃，而且在班级活动中也表现出积极主动的一面，在老师面前能自然地表现自己，不仅大学四年如此，即使毕业若干年再相逢，这个特质依旧不变。

3. 统合性

人是极其复杂的，人的行为表现出多元性、多层次的特点。人格的组合千变万化并非死水一潭，各种人格结构的组合千变万化，因而使人格表现得色彩纷呈。在每个人的人格世界里，各种特征并非简单的堆积，而是如同宇宙世界一样，依据一定的内容、秩序与规则有机组合起来的动力系统。人格的有机结构具有内在一致性，受自我意识的调控。当一个人的人格结构的各方面彼此和谐一致时，就会呈现出健康的人格特征，否则就会出现各种心理冲突，导致“人格分裂”。

4. 功能性

人格是一个人生活成败、喜怒哀乐的根源。正如人们常说的“性格决定命运”。人格决定了一个人的生活方式，甚至有时会决定一个人的命运。人们常常使用人格特征解释某人的言行及事件的原因。面对挫折与失败，有志者认真总结经验教训，在失败的废墟上重建人生的辉煌；而怯懦的人一蹶不振，失去了奋斗的目标。当人格功能发挥正常时，表现为健康而有力，支配着人的生活与成败；当人格功能失调时，就会表现出懦弱、无力、失控甚至变态。

（三）人格研究的主要流派

1. 精神分析学派

精神分析学派主张无意识的冲突对人的行为的主导作用和重要影响，非理性的欲望与外界现实在内心引起的冲突是精神异常的原因。该学说首创人弗洛伊德确立了精神分析的方法与理论体系。弗洛伊德认为人格结构由三个组成部分：本我、自我、超我。这三者在意识、无意识活动的机制下，在发展的关系中形成。本我是一种原始的力量来源，是遗传下来的本能。本我要求满足基本的生物要求，毫无掩盖与约束，寻找直接的肉体快乐。这种要求若有迟缓或减弱就会感到烦扰、懊恼，其结果不是这种原动力消失或减弱，而是企图满足的要求更加迫切；自我是人格结构的表层，但也只是部分意识而已。人若在本我控制的社会中，危险与恐惧则是难以想象的。因为本我不受任何管制，幸而本我得到人格中自我的检查。自我是本我的对立面，在与环境接触过程中由本我发展而来。在与环境的交互中，儿童不仅发展了自我，而且还知道了什么是对的、什么是错的，能够对正确与错误做出辨别。这就是人格中的超我，超我遵从理性原则，从理性角度思索什么是可以做的，什么是不可以做的。本我的快乐原则、自我的现实原则与超我的理性原则共同构成了人格的三层结构。精神分析学派重视无意识即本我对人格的影响及儿童早期生活经历对人格的影响。

2. 特质流派

特质流派的主要代表人物是奥尔波特、卡特尔与艾森克。奥尔波特于 1937 年首次提出人格特质理论，他将人格分为共同特质和个人特质。共同特质是指在某一社会文化形态下，大多数人或群体所具有的共同特质。个人特质是个体身上独有的特质，依照生活中所起作用的大小，分为首要特质（个体最典型、最具概括性的特质）、中心特质（即构成个体独特性的几个重要特质，一般每个人身上有 5 ～ 10 个）、次要特质（只在特殊情况下才表现出来）。

3. 行为主义流派

行为主义流派的代表人物是华生、斯金纳和赫尔。行为主义将人格看作个体的独特行为方式或这些方式的组合。对人格的研究是对个体的特殊学习经历或独特遗传背景的系统考察，发现有机体与强化之间的独特联系。人格研究只有建立了科学的判断标准才是合理的。行为主义注重从个人所处环境的强化程序来考察人格的发展与改变。由于行为主义的人格理论主要是在对低等动物的研究中得出的，只注重行为的外显性，反对内省法和对内部事件的研究，而且人格研究忽视了人格机能的基本方面，即整体系统中部分的功能作用。

4. 社会学习理论流派

社会学习理论的代表人物是班杜拉。社会学习理论注重交互作用，即有机体与环境的相互作用的过程，强调有机体对变化着的环境的反应能力。在对人格的研究中，行为的个体差异取决于我们特定的学习经验，而不是天生的人格特质。例如，我们通过观察学习，发现了哪些行为更易被奖励或被惩罚，这是替代强化。班杜拉还强调，行为是由我们的行动自己掌控或自生成的。自我调节包括自我观察、个人标准和自我反应过程。

5. 人本主义流派

在人本主义心理学阵营中，最具有代表性的是马斯洛。马斯洛不同意行为主义与精神分析学派的人格学说，而是着力于创立一门研究人类的积极本性的心理学。他的学说的重心是动机理论。他坚定不移地主张人类有一些本能化的需求。这种内在的需求即使有其生物学基础，也很微弱，很容易被压抑、埋没或被扼杀。基于此，马斯洛把人的需求分为五个层次：一是生理的需求，是人与动物所共有的，包括饮食、性、排泄和睡眠。二是安全需求，是住宅、工作场地、秩序、安全感和可预言性，这一层次需求的首要目标是要减少生活中的不确定性。三是归属的需求，即个体要有组织、家庭、社会的归属感，归属感的建立是个体社会中重要的组成部分。四是爱和尊重的需求，它包括两个方面，一是要求别人对自己重视，相应地产生了威信、认可、地位等情感；二是要求自尊，与此相应的是适应、胜任、信心等情感。五是自我实现的需求，即使自己成为自己理想的人，达到个人潜能的最高之巅，这是每个个体内心真正需求的。

6. 认知学派

该学派的重要代表人物是凯利。凯利人格理论的核心是建构，是个体的行为所依赖的解释。一个建构就是一种思想、一种观点、一种看法，人们用它来解释个人自己的经验。建构一旦创建，人就受它的制约。换句话说，一个人的生活受到他自己的经验的巨大影响。他认为，当人遇到新情境时，产生的行动具有CPC循环的特征，即周视期、先取期、控制期，因而人们并不寻找强化或回避疼痛，人们寻找自己构念系统的有效性。因此，人的主要目标是在自己生活中缩减不确定性。通过对CPC周期的循环，人们就可逐渐形成人格和获得良好的适应。

（四）人格的结构

人格是由不同成分构成的一个结构系统，不同成分从不同侧面反映了个体的差异。人格结构系统包括认知、动机、气质、性格、自我调控等成分。气质与性格是人格的重要方面。

1. 气质

气质是指个体表现在心理活动的强度、速度、灵活性与指向性的一种稳定的心理特征。这种特征既决定了个体心理活动的动力特征，又给每个人的心理活动蒙上了一层独特的色彩。

胆汁质——夏天里的一团火。这类人精力旺盛，直率、热情，行动敏捷，情绪易于激动，心境变换剧烈。这类大学生有理想、有抱负，有独立见解，反应迅速，行为果断，表里如一，不愿受人指挥，而喜欢指挥别人，一旦认准目标，就希望尽快实现，百折不挠，学习和工作带有明显的周期性特点，能以极大的热情和旺盛的精力投入学习和工作，一旦精力消耗殆尽时，便会失去信心，情绪顿时转为沮丧和心灰意冷。

多血质——喜形于色，可塑性强。多血质的人具有活泼好动，反应迅速，情绪发生快而多变，兴趣容易转移等特征。这类大学生易于适应环境的变化，性格活泼、热情，善于交际，在群体中精神愉快，相处自然，常能机智地摆脱困境。他们在学习和工作上肯动脑、主意多，不安于机械、刻板、循规蹈矩，常表现出较强的工作能力和办事效率，对外界事物兴趣广泛，但容易浮躁、见异思迁。

黏液质——冰冷耐寒。黏液质的人安静、稳重，反应慢，沉默寡言，情绪不易外露，注意力稳定难以转移，善于忍耐。这类大学生反应较为迟缓，但无论环境如何变化，都能基本保持心理平衡，凡事深思熟虑，力求稳妥，一般不做无把握的事情，在各种情况下都表现出较强的自我克制能力。他们外柔内刚，沉静多思，不愿流露内心的真情实感，与人交往时，态度适度，不卑不亢，不爱抛头露面；学习、工作有板有眼，踏实肯干，严格恪守既定的生活秩序和制度。但他们过于拘谨，不善于随机应变，固定性有余而灵活性不足，有墨守成规、因循守旧的表现。

抑郁质——秋风落叶。抑郁质的人孤僻、行动迟缓、情感体验深刻，善于觉察别人不易觉察到的细小事物。这类大学生在生理上难以忍受或大或小的神经紧张，厌恶那些强烈的刺激。他们的感情细腻而脆弱，常因为小事引起情绪波动，自己心里有话，也不愿向别人倾诉，喜欢独处，与人交往时显得腼腆，善于领会别人的意图，在团结友爱的集体中，很可能是一个容易相处的人，遇事三思而行，求稳不求快，对力所能及的工作能认真负责地完成，在学习、工作一段时间后，常比别人更感疲倦，在困难面前常怯懦、自卑和优柔寡断。

气质本身无优劣之分，任何一种气质都有其积极和消极的方面，气质也不能决定一个人活动的社会价值和成就的高低。因此，大学生要正确对待自己的气质类型，经常有意识地控制自己气质的消极品质，发扬积极品质，以有利于形成良好的个性。

2. 性格

性格是一种与社会最密切相关的人格特征，是一个人对现实稳定的态度和与之相适应的习惯化了的行为方式的总和。性格表现了人们对现实与周围世界的态度，对自己、对别人、对事物的态度。

从不同角度和侧面可以对性格类型进行不同的划分，如按照知、情、意、行在性格中的表现程度，可分为理智型、情绪型和意志型三种。理智型的人以理智支配自己的行动；情绪型的人，情绪体验深刻，举止容易受情绪左右；意志型的人具有较明确的目标，行为主动。

按照个体的心理倾向，可分为外倾型和内倾型。外倾型的人心理活动倾向于外部，活泼开朗，善于交际，感情易于外露，处世不拘小节，独立性较强，但有时粗心、轻率；内倾型的人心理活动倾向于内部，一般表现为感情含蓄，处世谨慎，自制力强，交际面窄，适应环境比较困难。

按照个体独立性程度，可分为独立型和顺从型。独立型的人不易受外来事物的干扰，他们具有坚定的信念，能独立地判断事物，发现问题解决问题，在紧急和困难的情况下不慌张，易于发挥自己的力量，但有时会把自己的意志强加于人，固执己见，不易合群；顺从型的人随和、谦虚，易与人合作，但独立性较差，易受暗示，容易接受别人的意见，在紧急情况下易惊慌失措。

性格与气质都是构成人格的重要因素，二者相互渗透，相互影响，彼此制约。二者所不同的是，性格是人格中涉及社会评价的内容，更多受到环境的影响，具有较大的可塑性。性格具有社会评价的意义，反映了社会文化的内涵，有好坏之分，而气质更多受生理上和心理上的特点制约，虽然在后天的环境影响下也有所改变，但与性格相比，它更具有稳定性，变化比较缓慢。

二、人格的影响因素

（一）生物遗传因素

心理学家对“生物遗传因素对人格具有何种影响”的研究已经持续很久了。由于人格具有较强的稳定性特征，因此人格研究者也会注重遗传因素对人格的影响。

双生子的研究被许多心理学家认为是研究人格遗传因素的最好办法，并提出了双生子的研究原则：同卵双生子既然具有相同的基因形态，那么他们之间的任何差异都可以归于环境因素造成的。而异卵双生子的基因虽然不同，但在环境上有许多相似性，如出生顺序、母亲年龄等，因此也提供了环境控制的可能性。系统研究这两种双生子，就可以看出不同环境对相同基因的影响，或者是相同环境下不同基因的表现。研究结果表明：由于同卵双生子具有相同的基因，因此他们间的任何差异一定是环境造成的；由于异卵双生子在遗传上的不同，他们有许多相同的环境条件，故可提供一些有关环境控制的测量；同时研究同卵双生子与异卵双生子，就可能评估相同基因类型下不同环境的作用，以及在相同或类似环境下不同基因类型的作用。

研究结果表明：遗传是人格不可缺少的影响因素，但遗传因素对人格的作用程度因人格特征的不同而不同。通常在智力、气质这些与生物因素相关较大的特征上，遗传因素较为重要；而在价值观、信念、性格等与社会因素关系紧密的特征上，后天环境因素更重要。人格发展过程是遗传与环境交互作用的结果，遗传因素影响人格发展方向及形成的难易。

人既是一个生物个体，又是一个社会个体。人出生后，各种环境因素的影响就开始了，并会作用于人的一生。后天环境的因素是多种多样的，小到家庭因素，大到社会文化因素，这些因素对大学生人格的发展更为重要。

（二）社会文化因素

人一出生，便置身于社会文化之中并受社会文化的熏陶与影响，文化对人格的影响伴随着人的一生。社会文化塑造了社会成员的人格特征，使其成员的人格结构朝着相似性的方向发展，而这种相似性又具有维系社会稳定的功能。这种共同的人格特征又使得个人正好稳稳地“嵌入”整个文化形态中。社会文化对人格的影响力因文化而异。越严格，其影响力就越大。影响力的强弱也视其行为的社会意义的大小，对于不太具有社会意义的行为，社会允许较大的变异，但对在社会功能上十分重要的行为，就不太允许太大的变异，社会文化的制约作用就越大。但是，若个人极端偏离其社会文化所要求的人格基本特征，不能融入社会文化环境之中，可能就会被视为行为偏差或心理疾病。

社会文化具有塑造人格的功能，这反映在不同文化的民族有其固有的民族性格，不同的地域有着不同的文化传统，不同的文化发展时期有着不同的文化认同。例如，米德等人研究了新几内亚的三个民族的人格特征，结果表明：来自同一祖先的不同民族各具特色，鲜明地体现了社会文化对个体的影响力。居住在山丘地带的阿拉佩什族，崇尚男女平等的生活原则，成员之间互相友爱、团结协作，没有恃强凌弱，没有争强好胜，一派亲和景象。居住在河川地带的蒙杜古马族，生活以狩猎为主，男女间有权力与地位之争，对孩子处罚严厉。这个民族的成员表现出攻击性强、冷酷无情、嫉妒心强、妄自尊大、争强好胜等人格特征。居住在湖泊地带的德昌布利族，男女角色差异明显，女性是这个社会的主体，她们每日操作劳动，掌握着经济实权。这种社会分工使女人表现出刚毅、支配、自主与快活的性格，男人则有明显的自卑感。

社会文化对人格的影响力一直为人们所认可，它对人格的形成与发育具有重要的作用，特别是后天形成的一些人格特征，如性格、价值观等。社会文化因素决定了人格的共同特征，它使同一社会的人在人格上具有一定程度的相似性，如民族性格等。

值得重视的是：随着对文化因素的强调而产生的生物因素与文化因素之间的平衡，文化在个体人格发展中的作用受到进一步重视。

（三）家庭环境因素

家庭常被视为人类性格的加工厂，它塑造了人们不同的人格特征。家庭虽然是一个微观的社会单元，但它对人格的培育起到了至关重要的作用。家庭是社会的细胞，家庭不仅具有其自然的遗传因素，也有着社会的遗传因素。这种社会遗传因素主要表现为家庭对子女的教育作用，俗话说“有其父必有其子”，不无一定的道理。父母按照自己的意愿和方式教育孩子，使他们逐渐形成了某些人格特征。

孩子的人格是在与父母的持续相互作用中逐渐形成的，富于情感的父母将会示范并鼓励孩子采取更富情感性的反应，因此也加强了孩子的利他行为模式而不是攻击行为模式。孩子的人格就是在父母与他们的相互磨合中形成的。孩子在批评中学会了责难，在敌意中学会了争斗，在虐待中学会了伤害，在支配中学会了依赖，在干涉中变得被动与胆怯，在娇宠中学会了任性，在否定中学会了拒绝，在鼓励中增加了自信，在公平中学会了正义，在宽容中学会了耐心，在赞赏中学会了欣赏，在关爱中学会了爱人。

家庭教养方式一般可以分为三类。第一类是权威型教养方式，这类父母在对子女的教育中，支配欲特强，孩子的一切由父母来控制。成长在这种教育环境下的孩子容易消极、被动、依赖、服从、懦弱，做事缺乏主动性，甚至会形成不诚实的人格特征。第二类是放纵型教养方式，这类父母对孩子溺爱，孩子多表现为任性、幼稚、自私、野蛮、无礼、独立性差、唯我独尊、蛮横胡闹等。第三类是民主型教养方式，父母与孩子在家庭中处于一个平等和谐的氛围中，父母尊重孩子，给孩子一定的自主权，并给予孩子积极正确的指导。父母的这种教养方式使孩子形成了一些积极的人格品质，如活泼、快乐、直爽、自立、彬彬有礼、善于交往、富于合作、思想活跃等。

普朗明在他的《天性与教养》中对人格的天性与教养进行了研究，提出了共享环境，即子女们在同一家庭成长所享有的环境，而非共享环境是指在同一家庭成长却不被子女们共同享有的环境，如性别差异、排行顺序或特定生活事件而被父母区别对待。研究结果表明：重要的不是家庭单位，而是每个孩子在家庭中的独特经验，即孩子在家庭中的非共享环境。儿童在家庭内与家庭外得到的经验对其人格发展都有重要影响。

由此可见，家庭是社会文化的媒介，对人格具有强大的塑造力。其中，父母教养方式的恰当性会直接决定孩子人格特征的形成。父母在养育孩子的过程中，表现出了自己的人格，并有意无意地影响和塑造着孩子的人格，形成家庭中的“社会遗传性”。

（四）儿童早期经验

“早期的亲子关系定出了行为模式，塑成一切日后的行为。”这是有关早期童年经验对人格影响力的一个总结。中国也有句俗话：“三岁看大，七岁看老。”人生早期所发生的事情对人格的影响，历来为人格心理学家所重视，特别是弗洛伊德。为什么人格心理学家会如此看重早期经验对人格的作用呢？

斯皮茨在对孤儿院里的儿童所进行的研究中，发现这些早期没被父母照顾的孩子，长大以后在各方面的发展均受到影响。许多孩子表现出哭泣、僵直、退缩、表情木然，并且有人提出没有父母的孩子容易产生心理疾病，孩子会形成攻击、反叛的人格。

艾斯沃斯将婴儿依恋模式分为安全依恋、回避依恋与矛盾依恋三类，并做了数十年的追踪研究，将婴儿时期的依恋对人格的发展进行了相关研究，结果表明：早期安全依恋的婴儿在长大后有更强的自信与自尊，确定的目标更高，表现出对目标更大的坚持性、更小的依赖性，并容易与同伴建立亲密的友谊。

早期童年经验的问题引发了许多的争论，如早期经验对人格产生何种影响？这种影响是否为永久性的？我们认为，人格发展的确受到童年经验的影响，幸福的童年有利于儿童健康人格发展，不幸的童年会使儿童形成不良人格。但二者不存在一一对应的关系，溺爱也可使孩子形成不良人格特点，逆境也可磨炼出孩子坚强的性格。早期经验不能单独对人格起决定作用，它与其他因素共同决定人格。早期儿童经验是否对人格造成永久性影响因人而异，对于正常人来说，随着年龄的增长、心理的成熟化，童年的影响会逐渐缩小、减弱，其效果不会永久不衰。

（五）学校教育因素

学校是有目的、有计划地向学生施加影响的教育场所。教师、班集体、同学与同伴等都是学校教育的元素。

教师对学生人格的发展具有指导定向作用。教师的人格特征、行为模式与思维方式对学生产生巨大影响。每个教师都有自己独特的风格，这种风格为学生设定了一个“气氛区”，在教师的不同气氛中，学生表现出不同的行为表现。有学者在一项教育研究中发现，在性情冷酷、刻板、专横的老师所管辖的班集体中，学生的欺骗行为增多，而在友好、民主的教师气氛中，学生欺骗行为减少。心理学家勒温等人也研究了不同管教风格的教师对学生人格的影响作用。他们发现在专制型、放任型和民主型的管理风格下，学生表现出不同的人格特点。

教师的公平公正性对学生有着至关重要的影响。一项有关教师公正性对中学生学业与品德发展的研究结果表明，学生极为看重教师对他们是否公正、公平，教师的不公正表现会导致中学生的学业成绩和道德品质的降低。“皮格马利翁效应”就说明了每个学生都需要老师的关爱，在教师的关注下，他们会朝着老师期望的方向发展。实验研究表明，如果教师把自己的热情与期望投放在学生身上，学生会体察出老师的希望，并努力奋斗。很多学生都有受老师鼓励开始发愤图强，受老师批评而导致学习兴趣变化的人生体验。一位大学毕业生在谈及他的大学经历时说道：大一高数不及格，正是高数老师的积极鼓励使他重新开始认识与定位大学生活，如果不是老师及时而积极的鼓励，也许他会放弃，正是老师的鼓励使他更加珍惜大学生活。

学校是同龄群体会聚的场所，同伴群体对学生人格具有巨大的影响。班集体是学校的基本组织结构，班集体的特点、要求、舆论和评价对于学生人格的发展具有“弃恶扬善”的作用。

少年同伴群体也是一个结构分明的集体，群体内有具有上下级关系的“统领者”和“服从者”，有平行关系的“合作者”和“互助者”。这个群体中体现着不同于孩童与成人的青少年亚文化特征。与幼童不同的是，孩子离开父母或被父母拒绝是幼童焦虑的最大根源，而少年的焦虑不安则来自同辈群体的拒绝。在少年这个相对“自由轻松”的群体中，他们学习待人接物的礼节与规范，他们了解了什么样的性格容易被群体所接纳。在这个少年团体中，他们拥戴的是品学兼优的同伴。有人曾做过测验，分析了中学生喜欢哪种类型的学生领袖。结果是他们更喜欢学业优秀、办事老练、具有良好道德素质的学生领袖，而不是风头正劲、具有漂亮外表及体育成绩优异的人。他们喜欢有能力、能胜任工作、高智商、精力充沛、富于创造的同伴。在少年时期，男孩子比女孩子倾向于更大、更活跃的团体，他们多少会有些无视成人权威的倾向，而女孩子的团体则更显得合作与平和。一般来说，少年同伴团体性质是良好的，但也存在着不良少年团伙，对少年造成了极坏的影响。学生对这种群体要避而远之，学校、家长及社会要用强有力的教育手段来“拆散”他们，防止他们对学校及社会产生不良危害。

总之，学校对人格形成与发展的影响是不可忽视的，学校是人格社会化的主要场所。教师对学生人格发展具有导向作用，同伴群体对人格发展具有“弃恶扬善”的作用。

（六）自然物理因素

生态环境、气候条件、空间拥挤程度等这些物理因素都会影响人格。一个著名的跨文化心理学研究实例是，关于北美洲的因纽特人和非洲的特姆尼人的比较研究。这个研究说明了生态环境对人格的影响作用。

因纽特人以渔猎为生，夏天在船上打鱼，冬天在冰上打猎。主食肉，没有蔬菜。过着流浪生活，以帐篷遮风避雨。这个民族以家庭为单元，男女平等，社会结构比较松散，除了家庭约束外，很少有持久、集中的政治等。在这种生存环境下，父母对孩子的教养原则是能够适应成人的独立生存能力。男孩由父亲在外面教打猎，女孩由母亲在家里教家务。儿女教育比较宽松、自由，鼓励孩子自立，使孩子逐渐形成了坚定、独立、冒险的人格特征。而特姆尼人生活在杂色灌木丛生地带，以农业为主，种田为生。居住环境固定，一般为 300 ～ 500 人的村落。社会结构紧固，有比较分化的社会阶层，建立了比较完善的部落规则。在哺乳期时，父母对孩子很疼爱，断奶后孩子就要接受严格管教，使其形成了依赖、服从、保守的人格特点。由此可见，生存环境影响了人格的形成。

另外，气温也会导致人的某些人格特征的频率提高。如热天会使人烦躁不安，易对他人采取负面反应，甚至进攻，发生反社会行为。世界上炎热的地方，也是攻击行为较多的地方。另一项有关的实验室研究也进一步证实了这一点。

自然环境对人格不起决定性影响作用，更多地表现为一时性影响，而且多体现在行为层面上。自然物理环境对特定行为具有一定的解释作用。在不同的物理环境中，人可以表现出不同的行为特点。

（七）自我调控因素

上述各因素体现的是人格培养的外因，而外因是通过内因起作用的。人格的自我调控系统就是人格发展的内部因素。人格调控系统是以自我意识为核心的。自我意识是人对自身及对自己同客观世界的关系的意识，具有自我认知、自我体验、自我控制三个子系统。自我调控系统的主要作用是对人格的各个成分进行调控，保证人格的完整、统一、和谐。它属于人格中的内控系统或自控系统。

自我认知是对自己的洞察和理解，包括自我观察和自我评价，其中自我评价是自我调节的重要条件。自我观察是对自己的感知、期望、行为及人格特征的评价和评估。当一个人不能正确地认识自我，只看到自己的不足，觉得自己处处不如人，就会自卑、丧失信心，做事畏缩不前，甚至失败，相反，过高地评价自己，盲目乐观，也会导致出现失误。因此准确地认识自我，实事求是地评价自己，是自我调节和人格完善的重要途径之一。

自我体验是自我意识在情感上的表现，是伴随自我认识而产生的内心体验。当一个人对自己做正向的评价时，就会产生自尊感；做负向评价时，便会产生自卑感。自我体验的调节作用体现在它可以使自我认识转化为信念，进而指导其言行。同时，自我体验还能够伴随自我评价激励积极向上的行为或抑制不当行为。在一个人认识到自己不当行为的后果时，会产生内疚、羞愧的情绪，从而收敛并制止自己的不当行为再次发生。

自我控制是自我意识在行为上的表现，是实现自我意识调节作用的最终环节。当个体认识到社会要求后，会力求使自己的行为符合社会准则，从而激发起自我控制的动机，并付诸行动。当一个学生意识到学习对于自己的发展具有重要意义时，会激发起他努力学习的动力，从而在行为上表现为刻苦学习、不怕困难、持之以恒、积极进取。自我控制包括自我监控、自我激励、自我教育等。

自我意识是通过自我认知、自我体验和自我控制三个方面来对个体进行调控的，使个体心理的各个方面和谐统一，使人格达到统一与完善。

综上所述，在人格的培育过程中，各种因素对人格的形成与发展起到了不同的作用。遗传决定了人格发展的可能性，环境决定了人格发展的现实性。

三、大学生健全人格的培养

（一）健全人格的含义

健全人格指各种良好人格特征在个体身上的集中体现，国内外学者都对健全人格做了研究。有学者综合许多心理学家的意见，认为个体具有以下九种有价值的心理特质即为心理健康：①幸福感，这是最有价值的特质；②和谐，包括内在和谐及与环境的和谐；③自尊感；④个人的成长，即潜能的发挥；⑤个人的成熟；⑥人格的统一；⑦与环境保持良好接触；⑧在环境中保持有效的适应；⑨在环境中保持相对独立。

罗杰斯提出了“机能充分发挥型人”的特征：①接受自身体验的意愿；②对自我的信任；③自我依赖；④作为人而继续成长的意愿。

阿尔伯特提出了人格健康的六条标准：①力争自我的成长；②能客观地看待自己；③人生观的统一；④有与别人建立和睦关系的能力；⑤人生所需的能力、知识和技能的获得；⑥具有同情心。

人本主义心理学家弗洛姆提出“创发者”模式，他认为“创发者”有四个特征：①创发性爱情；②创发性思维；③有真正的幸福感；④以良心为其定向系统。

白博文提出了健康人格的条件：①自知之明；②自我统整；③良好的人际关系；④乐观进取的工作态度；⑤明达的人生观。

高玉祥认为，健全人格的特点有：①内部心理和谐发展；②人格健全者能够正确处理人际关系，发展友谊；③人格健全者能把自己的智慧和能力有效地运用到能获得成功的工作和事业上。

这些阐述都是人格健全者的标志，生活中很多人达不到这个标准，但这些都为我们健全人格的培养提供了一种范式。我们认为，大学生健全人格包括以下几个方面：一是自我悦纳，接纳他人。人格健全的学生能够积极地开放自我，正确地认识自己，坦率地接受自己的缺点并对生活持乐观向上的态度。二是人际关系和谐。人格健全者心胸开阔，善解人意，宽容他人，尊重自己也尊重他人，对不同的人际交往对象表现出合宜的态度，既不狂妄自大，也不妄自菲薄，在人际关系中具有吸引力，深受大家的喜欢。三是独立自尊。人格健全者的人生态度乐观向上，生活态度积极热情，有正确的世界观、人生观与价值观，能够用理性分析生活事件，头脑中非理性观念较少。四是能够发挥自己的潜能。人格健全的大学生具有自我发展、自我塑造与自我完善的能力。能够充分开发自身的创造力，创造性地生活，发现生命的意义并选择有意义的活动。

（二）大学生人格障碍的类型

所谓人格障碍，指一种人格发展的内在不协调，在没有认知过程障碍或者没有智力障碍的情况下出现的情绪反应、动机和行为活动的异常。这种人格在发展和结构上明显偏离正常，致使个体不能适应正常的社会生活。常见的人格障碍有以下几种类型。

1. 偏执型人格障碍

偏执型人格又叫妄想型人格，这是一种以猜疑和偏执为主要特点的人格障碍，其行为特点常常表现为：对自己的能力估计过高，好胜心强，有强烈的自尊心，对批评或挫折过分敏感；看问题主观片面，工作和学习上往往言过其实，失败时常迁怒于他人而原谅自己；生性嫉妒，往往认为自己成了别人阴谋的牺牲品；多疑，易将别人无意的或友好的行为误解为敌意或轻蔑而产生歪曲体验。偏执型人格障碍主要表现在以下几方面：（1）广泛猜疑，常将他人无意的、非恶意的，甚至友好的行为误解为敌意或歧视，或无足够根据就怀疑会被人利用或伤害，因此过分警惕与防卫。（2）将周围事物解释为不符合实际情况的“阴谋”。（3）易产生病态嫉妒。（4）过分自负，若有挫折或失败则归咎于他人，总认为自己正确。（5）好嫉恨别人，对他人过错不能宽容。（6）脱离实际地好争辩与敌对，固执地追求个人不够合理的“权利”或利益。（7）忽视或不相信与来访者想法不相符合的客观证据，因而很难以说理或事实来改变来访者的想法。

偏执型人格的人很少有自知之明，他们往往对自己的偏执行为持否认态度，因此在社会上的人数和比例不详。但在相关调查研究中还发现，偏执型人格障碍患者中以男性较为多见，且以胆汁质或外向型性格的人居多。

2. 强迫型人格障碍

强迫型人格的最主要特征就是要求严格和完美，容易把冲突理智化，具有强烈的自制心理和自控行为。这类人在平时没有安全感。对自我过分克制，过分注意自己的行为是否正确，举止是否适当，因此表现得特别死板，缺乏灵活性。他们的责任感特别强，往往用十全十美的高标准要求自己，追求完美。在处事方面，过于谨小慎微，常常由于过分认真而重视细节，忽视全局，怕犯错误，遇事优柔寡断，难以做出决定。他们的情感以焦虑、紧张、悔恨较多，轻松愉快满意较少。不能平易近人，难以热情待人，缺乏幽默感。由于对人对己都感到不满而易招怨恨。

强迫型人格障碍是一种较常见的人格障碍，强迫型人格障碍主要表现在以下七个方面：（1）做任何事情都要求完美无缺、按部就班、有条不紊，因此有时反而会影响工作效率。（2）不合理地坚持别人要严格地按照他的方式做事，否则心里很不痛快，对别人做事很不放心。（3）犹豫不决，常推迟或避免做出决定。（4）常没有安全感，穷思竭虑、反复考虑计划是不是得当，反复核对检查，唯恐疏忽和差错。（5）拘泥细节，甚至生活小节也要“程序化”，不遵照一定的规矩就感到不安或要重做。（6）完成一件工作之后常缺乏愉快和满足的体验，相反，容易悔恨和内疚。（7）对自己要求严格，过分沉溺于职责义务与道德规范，无业余爱好，拘谨吝啬缺少往来。

3. 反社会型人格障碍

反社会型人格障碍亦称悖德型人格障碍，这是一种以行为不符合社会规范为主要特点的人格障碍。其最大特点是缺乏道德情感，忽视社会道德规范、行为准则和义务，没有怜悯同情之心，对他人的感受漠不关心。这种人的智力发育良好，但行为未加深思熟虑，也不考虑后果，常因微小刺激便引起攻击、冲动和暴行。对自己的行为不负责任，从无内疚感，不能从经验中吸取教训，一犯再犯而不知悔改，所以屡教不改。说起话来似乎头头是道，但给人以蛮不讲理和似是而非的印象，不论出了什么问题，总是责怪别人。

4. 自恋型人格障碍

自恋型人格障碍的基本特征是对自我价值感的夸大和缺乏对他人的共感性。这类人会没有理由地夸大自己的成就和才干，过分关心自己，以自我为中心。而在实际生活中，他们稍微有不如意时，又会体验到自我无价值感。他们总是幻想自己很成功，拥有权力、美貌和智慧，一旦遇到比他们更成功的人就会产生强烈的嫉妒心。他们的自尊心很脆弱，过分关心别人对他们的评价，要求别人持续的注意和赞美；对别人的批评则感到愤怒和羞辱，通常以外表的冷淡和无动于衷来掩饰。他们不能理解别人的细微情感，缺乏将心比心的共感性，因此人际关系常常出现问题。他们常有特权感，期望自己能够得到特殊的待遇，多是基于利益来选择朋友。

5. 戏剧型人格障碍

戏剧型人格障碍是大学生人格障碍中最为常见的一种，以女性居多。戏剧型人格也叫癔症型人格。典型的特征是心理和情感发育不成熟。具有这种人格的人最大的特点是做作、情感表露过分，总希望引起他人的注意。戏剧型人格障碍的特点是：喜欢引人注意，情绪带有戏剧化色彩，把玩弄别人作为达到自我目的的手段。

6. 分裂型人格障碍

分裂型人格障碍又称关闭型人格障碍。这种人表现为退缩、孤独、沉默、不爱交际和冷漠，不仅自己不能体验到快乐，待人亦缺乏温暖，爱好不多，过分敏感，怪癖，活动能力差，缺乏进取心，对人际关系采取不介入态度，多见于男性。

7. 依赖型人格障碍

当事人极度依赖别人，虽有较强的工作能力，但缺乏自信，总需要求助于他人来应付自己的日常事务或做出决策。其特点是当事人自小受人宠爱，生活条件优越；依赖性极强，以自我为中心，缺乏道德感、义务感和同情心，不守公德，不讲道理，适应能力差，一旦遭受挫折，容易自暴自弃。

8. 冲动型人格障碍

冲动型人格障碍又称爆发型或攻击型人格障碍。其发作过程有突发性，类似癫痫。这类人格始于童年期，往往因为极小的事情和精神刺激就会爆发暴力行为，自己控制不住自己，从而破坏或伤害他人。主要特征是以被动的方式表现其强烈的攻击性倾向，外表表现被动、服从和百依百顺，内心却充满敌意和攻击性，他们仇视他人但不敢表露在外，满腹牢骚却又依赖权威。

（三）大学生健全人格的培养

大学生健康人格的塑造，需要全社会、学校、家庭和大学生自身的共同努力。而健康人格的塑造，最关键的还在于大学生自身。人格是稳定的，但在后天的努力下既能培养良好的人格品质，也可以改变不良的人格品质，为此，大学生可采取以下方法和途径。

1. 认识自我

认识自我是改变自我的开始。大学生要想有效地进行人格塑造，就应当充分了解自己的人格状况，深刻理解这种要求实现的动机，明确人格塑造的目标、内容、途径和方法。

人格塑造是为了实现人格优化，以达到人格健全。人格优化的方法就是择优汰劣。择优即选择某些良好的人格品质作为自己努力的目标，如自信、勇敢、热情、勤奋、坚毅、诚恳、善良、正直等；汰劣即针对自己人格上的缺点、弱点予以纠正，如自卑、胆怯、冷漠、懒散、任性、急躁等。

2. 拥有正确的“三观”

一个人有了正确的世界观、人生观和价值观，才能对社会、对人生抱有正确的认识和看法。当遇到困难或挫折时，能够站得高，看得远，正确地分析事物，采取适当的态度和行为，稳妥地处理事情。这样的大学生更容易形成心胸开阔、乐观豁达的人格品质，更有利于心理健康。

3. 学习知识

学习科学文化知识、增长智慧的过程也是塑造和优化人格的过程。同时，各学科的全面发展是人格健全发展的智力基础，注重知识的丰富和积累也是非常重要的。在现实中，不少人格缺陷甚至障碍都来源于知识的贫乏。无知容易使人粗俗、自卑，而丰富的知识则使人明智、自信、坚强、谦和、大度。

4. 参与实践

学习活动可以培养人格，社会实践活动对大学生人格塑造更具有直观的影响。社会是一个大舞台，每个人都必须接受社会活动的锻炼，才能把握好自己的角色，形成自己独特的人格。因此可以说，社会实践活动是大学生人格塑造的一个重要途径。实践证明，在大学期间参加社会实践活动的大学生多具有头脑灵活、思路开阔、独立性强、富于创造性、善于交往、自信、果断、讲效率等良好的人格特征。这些学生知识面广，社会经验丰富，毕业后大多能很快地适应新的工作环境。

5. 培养良好习惯

人格优化要从每一件眼前的事情做起。一个人的行为往往是其人格的外化，反过来，一个人日常言行的沉淀成为习惯就是人格。小事不仅有塑造人格的丰富意义，而且无数良好的小事可以“聚沙成塔”，最终形成优良的人格，诸如一个人的坚韧、细致，乃至开朗、热情、乐观都是长期养成的习惯。

6. **建立良好的人际关系**

我们知道人格发展的过程也是个人社会化的过程。人格在集体中形成，也在集体中展现。集体是个人展现人格的平台，也是认识自我的一面镜子。首先，大学生应该接近他人、关心他人，与他人建立和谐的人际关系，了解他人的需求，解决他人的困难。通过关心他人，培养助人为乐的好品格。其次，真诚地与他人交流。真诚友好而适度地开放自己，达到与他人心灵的沟通，是建立良好人际关系的基础。

7. **加强自律**

一切客观的环境影响和教育活动都要通过青少年主观的自我调节才能起作用。所以大学生健全人格的形成，也是主要依靠自身的修养。健全人格包含着非常丰富的内容，它的形成是一个长期的自我修养和不断完善的过程。尤其是在当今这个多元价值观念并存的社会，大学生要想形成健全的人格，就要踏踏实实，立场坚定，不丧失信心，持之以恒地反躬自省，努力做到自重、自省、自警、自励，只有这样才能做到人格的完善。

人格的健全是心理健康的根本标志，重视人格的培养，既是健康的需要，也是发展的需要，既是现实的需要，也是未来的需要。大学生要充分认识到健康人格对自身发展的必要性，要充分发现自己的长处，但又要寻找和承认自己的不足，勇敢地面对挑战，不断地发展自己，促进自身人格的完善。

第四章 大学生情绪管理与人际交往

第一节 学会情绪管理

一、情绪概述

（一）情绪的定义

1. 情绪的概念

情绪是指高兴、快乐、痛苦、悲哀等，一般发生在表面，时间短暂，而且容易变化。人们通常以愤怒、悲伤、恐惧、快乐、爱、惊讶、厌恶、羞耻等反应来说明情绪。中国人常说的喜、怒、哀、惧、爱、恶、欲七情，也可以被称作情绪。

关于情绪的定义，历史上一直存在众多的争论。《牛津英语词典》上的解释为：心灵、感觉或感情的激动或骚动，泛指任何激动或兴奋的心理状态。

心理学家吴伟士认为情绪是有机体的一种激动状态，各种情绪的反应，都以其引起的情境来定义。例如，愤怒与由他人所引起的不愉快情境相关联，内疚与由自己所招致的不愉快情境相关联，而悲伤则与环境控制的不愉快情境相关联。

情绪总是同人的需要和动机有着密切的关系，如人的某种需要未得到满足或目的没有达到时，他将会产生愤怒或者难过等感受。因此，情绪是客观事物是否符合个体的需要所产生的态度体验，是人脑对客观事物与人的需要之间关系的反映。

2. 情绪的要素

人类有数百种情绪，其间又有无数的混合变化与细微的不同，情绪的复杂是远远超过语言所能及的。面对复杂的情绪现象，心理学家通常把情绪归结为三个方面：内省的情绪体验、外在的情绪表现、情绪的生理变化。

（1）内省的情绪体验

简单地说，就是人对情绪状态的自我感受，是在愉快度、紧张度、激动度和确信度四个维度上产生的心理感受。情绪的四维理论是由心理学家伊扎德提出的，在他看来，愉快度表示主观体验的享乐色调，紧张度表示情绪的心理激活水平，包括肌肉紧张和动作抑制等成分的激活水平，激动度表示个体对情绪、情境的突然出现缺乏预料；确信度表示个体胜任、承受感情的程度。内省的情绪体验是人脑对客观环境和客观现实的重要反映形式之一，这种反映形式不同于认知活动，它不是对客观事物本身的反映，而是带有主观色彩的反映。

（2）外在的情绪表现

外在的情绪表现即表情，具体指面部表情、言语表情和体态表情。表情在情绪活动中具有独特作用，是情绪本身不可分割的发生机制，也是传递情绪信息的外在表现。如有的人遇到伤心、悲痛的事就捶胸顿足、呼天喊地，遇到高兴的事就手舞足蹈。

（3）情绪的生理变化

当情绪产生时，人们身体的各系统器官都会发生相应的生理变化（如心跳）和物理反应，其生理机制就是大脑皮层的不同神经元产生兴奋，皮下中枢，包括海马、丘脑和脑干网状结构，不断传递和反馈信息，协调和支持脑的激活水平和情绪状态。随着脑和神经系统的变化，机体的其他内脏器官也产生不同的生理变化，如呼吸急促、心跳加快等。情绪的生理变化既是主观体验的深化，又是外在情绪表现的基础，在情绪结构中起着承上启下的作用。

3. 情绪与情感

在日常生活中，我们对“情绪”“情感”的使用非常随意。但在心理学中，情绪和情感是两个不同的概念。西方心理学界虽未对情绪和情感做严格区分，但普遍认为，情绪包含着情绪表现（表情）和情绪体验（情感）。我国心理学界对情绪和情感作了严格区分，认为情绪分为心境、应激和激情，情感分为道德感、美感和理智感。心境是指深入持久而微弱的情绪状态，激情是指强烈爆发的短暂的情绪状态，应激是指出乎意料的紧张引起的情绪状态。

情绪与情感的关系有以下三个方面。

（1）从所联系的心理层次看

情绪的心理层次低一些，是先天的、与生理需要相联系的；情感则与人的社会性需要相联系，属于高级心理现象。

（2）从所具有的品性看

情绪一般不稳定，具有较大波动性；情感则较稳定，持续时间较长，甚至影响人的一生。

（3）情绪与情感相联系和依存

情感是在情绪的基础上产生的，进而发展成情绪的深层核心，它通过情绪得以实现；情绪包含着情感，受情感的制约，是情感的外在表现。二者相互依存、制约和发展。

（二）情绪的成分

情绪并不是单一的现象，而是由多种成分组成的，它不仅包含了行为、行动和社会相互作用的倾向性或习性，还提供给我们一种理解世界的不同方式——感受事物。

一般认为，情绪是由以下四种成分组成的：（1）情绪涉及身体的变化，这些变化多数是情绪的表达形式。（2）情绪是行动的准备阶段，一些人称之为“行动潜能”。（3）情绪涉及有意识的体验。当我们感知事物时，就会存在情绪体验。（4）情绪涉及认知的成分，包括：注意、知觉、记忆与情绪的关系，刺激的意义与情绪的关系，情绪信息在大脑中的表征，情绪的认知发展，以及情绪的解释和情绪的认知评价，等等。这是情绪的重要方面。

情绪的成分可用詹姆斯的例子来说明。假设你正在森林中欣赏周围的自然美景，突然随着一声吼叫，一只熊出现在你面前。你立马心跳加快、口干舌燥、肌肉紧张，感到非常害怕。在这个例子中，当你在树林里遇到熊时，你的情绪表现是很害怕、恐惧的。害怕的同时伴随着生理上的变化，如口干舌燥、肌肉紧张、心跳加快等。此外，你的害怕还以准备行动为特征要么打，要么逃。害怕的另一部分是感受，你感到非常害怕。最后是认知成分，你之所以感到害怕是因为你意识到熊对你的安全构成了威胁。

由上述事例再加以分析，强烈的情绪可包括以下几种成分。

第一是身体的反应。当我们的情绪发作时，往往会伴有许多生理的变化。生理学家研究发现，当愤怒和恐惧时，肾上腺素的分泌特别多，胃腺的分泌特别少，呼吸短促，血压增高，心跳加速，交感神经系统的活动亢进。

第二是伴随情绪而来的思考。例如，体验快乐通常包含对快乐原因的思考，如我很高兴，我考上大学了。

第三是面部表情。例如，当人们觉得恶心时往往皱起眉头、张大嘴巴或眯着眼睛。

第四是对体验的反应，包括特定反应。例如，愤怒会导致攻击。

（三）情绪的功能

在我们的生活中，情绪不是一种毫无目的、没有任何意义的伴随体验。相反，情绪是在适应外界变化的过程中产生的，是具有重要作用的工具。

1. 自我防御功能

在最简单水平上，情绪能够帮助我们做出更迅速的反应。当身体或人的其他方面受到威胁时便会产生恐惧；当发生利益或权利上的冲突时，人便会产生愤怒；当吃到不适的食物或污物时，便会产生厌恶感。这些情绪反应表现出非常明显的自我保护倾向。

2. 社会适应功能

情绪能够使个体针对不同的刺激事件产生灵活自如的适应性反应，并调节或保持个体与环境间的关系。情绪之所以具有灵活性特征，是因为情绪的机能不仅可以来源于个体全部的先天机能，而且还来源于学习及认知活动。许多种情绪都具有调控群体间的互动功能。譬如，羞怯感可以加强个体与社会习俗的一致性，当个体对他人造成伤害时，内疚感可激发社会公平重建。其他的情绪，诸如同情、喜欢、友爱等，也能起到构建和保持社会关系的作用。它们可以增强群体内的凝聚力，而且有提高个体的社会适应能力的作用。

3. 动力能

达尔文认为，人类的祖先在捕猎和搏斗时，会发生愤怒的情绪反应，有助于增强体力，战胜猎物或敌人。现代科学更清楚地提示了人在紧张情绪发生时会表现出一系列的生理变化，如血压升高、呼吸频率提高、肾上腺素分泌增加等。这一切都有助于一个人充分调动体力，去应付紧急状况。适度的情绪反应能够激励人的活动，提高人的活动效率，进而推动人们有效地完成工作任务。

4. 强化功能

大量研究表明，当出现紧急情况时，消极的情绪（如愤怒和恐惧）能够唤起大脑的警觉水平，积极的情绪（如高兴）能使一个人的感觉、知觉变得敏锐，记忆获得增强，思维更加灵活，有助于一个人内在潜能的充分发挥。

5. 信号功能

一个人不仅能凭借表情传递情感信息，而且也能凭借表情传递自己的某种思想和愿望。表情是思想的信号，如微笑表示赞赏，点头表示默认，摇头表示反对。中国有“出门看天色，进门看脸色”的俗语，意思是说通过别人的情绪反馈信息，领悟到别人对自己的态度。

（四）情绪的发展

1. 儿童的情绪发展

早在 20 世纪 30 年代，心理学家布里奇斯就通过观察婴儿从出生到 2 岁时的情绪发展，提出人类情绪发展的模式。他用连续分化的观点说明婴儿的情绪发展，认为婴儿情绪是由兴奋状态开始的，而后首先分化出痛苦与快乐，痛苦再分化为愤怒、厌恶、恐惧与嫉妒，快乐分化为喜爱和高兴。到了 2 岁末，婴儿的情绪分化大致完成，其情绪生活变得多样而丰富了，此时情绪发作更少了，但是引起情绪反应的情境则多样化了。

观察婴儿和幼儿可发现，他们的情绪是具有爆发性的，他们的情绪为平静和爆发互相交替。在 2 ～ 7 岁，其情绪与外部事物分离的意识增加了，在情绪上和人之间有更多的联合，他们通过游戏、模仿和语言来表达情绪。在 7 ～ 11 岁，儿童的情绪是由于特殊的人或情境而产生的，通常更多把情绪看作一个人的内心体验，而且表现出了比较精细的情绪。

2. 青少年的情绪发展

青少年时期被称为“风暴期”“狂飙期”“叛逆期”，情绪具有突出的不成熟和不稳定的特征。首先，青少年的情绪是不稳定的，情绪反应的激动及起伏程度较高，同时对情绪刺激敏感多疑；其次，青少年的情绪具有易冲动性与易爆发性；再次，青少年的情绪开始向稳定过渡，尽管青少年容易受暗示并且倾向从众，但随着年龄递增和经验的累积，他们的情绪将趋于稳定；最后，青少年的情绪反应直接、情绪力量强烈、情绪变化快速，比较容易产生情绪问题。

随着研究的深入，心理学家提出“情绪高涨”的观点来说明青少年阶段的情绪发展。所谓“情绪高涨”是一个相对的用词，是指比一个人正常状态时的情绪又多一些，也就是比较个体在平常的情绪反应与在特定时间的情绪反应。青少年时期就是这样一个情绪高涨的时期，他们的情绪，如生气、害怕、嫉妒、高兴等都会比平常更强烈、更持久。

3. 成年人的情绪发展

成年期是一个情绪相对稳定的时期。心理学家研究发现，人的表面情绪发作的强度和次数随着年龄增长而减少，成年后，人的情绪并非不存在，而是已经发生但被控制了，它还是可以因意外的痛苦而爆发的。如心理学家印迪克、西肖尔和斯莱辛格研究了由壮年期到成年期的情绪状况，他们发现，成年人情绪烦乱的主要根由——与职业有关的紧张随年龄而稳定并大大降低了，而且作为情绪克制指标的身心疾病症状亦随年龄而降低。

二、大学生的情绪

情绪是个体与环境、事物之间关系的反映，它具有独特的主观体验和外部表现形式，对人的活动有着非常重要的影响。作为特殊的群体，大学生的生理基本成熟而心理尚未完全成熟，易受到外界的干扰，因而对人、事、社会等各种现象特别关注，对新鲜事物十分好奇，对学业和未来充满信心，朝气蓬勃、积极进取，拥有许多积极的情绪，他们的每一个心理过程都是在某种特定的情绪背景下进行的，并受其影响和调节。

（一）大学生的情绪特点

大学时期是青年心理成熟的重要时期，也是情绪丰富多变、相对不稳定的时期。随着社会地位、知识素养的提高及所处特定年龄阶段的影响，大学生的情绪带有鲜明的特征。具体表现在以下五个方面。

1. 丰富性和复杂性

从生理发展阶段来看，大学生正处于多梦的年龄阶段，几乎人类所具有的各种情绪，都可在大学生身上体现出来，并且各类情绪的强度不一，例如，有悲哀、遗憾、失望、难过、悲伤、哀痛、绝望之分。从自我意识的发展来看，大学生表现出较多的自我体验，自我尊重的需要强烈，易产生自卑、自负等情绪体验。从社交方面来看，大学生的交际范围日益扩大，与同学、朋友及师长之间的交往更细腻、更复杂，有的大学生还开始体验一种更突出的情感——恋爱，而恋爱活动往往又伴随着深刻的情绪体验，这种特殊的体验对大学生有十分重要的影响。在情绪体验的内容上，大学生的情绪呈现出丰富多彩的特征，以惧怕的情绪来说，大学生所怕的事物，主要与社会的、文化的、想象的、抽象复杂的事物和情势有关，诸如怕考试、怕陌生人、怕惩罚、怕寂寞等。

2. 波动性和两极性

大学时期是人生面临多种选择的时期，学习、交友、恋爱等人生大事基本在这一阶段完成。社会、家庭、学校及生活中的事件，都会对大学生的情绪产生影响。尽管大学生的认识水平有了一定的提高，对自己的情绪已有了一定的控制能力，情绪亦趋于稳定，但同成年人相比，大学生相对敏感，情绪带有明显的波动性，一句善意的话语，一个感人的故事，一支动听的歌曲，一首情理交融的诗歌，都可以使大学生的情绪发生骤然变化。特别是在社会转型过程中，社会的变迁、体制的变革、新旧价值观的更替，种种复杂的社会现象更容易使大学生困惑和迷茫，产生情绪的困扰与波动。

同时，由于大学生正处于情绪表现的“动荡”时期，自我认知、生涯发展及心理发展还未成熟，他们的情绪起伏较大，带有明显的两极化特征：胜利时得意忘形，受挫时垂头丧气，喜欢时花草皆笑，悲伤时草木流泪，情绪的反应摇摆不定、跌宕起伏。大学生的情绪经常两极波动。忽高忽低，忽愉快忽愁闷。

3. 冲动性与爆发性

心理学家霍尔认为青年期处于“蒙昧时代”向“文明时代”演化的过渡期，其特点是动摇的、起伏的，他把这一时期称为“狂风暴雨”时期。由于知识水平和认知能力的提高，大学生对自己的情绪能够有所控制，但由于他们兴趣广泛，对外界事物较为敏感，加之年少气盛和从众心理，因而在许多情况下，其情绪易被激发，犹如疾风骤雨般不计后果，带有很大的冲动性。他们往往对符合自己信念、观点和理想的事件或行为迅速发生热烈的情绪；对于不符合自己信念、观点和理想的事件或行为，则迅速出现否定情绪。个别的有时甚至会盲目的狂热，而一旦遇到挫折或失败又会灰心丧气，情绪来得快，平息得也快。

大学生情绪的冲动性常常是与爆发性相连的。大学生的自制力较弱，一旦出现某种外部强烈的刺激，情绪便会突然爆发，借助于冲动的力量，以至于在语言、神态及动作等方面失去理智的控制，忘却了其他任何事物的存在，极易产生破坏性行为和后果。

4. 阶段性和层次性

大学阶段由于不同年级培养目标和培养重点不同，教育方式和课程设置有所区别，各个年级面临的问题不同，大学生的情绪特点也不同，呈现出阶段性和层次性的特点。大学新生面临的是适应新环境、学习方法的改变、熟悉新的交往对象及确立新的目标等。新生自豪感和自卑感混杂，放松感和压力感并存，新鲜感和恋旧感交替，情绪波动大。二、三年级的学生经过了一年级的适应过程，能够融于校园生活中，情绪较为稳定。毕业班学生面临毕业论文（毕业设计）及择业等多方面的重大问题，压力大，情绪波动大，消极情绪多。另外，由于社会、家庭及自身要求、期望不同，能力、心理素质的差别，大学生也会体现出不同的情绪状态。

5. 外显性与内隐性

大学生对外界刺激反应迅速敏感，喜、怒、哀、乐常形于色，比起成年人情绪更外露和直接，但比起中小学生，大学生会文饰、隐藏或抑制自己的真实情感，表现出内隐、含蓄的特点。一般而言，大学生的很多情绪是一眼就能看出的，如考试第一名或赢得一场球赛，马上就会喜形于色。但由于自制力的逐渐增强，思维的独立性和自尊心的发展，他们情绪的外在表现和内心体验并不总是一致的，在某些场合和特定问题上，有些大学生会隐藏或抑制自己的真实情感，有时会表现出内隐、含蓄的特点。例如，对学习、交友、恋爱和择业等具体问题，他们往往深藏不露，具有很大的内隐性。

另外，随着大学生社会化的逐渐完成与心理的逐渐成熟，他们能够根据特有条件、规范或目标来表达自己的情绪，使得自己的外部表情与内部体验不一致。例如，有的学生对异性萌生了爱慕之情，却故意常常贬低、冷落对方。

（二）大学生情绪健康的标准

健康的情绪是健全人格的必要条件之一。一般而言，情绪的目的性恰当、反应适度，不带有幼稚的、冲动的特征，符合社会规范的要求，就是情绪健康的标准。

心理学家瑞尼斯等人提出了情绪健康的六项指标：（1）发展出某些技巧以应对挫折情境；（2）能重新解释与接纳自己与情绪的关系，不会一直自我防卫，能避免挫折并安排替代的目标；（3）知觉某些情境会引起挫折，可以避开并找寻替代目标，以获得情绪满足；（4）能找出方法，缓解生活中的不愉快；（5）能认清各种防卫机制的功能，包括幻想、退化、反抗、投射、合理化、补偿，避免成为错误的习惯，以至防卫过度，造成情绪困扰；（6）能寻求专家的帮助。

心理学家索尔指出了情绪健康的八个特点：（1）独立，不依赖父母；（2）增强责任感及工作能力；（3）去除自卑情结、个人主义及竞争心理；（4）适度的社会化与教化，能与人合作，并符合个人良心；（5）成熟的性态度，能组织幸福家庭；（6）培养适应，避免敌意与攻击；（7）对现实有正确的了解；（8）具有弹性及适应力。

对大学生来说，情绪健康的具体表现为：情绪的基调是积极、乐观、愉快、稳定的，对不良情绪具有自我调控能力，情绪反应适度；高级的社会情感（理智感、道德感、美感等）能得到良好的发展。

（三）情绪对大学生的影响

1. 情绪对大学生健康的影响

现代生理学、心理学和医学的研究成果表明，情绪对人的身心健康具有直接影响。若能保持愉快的心境，为人开朗乐观、积极向上，则人体免疫功能活跃旺盛，可以减少患病的机会，有益健康。良好的情绪不仅使大学生对生活充满希望，对自己满怀自信，而且能够使他们的求知欲增强、思维敏捷、富于创造力、爱好广泛、建立良好的人际关系，促进大学生的全方位发展。

与此相反，消极的情绪对人的身心健康危害极大，在压抑、紧张、焦虑、恐惧等消极情绪的长期作用下，人的免疫能力下降，容易患各种传染性疾病，内脏功能也会受到伤害。许多研究表明，消极情绪是健康的大敌。突然而强烈的紧张情绪会破坏大脑皮层的兴奋和抑制的平衡，使人的意识范围狭窄，判断力减弱，失去理智和自制力。调查发现，大学生中常见的消化性溃疡、紧张性头痛和偏头痛、心律失常、月经失调、神经性皮炎等，都与消极情绪有关。

2. 情绪对大学生学习的影响

情绪不仅与大学生的身心健康有关，而且与大学生的潜能开发、工作效率有关。良好的情绪往往使大学生乐于行动，有兴趣地学习、工作和活动，有助于开阔思路，注意力集中，富有创造性。研究发现，精神愉快、心情舒畅、紧张而轻松是思考和创造的最佳状态。

心理学家用实验方法研究情绪与学习成绩的关系时，通常将焦虑程度与学习成绩分别作为自变量和因变量，然后采用自我评定法和生理反应法来研究它们之间的函数关系。结果表明，适度的焦虑能使大学生取得更高的学习效率，焦虑程度过高或过低，均难以取得优异的学习成绩。在生活中常有这种现象：有的大学生在考试时过分紧张，结果出现“晕场”现象；反之，有的大学生对考试采取不以为意的态度，考试成绩也不高。

3. 情绪对大学生人际关系的影响

具有良好情绪特征的人，例如，乐观、热情、自尊、自信是人际产生相互吸引的重要条件，能使彼此间心理距离缩短、情感融洽。而自卑、情绪压抑、爱发怒的人，往往不能与他人正常相处，难沟通，使人与人之间疏远。

由于情绪具有感染性与传染性，正性情绪大于负性情绪的人，在人群中更受欢迎，更容易获得别人的赞赏，容易形成良好的人际关系。一位大学生这样形容宿舍另一位同学：他的情绪正如六月的天，喜怒无常，无法把握，与他相处，有些如履薄冰，我们时刻要受他情绪的支配与感染。我们认为他没有用坏情绪影响我们好心情的权利，因而我们选择逃避，尽量少与他交往。

与此同时，大学生在人际交往中要注重提高自身修养，学会适度控制与调适自己的情绪，做情绪的主人，才能拥有良好的人际关系。

4. 情绪对大学生行为目标的影响

心理学家埃普斯顿在《人类情绪的生态学研究》这篇文章中，介绍了他对大学生的自我观念、情绪与行为变化之间关系的研究成果。结果表明：当体验到的是积极的情绪时，如感到高兴、亲切、安全、平静，大学生的行为目标也往往是积极、生动的，对新经验的接受和开放、对周围人的尊重和理解、对价值和长远目标的献身精神等都有明显增强；当体验到的是痛苦、愤怒、紧张或受威胁等消极情绪时，一部分大学生的社会兴趣下降，反社会行为增加，对新经验持审慎甚至闭锁的态度，另一些大学生的行为并没有向消极方面转化，而是汲取教训，准备再战。

埃普斯顿的实验结果表明：积极的情绪体验与积极的行为变化总是有一致的关系。因此，在大学生活中要尽可能多地缔造这种关系。积极引导消极情绪，使之转化为积极情绪。

三、大学生的情绪问题

大学生活总的来说是紧张的，社会期望高、心理压力大、学习负担重、竞争激烈，使大学生的情绪易处于紧张状态。一般认为，适度的、情境性的负性情绪反应，如考试中的紧张和焦虑，失意后的悲伤等情绪是正常的。但是，如果大学生不能很好地处理生活和学习中的各种问题，极易产生不同程度的情绪问题，从而影响身心健康和发展。

（一）大学生情绪问题的定义

风华正茂的大学生，本该是最健康的一族，但许多调查资料显示，我国大学生心理障碍和疾病的发病率高达 20%，因各种疾病而休学、退学的比例也呈上升趋势。造成大学生身心不健康的原因是多方面的，但与大学生的情绪关系极为密切，特别是一些强烈而持久的不良情绪问题，对大学生的危害更大。

大学生的情绪问题，一般是指大学生的消极情绪，指因生活事件引起的悲伤、痛苦长时间持续不能消除的状态。一方面，情绪问题导致大学生大脑神经活动功能紊乱，使情绪中枢部位的控制减弱，使其认识范围缩小，自制力、学习效率降低，不能正确评价自我，甚至会产生某些失去理智的行为，造成心理障碍和心理疾病；另一方面，情绪问题又会降低大学生的免疫功能，导致其正常生理平衡失调，引起心血管、消化、泌尿、呼吸、内分泌等系统的各种疾病。

（二）大学生情绪问题的表现

1. 焦虑

焦虑作为一种情绪感受，可以通过身体特征体现出来，如肌肉紧张、出汗、嘴唇干裂和眩晕等，焦虑也伴随认知成分。由于焦虑与恐惧、担心、惊慌等相关，也有人将担心看作焦虑的认知成分。

焦虑是大学生常见的情绪状态，当他们在学习、工作、生活各方面遭遇挫折或担心需要付出巨大努力的事情来临时，便会产生这种体验。焦虑对大学生的影响是复杂的，既可以成为大学生成才的内驱力，起促进作用，也可以起阻碍作用。实验证明，中等焦虑能使学生维持适度的紧张状态，注意力高度集中，促进学习。但过度焦虑则会对学生带来不良的影响。如有的大学生在临考前夜的失眠或考试时“怯场”，在竞赛中不能发挥正常水平等，多是高度焦虑所致。被过高的焦虑困扰的大学生，常常会感到内心极度紧张不安，惶恐害怕、心神不定、思维混乱、注意力不能集中，甚至记忆力下降，同时还容易产生头痛、失眠、食欲不振、胃肠不适等不良生理反应。焦虑的大学生内心深处有一种无法解脱、不愿正视的心理问题，焦虑只是矛盾、冲突的外显，借此作为防御机制以避免更深层次的困扰。

大学生常见的焦虑有自我形象焦虑、学习焦虑与情感焦虑。自我形象焦虑是担心自己不够漂亮、没有吸引力、过胖或矮小等，也有的因为粉刺、雀斑等影响形象而引起的焦虑。这类焦虑主要与自我认知有关，需要通过调整自我认知重新接纳自我，建立新的形象；与学习有关的焦虑如学习焦虑、考试焦虑，在学生情绪反应中最为强烈，需要引起重视；情感焦虑多数是由于恋爱受挫而引发的自我否定，认为自己不具备爱人与被爱的能力，因而过度担心而引起焦虑。

克服焦虑的方法主要有：了解大学生焦虑背后深层次的潜在冲突，在此基础上给予支持性的专业心理辅导。

2. 抑郁

抑郁症状不仅指各种感觉，还指情绪、认知与行为特征。抑郁最明显的症状是压抑的心情，表现为仿佛掉入了一个无底洞或黑洞之中，正被淹没或感到窒息。其他感觉包括容易发火，感到愤怒或负罪感。抑郁常常伴随着焦虑，对所有活动失去信心，渴望一个人独居。抑郁也伴随着个体思维方式的转变，这些认知改变可以是一般性的，比如注意力不集中、记忆力衰退或者很难做出决定。在思考中可能有更多的心境转变，会消极地看待世界、自我和未来。因此，抑郁的人很难回忆起美好，常常不适当地责备自己，认为他人更消极地看待自己，对未来感到悲观。与此同时，还伴随着身体症状，如常常乏力，起床变得困难，更严重时睡眠方式都将改变，睡得太多或者早晨醒得太早，并且不能再次入睡。也可能出现饮食紊乱，吃得过多或过少，随之而来的体重激增或剧减。抑郁是一种持续时间较长的低落、消沉的情绪体验，它常常与苦闷、不满、烦恼、困惑等情绪交织在一起。

一般来说，这种情绪多发生在性格内向，孤僻、敏感多疑、依赖性强、不爱交际，生活遭遇挫折，长期努力得不到报偿的大学生身上。那些不喜欢所学专业，有人际关系处理不当、失恋等问题的大学生也会产生抑郁情绪。

3. 愤怒

愤怒是由于客观事物与人的主观愿望相违背，或因愿望无法实现时，人们内心产生的一种激烈的情绪反应。心理学研究表明，当愤怒发生时，可能导致人心跳加快、心律失常、血压升高，同时还会使人的自制力减弱甚至丧失，思维受阻、行为冲动，甚至干出一些事后后悔不迭的蠢事或造成不可挽回的损失。

愤怒是大学生常见的一种消极情绪，处于精力充沛、血气方刚的青年时期的大学生，在情绪情感发展上容易产生好激动、易动怒的特点。如有的大学生因一句刺耳的话或一件不顺心的小事而暴跳如雷；有的因人际协调受阻而怒不可遏、恶语伤人；有的因别人的观点或意见与自己相左而恼羞成怒；有的因一时的成功、得意而忘乎所以；有的因暂时的挫折或失败而悲观失望、痛不欲生。如此种种遇事缺乏冷静的分析与思考，图一时之快，逞一时之勇的好激动、易动怒的不良情绪特点，在一些大学生身上时有体现。这种情绪对大学生是极其有害的，因而有人说："愤怒是以愚蠢开始，以后悔结束。"

4. 嫉妒

嫉妒是指因他人在某些方面胜过自己引起的不快甚至是痛苦的情绪体验。嫉妒是自尊心的一种异常表现，在大学生中普遍存在。具体表现为当看到他人学识能力、品行荣誉甚至穿着打扮超过自己时内心产生的不平、痛苦、愤怒等感觉；当别人身陷不幸或处于困境时则幸灾乐祸，甚至落井下石，在人后恶语中伤、诽谤。嫉妒是一种情绪障碍，它扭曲人的心灵，妨碍人与人之间正常真诚的交往。

嫉妒是由于别人胜过自己而引起抵触的消极的情绪体验。在日常生活中，嫉妒的存在是很普遍的。当看到别人比自己强时，心里就酸溜溜的不是滋味，于是就产生一种包含着憎恶与羡慕、愤怒与怨恨、猜疑与失望、屈辱与虚荣及伤心与悲痛的复杂情感，这种情感就是嫉妒。嫉妒者不能容忍别人超过自己，害怕别人得到自己无法得到的名誉、地位等，在他看来，自己办不到的事别人也不要办成，自己得不到的东西别人也别想得到。

嫉妒是人本质上的疵点，嫉妒心强的人容易得身心疾病。长期处于不良的情绪状态中，会产生压抑感，容易引发忧愁、消沉、怀疑、痛苦、自卑等消极情绪，会严重损害身心健康。嫉妒心还会影响大学生成长，不良情绪会大大降低学习的效率。另外，嫉妒心强可能使我们结交不到知心朋友。嫉妒心强的人往往事事好胜，常想方设法阻止别人的发展，总想压倒别人。这可能使同学们想躲开你，不愿与你交往。从而给自己造成一个不良的人际关系氛围，从而感到孤独、寂寞。

嫉妒对人的心理健康不利。一是破坏人际关系的和谐。当一个人嫉妒另一个人的时候，就不会对对方友善、热情，两个人的关系必然冷淡。嫉妒的对象越多，关系冷淡的对象越多，这就给人际交往带来极大的障碍。甚者，还会破坏集体的团结和良好的心理氛围。二是造成个人的内心痛苦。一个嫉妒心强的人，常常陷入苦恼之中而不能自拔。时间长了会产生自卑，甚至可能采取不正当的手段去伤害别人，使自己陷入更恶劣的处境。巴尔扎克曾经说过："嫉妒者比任何不幸的人更为痛苦，因为别人的幸福和他自己的不幸，都将使他痛苦万分。"

克服嫉妒首先要开阔视野，开阔心胸，懂得"天外有天，人外有人""强中自有强中手"的客观规律。真正做到豁达开朗并非易事，如果正处在愤怒、兴奋或消极的情绪下，能较平静、客观地面对现实，是能达到克服嫉妒的目标的。其次要学会转移注意力，需要积极进取，使生活充实起来，以期取得成功。积极参与各种有益身心的活动，使大学生活真正充实起来，嫉妒的毒素就不会滋生、蔓延。为了缓解失败给自己带来的心理上的不平衡感，可以找一些理由，使自己不再嫉妒别人。再次学习并欣赏别人的长处，化嫉妒为动力。一个人在嫉妒别人时，总是关注别人的优点，忽视自己的优点。一般而言，嫉妒心理较多地产生于自身周围年龄相仿、生活背景大致相同的人群中。因此，只有采取正确的比较方法，将己之长比人之短，而不是以己之短比人之长。有意识地想一想自己比对方强的地方，这样就会使自己失衡的心理天平重新恢复到平衡的状态。最后建立正确的自我意识，增强自我意识，正确地评价自己和别人。嫉妒是一种突出自我的表现。在这种心理支配下，待人处世常常以自我为中心，无论什么事，首先考虑到的是自身的得失，因而引起一系列的不良后果。若出现嫉妒苗头时，应加强自我约束，摆正自身位置，努力驱除嫉妒心，这样就会感到"心底无私天地宽"。

5. 冷漠

冷漠是指人对外界刺激缺乏相应的情感反应，对生活中的悲欢离合都无动于衷。具体表现为：凡事漠不关心、冷淡、退让的消极情绪体验。如有的大学生对周围的人和事漠不关心，对集体和同学态度冷淡，对自己的前途命运、国家大事等漠然置之，似乎自己已看破红尘、超凡脱俗。于是，把自己游离于社会群体之外，独来独往，对各种刺激都无动于衷。这种冷漠的情绪状态，多是压抑内心情感情绪的一种消极逃避反应。具有这种情绪的人从表面上看虽表现为平静、冷漠，但内心却往往有强烈的痛苦、孤寂和压抑感。如果大学生长时间处于这种情绪状态下，巨大的心理能量无法释放，超过了一定限度时，就会以排山倒海的形式爆发出来，致使心理平衡遭到破坏，影响身心健康。

冷漠与退缩一样，是一种消极情绪的内化而非外显的行为，事实上，冷漠比攻击更可怕。冷漠会带来责任感的下降、生活意义的缺失与自我价值的放弃。可以说是有百害而无一利的消极情绪体验。冷漠的形成多数与人生重大生活事件有关，也与个体的生活经历有关。

克服冷漠最根本的办法是改变认知，发现生活的意义，发现自我的价值，改变长此以往形成的对人生消极的看法。从行为上，积极投身各种有意义的活动中，融入集体中，进行积极的自我暗示与自我提升，正确认识自我与他人、个体与社会，并不断矫正自己的非理性观念。

（三）大学生情绪问题产生的原因

当今中国正处于高速发展时期，多变的外在环境给大学生的心理带来了极大的冲击。由于大学生正处于生理、心理及思想变化时期，心理状态及情绪状态不稳定，且缺乏社会生活的磨炼，心理承受能力相对薄弱，在这些巨大冲击面前，缺乏恰当的适应能力，极易导致焦虑、抑郁、自卑、逆反等情绪的产生。归纳起来，大学生的情绪问题主要受以下因素影响。

1. 客观因素

（1）社会环境

随着社会主义市场经济体制的建立和发展、竞争机制的引入、生活节奏的加快、传统价值观念多变，以及转型时期腐败、职工下岗、社会治安和贫富差距加大等社会问题出现，这些社会刺激给社会阅历浅、心理应对和承受能力弱的大学生带来了很大的冲击，容易引发大学生的心理与行为严重失调，产生不良情绪。如大学校园中曾一度流行过“六十分万岁”的口号，随着国家就业体制改革的深入，这句口号将永远成为历史。大学生的任务就是要全方位塑造自己，将自己推向市场，接受市场的选择。不少学生由于对自己信心不足，时常出现过于焦虑和担心的情绪。

（2）学校环境影响

就学校环境来看，随着我国高校教育体制改革的深入，只重学习成绩或一纸文凭的时代将永远成为历史。高校为了适应市场的需要，提高自身办学水平、培养优秀人才，对学生的学习、综合素质等方面也要求更高，并制定了完善的考核标准。大学生稍有松懈就会在竞争中失利，这也成为产生大学生消极情绪的诱因之一。另外，由于目前高校改革的不断深化，招生不断扩大，由此带来了高校办学的一系列变化，教育产业化实行的上学交费制度、奖贷金制度、考试淘汰机制及择业制度的变更、完善，无不牵动着每一个大学生，冲击着当代大学生动荡不安的心理，影响着大学生的情绪。

（3）家庭因素的影响

家庭是人才成长的启蒙学校，家庭经济状况，家长教育态度、内容与方式，家庭成员之间的亲疏关系，对学生情绪、情感水平的培养起着非常重要的作用。当前，生活节奏的加快、社会的转型，对家庭的冲击较大，单亲家庭等问题家庭增多，越来越深刻地影响着大学生的情绪。另外，家长对子女过高的期望值或要求，过于急切的“望子成龙”的心态，对加重其子女的心理负担，使之产生焦虑不安的情绪体验起了推波助澜的作用。一些大学生因为害怕不能满足家长的要求或不能为家庭增添光彩，引发了高度焦虑和极度苦闷的情绪反应。个别大学生因体验不到家庭的温暖或感受不到来自教师、同学对他的关爱和体贴，也极易使他们产生“冷眼看世界”的消极情绪体验和反应。

2. 主观因素

外在的环境刺激对大学生情绪问题的产生影响固然深刻，但大学生的情绪变化的决定性因素还是大学生自身。

（1）不能正确地评价自我

每位大学生的过去都有一段“辉煌的历史”，但是，大学校园是群英荟萃、人才济济的，这样的变化常常会使一部分学生感到失落，变得不知所措而逐渐产生自卑感。因此，每个大学生都需要重新认识自我，摆正位置，寻找新的起点。如果一味沉溺于过去，不愿正视现实，遇到困难挫折时很容易产生自负自卑的情绪。相反，习惯于过高地估计自己，心里常常觉得自己什么都比别人强，自然容易使其滋生骄傲自满的情绪体验，一旦遇到挫折，就会一蹶不振、自暴自弃。

（2）依赖性与自主性的矛盾

在大学时代，大学生进入了较为自由和开放的环境，独立意识日益增强，希望独立自主，凡事想依靠自己的力量，处处想显示个人的主张。他们渴望在各个方面取得成功，关心时事政治，积极参加校内外各种活动，力求处处表现出自己的能力。但是由于他们的心理成熟落后于生理成熟，认知能力落后于活动能力，在经济上、行为上尚不能完全独立，长期形成的依赖心理一时难以摆脱，面对复杂的环境，常常不知所措。另外，多数大学生是独生子女，独立性比较差，有较强的依赖性，缺乏社会经验和独立生活能力，大学生活中的一切事务都要亲自处理，这对于生活自理能力极差的大学生来说缺乏必要的心理准备。这种依赖性和自主性的矛盾容易导致部分学生对大学生活的严重不适，长期处于悲伤、抑郁状态。

（3）期望值偏高与现实状况的反差

大学生一般比较自信，对自己的前途和未来怀有美好的向往，成就动机很强，自我期望值很高。但现实状况却不尽如人意，如果大学生经过一个阶段的努力仍然不能实现自己的愿望，就会感到理想破灭，一旦遇到困难和挫折，就很容易萎靡不振，情绪低落，或者产生逆反情绪，与社会对立。

（4）人际交往的受挫

一些大学生对人际交往具有浓厚的理想主义色彩，对友谊的渴求十分强烈，人际交往的期望值过高，一旦期望值难以达到，就容易对人际交往采取消极冷漠的态度。当出现心理困扰，又苦于无人倾诉排解时，由于得不到及时的帮助与治疗，就可能引发精神上的疾病。

另外，不少学生或多或少地有封闭心理，担心自己在社交场合不善言谈，担心自己缺少社交风度和气质，不被人重视、接纳。有些同学很想正常地与人交往，却因生性内向，过于腼腆，存在思想顾虑，从而游离于校园交际圈之外。一旦在心理上与人群格格不入，就不可避免地陷入紧张、焦虑的情绪之中。

（5）重要丧失

大学期间的重要丧失也会对大学生的情绪产生重大影响。一是与大学生活有关的重要丧失如考试失利、考研失利等；二是与大学生自我发展有关的荣誉的丧失，如入党、评优等；三是情感方面的重要丧失，如失恋、好友失和等；四是重要家人的丧失，如亲人去世、家庭发生重大变故等，都对大学生的情绪构成影响，特别是负性生活事件对大学生不良情绪的滋长与蔓延起着不容忽视的作用。如果不及时调整，容量引发情绪问题。

第二节 大学生的人际交往

一、大学生人际交往的特征

（一）平等性

大学生整体上是有知识有文化的人，一般来讲，同学之间能够彼此团结友爱，在集体中遵守规则。在交往中大多能够平等相待，能够在希望自己受到尊重的同时尊重他人，与其他人形成和谐的关系。

（二）单纯性

大学校园中同学之间一般没有根本的利益冲突，性情相近、脾气相投的人更易于建立友谊，思想上能产生共鸣，交流更多；由于同学之间多是切磋学问、知识，探讨人生理想等，主要是精神上的认可和语言交流，大多没有太多金钱物质上的往来，所以比较单纯。

（三）情感独特性

大学生的人际交往，无论是学习上的互相帮助，生活中的互相照顾都易于产生感情，且易以自己的感情作为选择朋友的标准。然而大学生心智发展尚不成熟，社会阅历不多，依据个人好恶对于身边朋友的判断难免失之偏颇，同学朋友之间的感情也会时常变化，呈现出不稳定的特征，“友谊的小船说翻就翻了”。也有一些大学生出于个人感情的需要，对好友提出过于任性要求，如要求对方和自己形影不离，自己喜爱的活动要求好友也要喜欢，等等，表现出明显的自我中心倾向，也会因此造成朋友间具有独特性的矛盾。

（四）广泛性

现代大学生往往有着较强烈的人际交往的愿望，进入大学以后愿意参加社交活动，也希望得到别人的尊重与认可，以此满足自己的成人感。但大学生主要要完成学业，大部分时间都须在校学习，熟悉的人群也在校园之内。所以，大学生在校期间除认识老师、同学之外，其他社会阶层的人接触就不多了。但可能与校园内认识的人成为朋友，如餐厅的服务人员、理发店的理发师、书店的老板、门卫室的警卫，等等。这可以满足一下广泛社交的强烈愿望。曾有一项对大学新生的调查，有一题是问现在最迫切的需要是什么，结果统计，第一项就是“友谊”，这说明社会交往是当代大学生的一项重要的心理需要，他们希望在交往中除结交朋友，收获友谊以外，也希望得到锻炼和成长。

二、人际交往的功能和原则

（一）人际交往的功能

1. 信息交流功能

现代社会是信息高速发展的时代，即人际交往有助于信息沟通，人际交往能够得到信息和输出信息，信息能带来资源和机遇。古往今来，专业知识和及时的信息交流发挥巨大作用的例子有很多。如外国一位小姑娘在沙滩上看到远处海面上出现异常，而近处的海滨浴场依旧风平浪静有很多人在游玩。她想起老师曾讲过这是海啸的先兆！于是马上通知所有人撤离，不久海啸真的来了，这是印尼海啸发生前的一个真实的小故事。还有，在杭州协警礼为奇在执勤时发现文二路学院路南口路面出现裂缝，立即和交警一道指挥过往车辆避开裂缝行驶。从监控中可以看到，礼师傅拦住一辆小轿车，仅仅三分钟后，路面瞬间塌陷。而塌陷的位置就在小轿车前方不远处。这些都是及时进行信息交流的结果。

2. 使人互相理解

每个人成长环境不同，脾气秉性存在差异，很多时候做事的方法也有差异。如果能相互沟通，就有助于实现相互理解、体谅，还可能在矛盾发生之后的关系比以前还要好，让人心情愉快，还能交上新的朋友。人们常说“在家靠父母，出门靠朋友”，大学生来到一个全新的环境，生活中遇到的很多问题都需要通过积极的人际交往才能够得到别人的帮助，顺利解决问题，实现使人心情更加愉快地投入大学学习生活的目标。

3. 有助于获得知识

人际交往的过程中人们还可能获得自己没有学习过的知识。大学生来自不同的地区，不同的家庭，有不同的爱好、知识和阅历，有的懂得农业知识，有的懂市场经营，有的会电器维修，有的爱好摄影，各有所长。人际交往有助于取长补短，使个人视野更开阔，获得新知识。

4. 促进心理健康

好的人际关系能提供好的社会支持系统。当个人遇到困难或突发事件甚至心灰意冷、情绪低落、郁郁寡欢的时候，身边的亲朋好友会张开友爱、包容、信任的双臂迎接你，给你温暖，让你内心尽快恢复平静。同样在朋友遇到困境需要安抚与陪伴时，你也会给予无私的帮助，让他们远离焦虑、抑郁，逐渐恢复心理健康。如果一个人缺少人际交往或人际关系比较紧张，他们在遇到不顺心的事时没有朋友，无处倾诉，也不能得到朋友的安慰与关心，只能依靠自己来进行调节，长此以往还容易造成心理偏执，可能还会做出一些极端的事情，以致造成终生遗憾。所以大学生应当注重人际交往，建立良好的社会支持系统。

（二）大学生人际交往的原则

1. 平等性原则

平等是指在人际交往中不卑不亢，平等相待，尤其是不因自己具有某些优势而盛气凌人、傲慢无礼，不把别人放在眼里，不尊重别人。平等是人与人交往的重要基础，只有在平等的条件下，别人才会感到愉快，才会营造出和睦又持久的人际关系。大学生由于还处在学生时代，之前的经历大体相似，又年龄相仿，不论来自城市还是农村，不论外貌和经济条件如何，都不应该有尊卑之分。只有平等地对待对方，才能得到对方的信任，彼此才有可能真正成为朋友。也只有这样才能真正把自己融入集体之中，得到大家的喜爱。

2. 尊重原则

尊重从个人来讲是人们普遍追求的人生价值。是人的重要需要之一，也是人的心理动力之一，尊重别人既是待人友善的重要表现，又是自身素质和文明、修养的重要体现。有涵养的人都知道尊重别人，不因对方和自己社会地位、经济地位的差距而轻视对方，甚至在对方对自己不了解、有所冒犯时也能表现出宽容的态度，正所谓："人不知而不愠，不亦君子乎？"还有，尊重他人就是尊重对方的生活习惯，行事做事的方式，不贬低、诋毁对方，有意见或不同看法时通过正常渠道光明正大地进行表达，不在背后搞人身攻击。正如许多国家的法庭辩论阶段禁止无端的人身攻击，在大学生辩论赛上人身攻击言论会被扣分一样，随着社会进步和文明普及，社会生活中的许多领域已将尊重别人作为一项基本要求。大学生作为正在接受高等教育的莘莘学子，已经有这样的共识，但有些年轻人情绪波动大，自控力差，语言、行为有时还有不妥之处，需提高认识，加强自控。个人的道德修养也还需要提高。

3. 互助原则

互助是指人们在交往中，双方都尽量多替对方考虑，在不影响自身利益的情况下多替对方着想，尽可能地帮助别人。互助原则的关键点是双方都能站在对方的角度考虑问题，想别人之所想，急别人之所急。中华民族是有着五千年历史的古老民族，有很多优秀品德在这个民族的子孙中间传承，有许多舍己为人的仁人志士做出了表率，感动了一代又一代人。当然，不能强迫每一个人都具有"舍己为人"的崇高境界，但力所能及地帮助别人还是一个比较合适的易于做到的标准。大学生在校期间难免会遇到各种困难，有些自己能够解决，有些需要别人帮助。如果看到别人有困难，尽绵薄之力，甚至于举手之劳去尽量帮助他，这不仅是帮他解决了难题，还使自己的人格和能力也得到了提升，使集体中的社会成员都能由于互助而感到心理愉悦，感到在交往的过程中实现了自身价值，个人还获得了自我认同感。这种心理上的获得和人格上的完善，就是人们常说的“赠人玫瑰，手有余香”。

4. 诚实原则

人无信不立，人常说“一言九鼎”，诚实是人际交往的重要原则，包括：①信守诺言，自己做的承诺一定要实现，当然信守承诺不可言过其实，夸夸其谈，要郑重其事，言而有信，言行一致。②真诚待人。待人以诚，才是人际交往的真谛。有人做事圆滑，明哲保身，“见人只说三分话”，最终人际关系不一定能搞好。现代大学生会受到各种社会风气的影响，应予以注意。当然，如果看到别人的缺点错误，虽说应该襟怀坦白，并对此提出批评，但要注意方法，如能够婉转地指出来，就是好的，这不是处事圆滑。大学生是处在增长才干的关键阶段，有了小的缺点错误，有人指出来能够及时改正，才能有更大的进步。所谓“当局者迷，旁观者清”。指出别人缺点错误是关心、爱护对方的表现，只要把好事做好，大家都会高兴的。如果能够做到“闻过则喜”，大家在一起互相指出对方存在的问题，互相帮助，共同进步，集体的凝聚力也更强，这是健康的、民主的，是应当提倡的。

5. 宽容原则

宽容是指以宽广的胸怀对待别人，严于律己，宽以待人。宽容的前提是站在别人的角度真正地理解他，原谅他。大学生生活在一起，生活空间高度重合，每个人又有不同的生活习惯，难免发生一些小矛盾。有了矛盾不要紧，关键是如何解决。不计较别人的小错，以友情为重，坚持“吃亏常在”“吃亏是福”的态度，这就是宽容。还要注意一点，就是感情是需要表达的，一些同学不善于表达或羞于表达，这应当改变，因为别人在和你不熟悉的时候可能不清楚你的想法，表达是非常重要的。别人有了错误不计较，自己有了错误及时表示歉意，这对处理好人际关系是十分重要的。

三、大学生人际交往的心理问题及调适

（一）自卑心理

大学生来自不同的地区不同的家庭，有着各自不同的经济条件。受遗传因素和后天营养、是否爱运动等因素的影响，有着各自不同的外貌与身材。一些家境殷实的同学到校后所带装备一应俱全而且高档：手机、手表、笔记本电脑，有的还开来一辆豪车。有的女同学名牌服装让人眼花缭乱，高级化妆品摆满桌子。

而一些同学家境贫寒，到校时只带了简单的随身物品。强烈的对比会让一些同学觉得不如别人，可能因财力有限，或因个头不高、貌不出众，或因社交能力不强、学习成绩不好等而产生一种消极心理，长期处于这样的心理状态，会让人产生较多的自我否定，以致自信心不足、自卑，影响了自己的成长与进步。对于有自卑心理的大学生，应做到以下几点：①构建正确的认知。我们不否认社会上一些人依靠家人的优越条件或偶然的

机遇过上好的生活，但大多数人要凭借自己的双手去创造未来，别人给予得再丰厚也不能让你真正自信，永远自信。②提高对自己的认知。一些大学生初到新的环境看到别人外表潇洒、漂亮，说话得体，自己不如别人就自卑，这大可不必。因为每个人都有自己的优点，也许你的优点更为大家所看重，比如，你健康、善良、肯努力，有志气，你留给大家的印象也许比别人更好。另外，知道了自己某方面的不足要努力弥补，但不应是这些外在的物质条件。正确、客观地认识自己，树立自尊、自信，努力成为更受欢迎的人，关键是要以积极的心态来评价自己。

（二）敏感

敏感也是许多大学生的常见问题。大家来自不同的省份、地区，文化环境和语言习惯不同，刚到一起时难免因不理解而产生误会。如，甲同学原本想开个玩笑，乙同学由于比较敏感而以为甲在讥讽他，而和甲吵了起来。人类保持对外界的敏感是减少受伤、保全自身的重要条件。但内心过于敏感会导致心理防御过强、冷脆，还容易心理疲惫，多愁善感，给自己增添烦恼。解决这一问题应做到以下两点。

1. 多沟通

大家生活在同一个空间，以前的生活习惯不一样，难免发生小矛盾。有了矛盾应及时沟通，彼此说明自己的想法，听取对方的意见，找到解决的办法。

2. 豁达一些，有自嘲精神

对于别人的一些善意的玩笑或无心的冒犯，应宽容对待，别太在乎。不要一句话不顺心就情绪低落或勃然大怒，这既会对朋友关系造成不利影响，也会让你心情不愉快，要豁达对待：只要不是人身攻击或有意地恶语中伤，就可以一笑了之，或自嘲一句，以幽默来应对。这样既显示了你的机智，也让周围人感到愉快。

（三）冷漠

受传统文化中“明哲保身”思想的影响，一些大学生对与自己不相关的事情不关心，在人际交往中显得冷漠。甚至对大多数人都关心、喜爱的文艺、体育活动也不关心，对班级建设等活动也漠然视之。产生冷漠心理的原因如下：（1）紧张，担心，害怕自己的语言和行为得不到别人重视，害怕被人轻视。（2）感觉自己高人一等，不愿屈尊与大家打成一片。（3）认为释放热情是不成熟、幼稚的行为。

对此问题建议从以下几方面进行调适。

第一，消除紧张，鼓励他多参加集体活动。在集体中感受到大家的热情，感受大家在一起的轻松快乐，使其解除拘束，增强对同学对集体的感情，冷漠就会自然消失。第二，在同学遇到困难或困惑时，班集体及时给予关怀和帮助，并适时地对他进行启发和开导，促使该同学成为热情、有责任感的集体成员。

（四）嫉妒心理

嫉妒是指恐惧或担心他人优于自己，或嫉恨和恼怒他人优于自己，是一种利己主义的排他性情感，是害怕他人超过自己并因此而产生的受他人威胁和憎恨他人的心理。大学校园里比较强的人可能会成为被嫉妒的对象，如成绩好、能力强、爱情上成功的人。嫉妒如果不导致某种行为，只是存在于当事者内心，则只是破坏当事人自己的心理健康，影响其个人的进步和成长。对有此类心理倾向的大学生，应积极引导其将嫉妒的情感转化为对自己的激励，促使自己不断进步。在日常生活中鼓励他通过提高自己的实力来和小伙伴竞争，树立阳光、向上的心态，而逐步消除那种变形的嫉妒心理。

四、大学生人际交往的技巧

（一）如何让别人喜欢你

1. 能力与喜欢

能力的大小与是否被别人喜欢之间有密切的关系。通常是在其他条件大体相同的情况下，一个人的能力越强越受人喜欢。心理学家阿伦森等人的实验揭示了能力和吸引之间的关系。实验中让每组被试者听一段录音，录音中描述了四种人，分别是：①能力超凡的人；②能力超凡但是犯了错误的人；③能力平庸的人；④能力平庸还犯了错误的人。再了解他们对于这四种人的喜欢程度，结果发现，最受欢迎的是第二种人，即能力超凡但是犯了错误的人。受欢迎的此后顺序依次为：能力超凡的人、能力平庸的人、能力平庸还犯了错误的人。心理学家们将这一现象称为“犯错误效应”，人们喜欢的为什么不是第一种人呢？心理学家研究发现，人们普遍认为第二种人更加真实、亲切，因此能够产生喜欢的感情。而对第一种人虽然非常崇敬，但从感情上来说距离较远，多是敬而远之。这就像有人做过的一个趣味测试，问女生在《西游记》唐僧师徒四人中最喜欢谁？最后结果，喜欢猪八戒的人还不少，道理是一样的。对大学生来说，应不断努力学习各种知识，使自己的实力不断提高，同时不怕犯错误，甚至于如果在其他同学面前适当暴露自己的缺点和不足，可能并不坏，至少可以让别人知道你是一个能力不俗又真实可亲的人。当然大学生社会经验不多，实际上可能经常犯错。因此对大多数人来说缺点就别显摆了，只要展现真实的自己就可以了。

2. 外貌

外貌在人际吸引中也具有重要作用。人通常喜欢外貌漂亮的人。例如：①在爱情产生的过程中，外貌的美丽使一个人最初获得对方的青睐。②外貌漂亮的人往往会得到更多关注，可以满足自己的虚荣心，让人感觉精神愉快。③外貌漂亮的人往往给人的感觉是有更强的实力，会被认为自己在某些方面像外貌一样出众。随着时间的推移，外貌的作用逐渐变小，人们开始更加注重人的内涵。如果只是外表美丽而内在素质较差，如道德水平较低，则更容易使别人产生反感的情绪。大学生作为二十岁左右的年轻人，正处于生命中最美好的年华，不用过多修饰就能展现出青春美，但要注意个人生活细节，如讲卫生，勤洗澡勤换衣服，衣着要大方，符合大学生身份。有的大学生过于重视自己的外貌，太过修饰而忽视了其他，这反倒是不可取的。例如有人毕业之前为了找工作而去整容，结果却因为挂科没有拿到毕业证。

3. 喜欢与报酬

人们通常喜欢那些使自己获得报酬的人。这里的报酬包括精神上的回报。即自己付出的感情得到对方的回应，也就是说，人们通常喜欢那些喜欢自己的人。有学者研究表明，决定一个人是否喜欢另一个人的重要因素之一，是另一个人是否也喜欢这个人。而且人们最喜欢的不是一贯喜欢自己的人，而是对自己喜欢程度不断增加的人。同样最不喜欢的也不是一贯不喜欢自己的人，而是喜欢的程度逐渐减少的人。心理学家将这一理论称为“增—减理论”。大学生在人际交往中，应通过逐渐的深入了解，发现对方的优点，使自己对对方的认可程度不断提高，同时还要适时将自己的这种感受向对方表达出来。表达的方式可以多种多样：除了直接说出来，还可以遇到问题时和对方商量，有好吃的和对方分享，对方有了难处主动帮助等。通过让对方感受到你对他的认可，来使你们的距离变得更近。

4. 相似与喜欢

相似的人之间更有吸引力。所谓“道不同不相为谋”，人们大多比较喜欢与自己在某方面有相似之处的人。用现在的话说就是“圈子”，车友、球友、旅友等，完全陌生的两个人可以因为共同的爱好而把关系迅速拉近，为什么会有这种现象呢？因为人们通常对自己是非常认可的，对别人的认可与支持就是对自己的认可与支持，对自己内心是一种强化的力量。而且最初对一个人某一方面的认可会逐渐扩大，最后变成对整个人的认可。即对于对方的喜爱出现了被无限放大的情况。同样，对于我们不喜欢的人的某个缺点也会被放大，最后认为这个人有许多缺点而非常不喜欢他。而且，相似点的范围较大，包括价值观、生活态度、信仰、兴趣，等等。

大学生如能够合理安排时间，在完成学业的前提下发展个人兴趣爱好，同时以开放的心态广交朋友，能够既陶冶了身心又收获了友情。同理，大学生当因为一些小事和同学发生矛盾时，不要因为对方在某方面的表现不遂你的心意就把他全盘否定，应尽量多找他身上的优点，以及和自己的相似之处，以此来缩短心理距离，求同存异地发展友好关系。

5. 熟悉与喜欢

熟悉是喜欢的重要条件，有学者研究发现，被试者看到某人照片越多，就越容易对他有好印象。原因是熟悉的人因为比较了解，对于对方的行为反应判断得比较准确，而不容易在相处中让对方不愉快，彼此不容易产生烦恼。因此在熟悉的情况下大家都能有意识地避开让对方不高兴的尴尬局面，也就容易成为朋友。有些大学生在日常生活中本来是很想和对方交流的，但总是害怕没有话题或受到对方的冷遇让自己下不来台而没有和对方主动说话，从而失去了彼此熟悉和认识一个新朋友的机会。例如，别人以为某人很高傲，实际上他却是一个充满热情的人。同学之间，如果平时没有交往，等到不得不说话或是有事相求的时候，则容易显得比较实用和生硬。有的同学经常能见到，平时就利用机会和对方熟悉，哪怕就是点个头或是寒暄两句，大家先熟悉一下，这也为日后进一步互相了解打下基础，很多擅长搞人际关系的人都是“自来熟”，很快就能和对方聊起来，成为朋友，应当向他们学习。

6. **互补与喜欢**

互补对于人际关系有促进作用，主要表现在对于双方利益都被满足的情况下，当两个人的性格特点能互相满足对方需要的时候，两个人就倾向于互相产生好感。如感性的人与理性的人。感性的人可能更潇洒浪漫，感情流露非常自然，在生活中很有感染力；理性的人更加内敛、冷静，愿意思考，逻辑性强。但感性的人会遇到需要理性思考才能解决的难题，理性的人也在内心需要热情的温暖、温情的滋润。又如外向的人与内向的人，外向的人可能更加活泼、乐观，善于交际；内向的人可能更加安静，愿意独处，思想深刻。这样的人在一起，都可以实现互补，能够彼此产生好感。大学生在人际交往中，不能只凭第一印象，只考虑对方与自己的性格是否相同，与自己的价值观、生活态度是否相同，来决定和这个人是否能成为朋友。应当进行深入了解以后，再决定这个人是否可交。有的同学本人比较稳重、传统，见到别的同学衣着时尚、发型新潮，就觉得对方可能是一个花钱大手大脚、玩世不恭的人，这其实很可能不准确。也许对方虽然外形靓丽，具有艺术气质，但内心却保守、羞涩呢？同样，也不能因对方外在形象和你比较相近，或是在某方面有共同之处，就判断他与你内在心理特点也一样，而应当仔细深入进行了解。在生活中一个你过去从来没有接近过的人，你其实并不了解。一个你过去认为无法接受的某一类型的人，实际上却可能有许多闪光之处是你所不具备的，接触以后你可能会喜欢上他。如果对方在你困难时帮你解决了问题，那么你和他的关系很可能会更进一步。所以互补可使双方互相认可，是可以增进双方感情，建立友谊的。

（二）人际交往的艺术、技巧

1. **尊重对方**

尊重就要对对方的价值观、人格及声誉接纳、关注和爱护。尊重是双方进行平等交往的前提。当对方想向你倾诉他的经历或希望你帮助他解决困难时，他要在叙述之后判断你对他的接纳与认可的程度。如果你表现出对他认可，愿意听他说下去，他会继续说下去，如果你对他不屑一顾，不耐烦或是摆出一副居高临下的神情，他自然不会再接着往下说。真正做到尊重还有几点要注意：①避免“衣帽效应”。所谓衣帽效应就是根据对方的穿着或身份而在态度上有逢迎或冷傲之分，这是一种势利的态度。社交活动中要一视同仁，不能厚此薄彼，更不能因对方高贵就巴结逢迎，对方出身寒门就轻视。②以礼相待。在别人处于窘境或失落时不能贬低或冷嘲热讽，要平等，要热情，要能够关爱。起码要以礼相待，如果在宿舍里，同有的同学说话比较随意，这本来可以理解，毕竟大家熟悉了，可以免去许多客套，但基本的礼貌还应该有，得到别人帮助时说声谢谢，损害别人利益时说声抱歉，这在平时交往中非常重要。讲礼貌也是一个人的素质、文化修养的表现。③尊重对方的价值观。在与人交往中，尤其在与对方的交谈时很可能遇到对方的价值观与你不一致甚至是对立的情形，此时应注意尊重别人的价值观，不要因为他人与自己不一致而否定对方，或是希望将自己的价值观强加给对方。应在时机气氛合适时，婉转地告知自己的观点，并用商量、探讨的语气来说，避免激烈的言辞，这样才能引起对方的思考和乐于接受，利于沟通。④尊重对方的隐私。每个人都有秘密，当他不想说出自己的秘密时，不要逼问、强迫对方。这有助于他人的内心保持安全安定的感觉，有助于他维护自我。注意对于朋友的秘密的保护，也是维护友谊的基本做法。

2. 真诚

真诚也是人际交往中重要的准则，但是应注意：①真诚不是什么话都说。人际交往中的语言表达是有技巧的，遵守真诚的原则不是直来直去，不考虑对方的感受。而是在表达时要充分考虑听者能否接受，既不说假话，又要注意表达的重点和语言艺术。真诚不仅体现在语言上，还通过动作、神态等非语言的表达形式来传递给对方。所以要注意在整体上、在多个层面的表达上进行把握。②真诚是内心的真实流露，不是故意表演出来的。虽然社交活动中讲究技巧的运用，但真诚是真实情感，是发自内心的，是建立在正确的出发点之上的，是对人的关爱和信任，从内心出发，愿意和人交往，而且精神上有愉悦的感受，而不是为了交往而交往，或者受利益驱使的虚假表示。

（三）处理好宿舍人际关系的几点建议

1. 将感情放在首位，别计较那些利益得失

大学生活远离家乡远离父母，难免产生孤独感。好的宿舍人际关系会形成有利的社会支持系统，帮你树立信心，伴随你度过这段美好岁月，其实每个人都有很多缺点，你自身可能也有很多缺点，人们每天在一起相处会产生各种矛盾，怎么办？答案是：包容。包容他的缺点和毛病。包容的前提是接纳，用爱来接纳对方，把他当成你的亲人、好朋友来对待，你就会觉得他的缺点不是大问题了。包容不是溺爱，溺爱是明明看到对方有错误也不指出来，甚至反着说这是优点。溺爱会让对方一时愉快，但最终会让他终身悔恨。因为你没帮他改正缺点，反而助长了他的缺点。让“小错”变成“大错”，造成无法弥补的遗憾。包容是先认可对方的整体、本质是好的，缺点是可以改正的，再想办法帮他改正。这样能让你和他都在充满友爱的环境中健康成长，逐步改正缺点，共同实现更大进步。

宿舍中有一些同学爱开玩笑，爱占小便宜，别人的东西拿来就用，香皂、洗衣粉之类的。这让一些同学心里很不爽，既然是像亲人一样相处，那就不应该计较他的小缺点。这样的同学通常有自己的优点：帮助别人也不计较自己的付出。如果他用你的东西是感情上比较亲近的表示，那从友情为重的角度而言，你提醒他或不提醒他都可以，如果你要提醒他也要注意不要影响同学之间的感情。如果一定要说，那你可以找合适的机会告诉他，比如说宿舍里人比较少的时候，而且还要注意说话的技巧。

2. 学会自我批评和赞美对方

批评别人一般不难，但能够作自我批评就有点难了。这要有胸襟，有气魄，还要真诚，

有效果。对别人提批评意见时，注意批评要适度和婉转，也不要忘了要赞美对方。赞美不应是空洞的，而应诚恳地对对方的优点给予肯定和称赞，当然也要不吝惜美好的语言。一些同学不习惯直接表扬别人，尤其是男同学，这其实不利于搞好人际关系。在得到别人帮助时及时表示感谢，既让大家都知道你是一个懂得感恩的人，也是一个有涵养的人，以后别人也还愿意帮助你。虽然也有人爱用行动表达感情或感谢，但即使是这样，用言语表示感谢也是很有必要的，因为现代社会生活节奏快，也许下次见面要经过很长时间，在下一次自己以行动表示之前，对目前这一次就需要表态了。另外，对于不熟悉的人，赞美或开玩笑要适度，以免让对方觉得你玩世不恭，油嘴滑舌。

自我批评也很重要。青年人做事，说话难免因考虑不周全而有失误，有了错误要及时改正，同时也要做自我批评向对方道歉请求原谅。不能只是在别人有错误时明察秋毫，自己有了错误就忽略不计，这也是不利于人际关系的发展的。

3. 多沟通，在宿舍里弘扬正气，努力形成民主氛围

大家在一起，每个人的想法不同，沟通是解决矛盾的重要方法。诚恳地指出对方的缺点错误，如果说得有道理，大多数人是愿意接受的。即使暂时有想不通或因不好意思而不承认，他以后也会逐渐接受的。那些为了保持一团和气而明哲保身做老好人的做法，对于大学生，尤其不应提倡。在宿舍里，有些事情可以商量着来，如生活物品的选购，日常的作息时间等，应以充分考虑照顾到每个人的生活习惯为标准。有些同学的生活习惯或爱好，也应以不影响别人或最低限度地影响别人为原则，如爱抽烟的，爱听音乐的，爱玩游戏的。这样才能使宿舍成员的利益都得到维护，利于整体的团结。

在宿舍里弘扬正气也很重要，这是“宿舍文化”中的重要内容。如要求宿舍成员有全局观念，不因任何人利益受到损害而破坏纪律。任何人违反纪律都要受到处罚。有了破坏纪律的人，既要维护友爱的局面，又要做出适当的惩处，处罚的内容可灵活掌握，但不应没有。

第五章 大学生压力与职业生涯规划

第一节 压力及其应对

一、压力

（一）压力的概念

压力，原是物理学的一个概念。20 世纪中叶，加拿大生理学家汉斯·塞利开始将压力的概念引进医学和心理学，他认为压力是表现出某种特殊症状的一种状态，这种状态由生理系统中对刺激的反应引发的非特定性变化所组成的。首先，压力是指那些使人感到紧张的事件和环境刺激；其次，压力指的是一种身心反应；最后，压力是一个过程。通常压力被看作个体对外界刺激的反应过程，是一种个体感到需求与自己满足那种需求的能力之间出现不平衡时产生的心理和生理的反应。引起压力感受的原因被称为“压力源”。

受信念、判断、价值观念等的影响，个人对压力的看法和反应就会不一样。特别是在人们的认知结构中存在的一些不合理信念，往往导致不适当、不适度的生理、心理和行为反应。例如，大学新生离开父母家人和熟悉的朋友，进入一个陌生的环境中，有的人就感觉心理负担很重，担心自己难以忍受孤独，难以融入新的群体；而有的人则认为适应新的环境、融入新的群体对自己是一种挑战，可以磨炼自己的心性，锻炼自己的人际交往能力，因而没感觉有什么压力。

（二）压力的反应

人在压力状态下会出现一定的生理和心理反应，这些身体和心理信号提示我们要关注自己的压力水平。

1. 生理反应

压力作用于个体之后，会引发一系列的生理变化，主要表现在自主神经系统、内分泌系统和免疫系统等方面，例如，导致心率加快、血压增高、呼吸急促、激素分泌增加、消化道蠕动和消化液分泌减少、出汗等。适度的压力可以调动机体的潜在能量，提高机体对外界刺激的感受和适应能力。但是过久的压力会使人的适应能力下降，还会引发生理疾病。临床心理学家发现，胃及十二指肠等溃疡病的主要起因就是心理压力，癌症和心脏病也与心理压力有密切关系，脑溢血、高血压、糖尿病、偏头疼等与过久的压力有关。

2. 心理反应

压力的心理反应主要从认知、情绪和行为三个方面表现出来。

在压力情境下，个体的认知反应既有积极的一面，也具有消极的作用。积极的一面是认知活动增强，个体的感知功能被激活，注意力集中，记忆力增强，思维也变得活跃。有利于应对压力情境，迎接威胁与挑战。但也可能产生诸如“灾难化”消极认知反应，即对负性压力源的潜在后果估计过分严重。消极认知反应包括自我评价降低，丧失个体的自主感和自信心。例如，一个长期得到师生称赞的学生，突然面对考试失利，很可能就会一蹶不振，变得不够自信。

个体的心理反应还集中在情绪方面。适度的压力可以使人精神振奋，有助于个体适应环境。但是过度的压力会带来负面反应，出现消极情绪，如忧虑、焦躁、愤怒、沮丧、悲观、失望、抑郁等。

压力下行为反应分为直接反应和间接反应。直接反应指直接面对引起紧张的刺激时，为了消除刺激源而做出的反应，如攻击行为。间接反应指借助某些物质暂时减轻与压力体验有关的苦恼，如不停地吸烟，借酒消愁等。一般而言，轻度的压力会促发或增强一些正向的行为反应，如寻求他人支持，学习处理压力的技巧。但压力过大、过久，会引发不良适应的行为反应，如说话结巴、动作刻板、饮食过度、攻击性行为及失眠等。

（三）压力与健康的关系

谁的人生都不可能总是一帆风顺，每个人在生活中都不可避免地会遇到压力。压力是把双刃剑。适度的压力是身心健康的必需条件，是人们生活动力的源泉，能够促进个人的成长与发展。它有助于提高学习和工作效率，激发个人的潜能，使人感到精力充沛。过度的压力则会影响个人的身心健康。压力过于强烈、持久，超过个人的耐受力时，会破坏人的身心平衡，影响学习和工作，损害身心健康。

因此，每个人都需要学会正确看待压力，合理利用压力。将压力视为一种挑战并且很好地管理它，让它成为生活的动力，最终推动个人的成长。

二、挫折

（一）挫折的含义

“挫折”一词最早用来形容战争失利，现在通常与困难、失败、受阻、失意等联系在一起。心理学意义上的挫折，是指个体在某种动机的推动下，在实现目标的活动过程中，遇到了无法克服或自以为无法克服的障碍和干扰，在动机不能获得满足或目标不能实现时产生的紧张、消极的情绪反应和情绪体验。例如，一位酷爱跳街舞的学生，平时积极训练，准备在学校街舞大赛上一展身手，夺取优异成绩，而在比赛前夕，一次交通事故迫使他错过街舞大赛，甚至以后都不能跳街舞，这种打击使他痛苦、失望、内心久久不能平复。

挫折通常包含三个层次的含义：一是挫折情境，指阻碍和干扰个体实现目标、满足需要活动的特定环境，亦可称为挫折源，如考试不及格、失恋、失业等。二是挫折认知，指对挫折情境的认知与评价，这种认知与评价的过程存在着很大的个体差异，不同认知会产生不同的体验与感受。如同样是失恋，在不同的大学生身上产生的影响是不一样的。三是挫折反应，指需要受阻后个体出现的诸如不安、焦虑、逃避等方面的情绪与行为反应。其中，挫折认知是核心因素，挫折反应的性质和程度主要取决于挫折认知。

一般来说，需要越迫切动机越强烈，受挫后挫折感越强；挫折情景越严重，挫折反应就越强烈；反之，挫折反应就轻微。同时，只有个体感知到挫折情境时，才会在心理上产生挫折反应。如果出现了挫折情境，而个体没有意识到，或者虽意识到了，但加以重视，那么，也不会产生挫折反应，或者只是产生轻微的挫折反应。因此，挫折反应的性质、程度主要取决于个体对挫折情境的认知。不同个体由于需要和动机强度、自我期望值、抱负水平、挫折的归因及挫折承受力等的不尽相同，面对同样的挫折情境，便会产生不同的反应。例如，同样是挂科，有的学生痛苦不堪，有的学生懊悔不已，有的学生则不以为意，这就是由他们对挂科这一挫折情境的认知不同所造成的。

（二）挫折的反应

1. 生理反应

个体遭受挫折以后，机体内部的自我调节机制将会最大限度地调动机体的潜在能量，以有效地应付外界环境的变化。比如，受挫后交感神经系统的兴奋性会增强，消耗大量的能量，于是神经末梢释放生物信息，刺激心肌收缩力增强，以促进血液循环加快，血压升高；刺激呼吸加快，保证氧气供应；刺激各种激素分泌增加，促进蛋白质、脂肪、糖原分解。

体内潜能大量消耗的同时，机体内部那些与情绪反应无直接联系的器官或系统得不到必要的能量而不能维持正常功能，如消化道蠕动减慢、胃肠液分泌减少等。如果长期处于挫折情境而不得到消解，上述生理变化将会进一步增强，从而引起身心病变，出现面色苍白、四肢发冷、心悸、气急、腹胀、尿少等一系列症状。

2. 心理反应

挫折情境中的心理反应包括情绪反应，以及较为复杂的防御性心理反应。

（1）愤怒和敌意

如果受挫者意识到挫折情境来自人为而不是自然因素，会产生愤怒和敌意的情绪体验。所谓“怒从心头起，恶向胆边生”，愤怒之后可能还会有进一步的极端行为反应。

（2）焦虑与担忧

焦虑是挫折后常见的一种心理反应。适度焦虑，如考试前适度紧张，对提高活动效率、发挥潜能有一定的积极作用。而过度的焦虑是有害的，严重的会导致心理疾病，发展成焦虑症。焦虑之外，往往还有对于事情进展能否顺利、目标能否达到的担忧。

（3）冷漠

当个体遇到挫折以后，表现出无动于衷、漠不关心的态度，好像没有什么情绪反应，这就是受挫后的冷漠反应。冷漠并不是没有情绪反应，相反，是一种压抑极深的痛苦情绪反应。当个人面对亲人、朋友带给自己的伤害，或者面对无法摆脱的挫折情境时，通常会表现出冷漠的反应。

（4）压抑

当个体无法对挫折情境表达愤怒与不满的时候，需要暂时将消极情绪压抑起来。压抑并不意味着问题的解决，按照精神分析理论，被压抑的情绪进入潜意识，会通过其他途径变相表露出来。

（5）升华

以积极的心态看待挫折，将挫折转化为一种激励的力量。所谓“屡战屡败，屡败屡战”“越挫越勇”就是这种在挫折面前自我激励的情绪状态。

（6）向下比较

有时候遇到挫折，就有必要和那些命运比自己更差的人去比较，以消除心里的愤怒不平的消极情绪，让自己心理获得一种平衡感。

3. 行为反应

人在挫折情境下除了有情绪反应之外，可能还伴随着某种行为反应。

（1）报复与攻击

对于人为造成的挫折，比如他人的恶意阻挠，会激起当事人强烈的反应，可能做出报复和攻击行为。

（2）退行

所谓退行，是指遇到挫折时，心理活动和反应退回到个体早期发展水平，以幼稚的、不成熟的方式应对当前情境。比如，大学生的活动计划受到家长或者老师的反对，可能就会采取非成熟的方式去应对。

（3）习得性无助

所谓习得性无助，是指个人在面对挫折情境，经多次尝试也无法避免失败的经验，使个体在挫折面前失去任何意志努力的现象。这是心理学家进行动物实验时发现的。在现实生活中，由于人们遭受多次挫折和打击，却不能克服苦难、战胜挫折，久而久之就会沮丧，从而倾向于放弃努力选择顺其自然。

（4）补偿

所谓补偿，是指一个因某方面的缺陷而无法达到期望的目标时，以其他方面的成功来弥补先前的遗憾与自卑的现象。例如，大学生因为家庭经济条件或者自身的相貌条件在恋爱问题上受挫，那么他就可以发奋学习，以学习的成功增加自己的自信心。

（5）幽默

遇到挫折，以看似轻松发笑的语言对挫折的原因或者遭受挫折以后的后果进行解说，使人的心理紧张或愤怒感暂时消失的艺术，就是幽默。幽默反映出个体看待挫折成败的一种超然心态和智慧。幽默搞笑日渐成为大学生释放学习挫折和压力的一种手段，这反映中国大学生对当前教育环境的无奈。

（6）转移

个体将情绪反应转移给无辜或危险较小的人或物，以发泄内心的不满，调节心理平衡的方式被称为转移。如很多人在单位挨批后回到家中向家人发脾气。

（7）宣泄

宣泄是指采用道德法律许可的方式发泄心中的不满、愤怒等极端情绪，从而避免发生直接人际冲突和心理郁积的一种方式。常见的宣泄方式有在空旷空间大吼大叫，摔打物品，打出气袋，跳舞，唱歌等。大学生遇到挫折很容易产生强烈的情绪反应，宣泄是一种很好的挫折应对方式。

（8）幻想

幻想是通过暂时离开现实，沉浸在自己的想象中来获得满足。比如对奖学金的渴望无法满足，就幻想自己学习如何努力，拿到了奖学金同学是如何羡慕，然后如何利用、分配奖学金等。

（9）逃避

遇到挫折或感到可能面临挫折时，不能直面现实，正视挫折，而是以逃避的方式加以反应。如谈恋爱失败后就不敢再谈恋爱，干部竞选失败后就不参加集体活动等。逃避虽然可以使人们降低因挫折产生的紧张感，或者避免再次受到挫折的伤害，但当事人的现实问题并没有解决，而有些问题又是不能回避的，所以，逃避常常使人害怕困难，不求进取，长期下去将大大降低人们的适应能力和自信心，甚至可能导致适应不良。人们逃避挫折的方式各种各样，幻想也可以看作一种典型的特殊的逃避方式。

挫折的反应方式还有很多，比如文饰、投射、否认等。遇到挫折时，人们产生各种挫折反应都是正常的，但要学会适应和驾驭这些反应，利用其积极的一面，减少或削弱消极的一面，促使自己健康发展，争取早日成才。

三、压力和挫折的产生

（一）主观因素

压力和挫折产生的主观因素一般包括由于个体生理条件的限制、心理素质与动机冲突的阻碍和限制。

生理方面包括与生俱来的身材、容貌、健康、疾病以及生理缺陷等。生理条件往往不可改变，所以带给人的压力和挫折感也非常深刻。有的大学生因为脸上有疤痕、手部或腿部有生理缺陷或身患疾病等，往往会失去与其他同学平等竞争的机会，由此带来巨大的压力和挫折感。

心理方面包括性格特点、意志力、抱负水平和认知水平等。一般来说，大学生普遍存在自尊心强、争强好胜、追求完美而又不成熟的特点，抱负和期望越高，也就越容易产生压力和挫折感。一位大学生刚入学就对自己提出了很高的要求，要拿特等奖学金，要当三好学生。然而，因为大学生与中学生在学习方法和评定标准上的差异，不是只要苦学就可以达到目标，所以他主观盲目地给自己制定了过高的目标，其结果可想而知。大学生对自己缺乏客观的认识，容易形成过高或过低的不准确定位。一旦现实中遇到挫折，他们就容易失望和自责甚至自卑。而对心理矛盾缺乏客观的分析和理解，也导致他们情绪失衡。认知的偏颇就加剧了他们的心理压力。如果具备较高的认知水平，就能理智地评估动机、目标与结果之间的关系，辩证地看待困难和障碍，从而寻找到解决问题的方法，或者选择放弃，也会大大减少压力和挫折感。

动机冲突也是引起大学生挫折的重要主观原因。现实生活中，常常会在同一时间产生两个或两个以上的动机。如果这些并存的动机不能同时获得满足，并且在性质上又出现彼此排斥的情况时，就会产生动机冲突的心理现象。丰富多彩的大学生活和社会转型带来的大好机遇，为大学生的全面发展提供了有利的条件和广阔的天地，与此同时，也给他们带来了选择的冲突，如在专业定向方面、社会交往方面、恋爱方面、择业方面的取舍问题。当若干个动机同时存在、难以取舍时，就会形成动机冲突。例如，在大学里，有的同学既不愿勤奋读书，又怕考试不及格，于是出现“二者必居其一”的心理冲突。还有的大学生在先升学还是先就业的选择上，往往举棋不定，难以取舍，有可能陷入动机心理冲突。动机冲突常使大学生感到左右为难，内心极易产生激烈的冲突和焦虑不安的情绪。有些大学生为此寝食不安、心情烦躁、学习效率下降。随着社会的发展，大学生选择的自由度越来越大，而由此带来的动机冲突也必然会增加。

（二）客观因素

引起大学生压力和挫折的客观因素主要包括自然环境因素、社会环境因素、学校环境因素和家庭环境因素等四个方面。

1. 自然环境因素

自然因素是指非人力所能及的一切客观因素。作为每一个在特定自然环境中生存与发展的人，必然会受到特定环境空间的制约和影响而引起种种挫折。例如自然灾害、台风、地震、酷热、洪水、疾病、事故等。如正当踌躇满志的大学生收到一个理想的工作单位的面试通知，设想着美好的前程之时，一场突如其来的大病却使他不能参加面试，从而失去应聘的良机而产生的失落感。

2. 社会环境因素

我国正处在社会转型期，既有的生活方式、价值观念、评价体系、行为模式等方面正发生着根本性的变化。这种深刻的社会变革在客观上给当代大学生的心理带来了深刻的影响。首先，市场经济呼唤人的主体意识，鼓励积极竞争和个人的发展，社会对锐意进取、开拓创新的倡导鼓励，与大学生所受的以知识为本位的应试教育的冲突，也会让大学生产生挫折感。其次，当代大学生身处东西方价值观并存且互相冲突的复杂环境中，各种外来思潮的涌入，使大学生难以依据自己已有的认知经验，合理而又准确地选择和认同一种社会价值观念系统，从而陷入无以参照、无以归附的境地。加上社会转型期对大学生的评价、需求也发生了变化，日渐突出的社会竞争，严峻的就业形势，以及过大的生存压力都非常容易使大学生产生心理压力和挫折感。

3. 学校环境因素

学校环境对大学生的心理压力和挫折产生的是直接影响。教育体制的改革（如奖学金和贷学金制度、学分绩点制、自主择业就业政策等）、学校管理和教学方式的不合理、教学内容与教学方法的滞后、校园环境设施落后、校园文化品位不高，以及学生所学专业不理想、人际关系不和谐等，都会给大学生带来心理压力和挫折。

4. 家庭环境因素

家庭的自然结构、人际关系、教育方式、经济状况以及家长的素质等对大学生的心理压力和挫折都有直接或间接的影响。有关研究表明，大学生的不少心理问题是与家庭生活的不良背景、早期不良家庭生活经历联系在一起的。自小娇生惯养和被溺爱的孩子进入大学后，更容易产生心理压力和挫折。家庭贫穷、双亲不和或单亲家庭的孩子，由于父母对他们过分管制或放任不管，他们上大学后，有些人表现得蛮横无理或做出一些违背社会规范的反常举动；有些人表现出内向、孤僻的性格，很少与人交往，不易表露感情，郁郁寡欢，也容易产生心理压力和挫折。

四、大学生压力管理

（一）大学生常见的压力源

1. 环境适应压力

对大学生而言，大学是一个全新的环境，学生在大学中所要经历的也是一种全新的生活。随着大学生自我意识的不断觉醒，他们所处的社会环境、校园文化环境、生活与学习环境、人际关系的变化和冲突等，必然面临着生活、学习、人际交往等方面的适应问题。但入学后不少的大学生心理呈现“依赖性、理想化、盲目自信、自我封闭”等心理特征。面对生活环境、学习条件、人际关系等变化，很容易产生不同程度的适应困难，出现多种适应性心理问题。如拥挤的宿舍及食堂，单调的“三点一线”生活，要自己料理生活等，这些都易使大学生感到茫然无措，产生失落感、自卑感和焦虑情绪等反应，心理压力陡然增加。大学生环境适应压力主要表现在以下两个方面。

（1）学习环境适应压力

学习问题是大学生抱怨最多的问题之一。一方面相当一部分大学生对大学的学习方式不适应，离开了紧张的高中生活，却失去了上进的明确目标，不能进行有效的自我管理，不会安排和有效利用大学里过多的自由时间，缺乏独立的学习能力和习惯。这些适应不良，很容易给大学生带来心理压力。另一方面，学习持久紧张的竞争压力感的存在。大学生为了适应市场经济对复合型人才的需要，他们普遍重视专业课程的学习，有实用价值的热门课程，考取各种技能证书，如计算机、外语、法律、财经，等等。他们以“学海无涯苦作舟”为座右铭，废寝忘食，超负荷运转，长期处于紧张的临考状态，由于持久紧张，很多大学生用脑过度，导致学习疲劳，以至于学习效率降低，学习成绩下降，形成极大的心理压力，使得大学生学习兴趣下降，学习动力缺乏，在学习上形成恶性循环，产生挫折心理。

（2）生活环境适应压力

生活适应问题在刚入大学的新生中较为常见。在校大学生处于年龄在 18 ～ 22 岁，他们在生理上多已发育成熟，但其心理发展远没有成熟，带有一定的依赖性和冲动性。来到大学后，在自我认知、同学交往、自然环境等方面都面临着调整适应。由于目前大学生的自理能力、适应能力和调整能力普遍较弱，所以，在大学生中广泛存在生活适应问题，如宿舍中生活习惯的改变和互相适应问题，包括口音、就寝时间、睡眠习惯等，有的人有可能必须把录音机开得很响，才能睡得着；有的人有一点动静，就不能睡觉。这些致使有的学生因为生活中遇到的一点困难或不如意的事情，便出现茫然、孤独、苦闷、无所适从等不良心理反应。

2. 人际交往压力

当前大学生基本都是“00”后，绝大多数为独生子女，在家庭中缺乏与兄弟姐妹的相处，从小受到父母百般呵护，因此，性格多任性自私，甚至为所欲为。有些大学生只与自己喜欢的少数人交往，或是要求别人顺应自己的标准，常以自我为中心的思维方式来处理新环境中的人际关系，很难接纳和包容别人的缺点和不足，在认识和评价别人的过程中带有主观性、极端倾向。在与他人交往时，一旦不符合自己的理想，便会感到失望。问卷调查表明，交际困难已经占据当代大学生心理问题的首位，由此带来的心理压力也成为大学生最主要的压力源之一。

3. 经济压力

有机会就读高等学府自然是值得庆贺之事。但是，入学需要的高额学费和生活费，对很多家庭来说是一个很大的负担。特别是来自经济欠发达的山区、农村的大学生，他们一方面为自己的努力感到庆幸，希望通过大学知识的习得来改变自己的命运；但另一方面他们又不得不为高昂的学费而发愁。即使那些有幸筹到学费的同学还得承受同学间的经济差距的压力。他们害怕经济优越的同学瞧不起自己，日常生活中的一个小小的玩笑或手势都会刺伤到他们的自尊，由此甚至影响到他们正常的人际交往。有的特困大学生对其家人怀有深深的愧疚感，有的父母为了供养子女念大学甚至积劳成疾，有的是靠兄弟姐妹的外出打工继续学业的。这也使得他们背上了沉重的心理负担。“自己没有用，还要靠家人供养，心里难受”“想到自己年迈的父母为自己缩衣减食，就难过”的想法都表明了他们对自己的家庭和亲人有很深的愧疚感。

4. 就业压力

大学生都期待毕业后能找到一份适合自己的工作，可是面对如此严峻的社会就业形势，许多大学生甚至面临着一毕业就失业的窘境。要想立足于社会，就必须在毕业前取得优异的学业成绩，培养更强的综合素质，以便毕业后去争取有限的就业机会，这着实给莘莘学子带来不小的精神压力。另外，有的学生对所学习的专业缺乏认同感，认为再努力也难以得到社会的认可。有的学生在找工作的时候四处碰壁，对自己的前途感到迷茫，产生悲观、厌世情绪。有些学生面对不同的就业岗位不知该如何选择，很容易产生无所适从的无力感和焦急感，这些都是即将毕业的大学生普遍存在的就业心理压力。

5. 恋爱情感压力

处于青年期的大学生，对爱情有着美好的期待。但是大学生的恋爱观、择偶观往往并不成熟，不明白“爱”的真正意义和责任，经济尚不独立，考虑问题简单化、理想化，情绪表现出易冲动等，很多时候谈恋爱只是凭一时冲动或者仅仅是随波逐流。因此，大学生恋爱带来的压力，主要是不知道如何表达和拒绝“爱”，不知道如何处理自己与恋人的关系，不知道如何处理恋爱与学业等其他问题的关系。有些大学生把恋爱当成人生的全部，一旦发生情感危机，容易表现出绝望、厌世，否定自我的倾向。如不能及时排除对失恋的绝望心理，很可能会引发更加严重的问题。

（二）大学生压力管理

适度的压力有助于提高学习和生活效率，过度的压力则是会危害身心健康。当代大学生思维活跃，内心敏感，渴望独立、建功立业。这种较高的自我期待一方面能够促使大学生奋发向上，另一方面也使他们在不同程度上感受到心理压力。这些压力如果不能得到及时有效的缓解就会威胁到大学生的身心健康。因此，大学生学会对压力进行有效的管理就显得十分重要。具体来说，大学生压力管理的方法主要有以下几种。

1. 正确认识和看待压力

首先，大学生要认识到压力的普遍性，清醒地意识到现实生活中充满竞争，压力无处不在，对已经出现或者将要出现的压力有一定的思想准备。其次，大学生要能识别压力的生理反应特征和心理反应特征，认识到个体认知在压力应对中的重要作用。陈建明等人对大学生压力管理进行研究时发现，大部分大学生对于压力的认知很不全面，他们多把压力等同于压力事件，很少意识到个体主观心理状态以及个体对压力事件的生理反应，并且没有主动意识到个体主观认知在压力的产生中起到的中介作用。提高大学生对压力的全面和正确认知，使他们懂得如何识别压力，有意识地去管理压力，会在一定程度上增强他们对压力的掌控力，也是他们能够对压力进行有效管理的前提。

2. 增强自身抗压能力

首先，大学生应当培养良好的心理品质，能够正确认识自我，积极悦纳自我，乐于与人交往，乐观对待生活，端正自己处理压力的态度和方式。其次，要培养自己分析问题、解决问题的能力，切实提高自己的竞争能力。只有不断增加自己的知识储备，提高技能才能强化自己的信心，使自己立于生活的主动地位，解除自己被社会淘汰的危机。

3. 构建和谐人际关系

从社会心理学角度看，人际关系是指人与人之间在感情寄托、信息沟通和合作共事中的心理距离。心理学研究表明，一个人与他人一起处在挫折压力中时，可以降低消极情绪体验。大学生建立和谐的人际关系，能够被他所处的集体所容纳和认同，首先避免了由于人际关系紧张而导致的心理挫折，即使偶尔出现这种挫折，也能很快消除，同时从集体那里获得必要及时的支持和帮助。比如当你满腹冤屈的时候，到朋友那里，滔滔不绝地说出来，以期得到同情和安慰，也许朋友给你物质上的帮助是有限的，但给你精神上的帮助是无法估量的。交往能使人们在互动过程中相互了解、相互依赖，形成稳定的心理联系，满足人们的情感需要。同时，由交往形成的人际关系又可以满足人的归属、情谊、认可等社会性需要。与同学交往可以发现与自己不同的观点，从而更好地认识他人和自己，克服以自我为中心的不良倾向，并且同学之间的相互交流和指导，也能够帮助自己更好地克服困难、解决问题。因此，大学生在面对挫折时，除了积极改变自我之外，还应学会交往，与他人建立良好的人际关系，这对压力的缓解是很有帮助的。

4. 觉知和调整自己的生理状态

由于压力的存在，大学生会产生一系列的心理和生理反应。生理反应是压力最直接的指标。要想有效管理压力，首先要有压力意识，要能觉察到压力的信号。为了加强个体的压力应对能力，大学生需要建立一个对付压力，尤其是慢性压力的预警机制。

有意识地觉知自身的紧张、焦虑等情绪状态。处于应激状态时，自己感觉生理和情绪会有什么样的不适反应？记录自己的这些压力反应，锁定这些反应指标，以后每当产生这些不适反应时，便对自己发出警告。压力预警就像战争中的雷达一样，让人保持必要的警惕。

学会控制自己的不良生理指标。压力知觉性提高时，生理指标控制力需要相应提高，比如心跳、呼吸、血压等，这实际上就是生物反馈过程。

5. 减轻和消除心理负累

管理压力需要减轻或者消除由压力产生的异常反应，不让压力带来的不良情绪持续累积具体方法有很多。

（1）理性辨析和积极归因

首先将面临的核心问题写下来，接着围绕这个问题逐个回答：这个问题是如何产生的，这个问题真的与我有关吗，这个问题真的就是一种威胁吗，这个问题真的就不能解决吗。通过如此反复逐层深入的自我辨析，厘清问题症结所在，从而减轻对压力情景认识的模糊或者夸大威胁而产生的焦虑。

（2）放松训练

放松训练是通过一定的练习程序，学习有意识地控制和调节自己的身心活动，以降低机体唤醒水平，调整因紧张而紊乱的身心功能，从而使机体内环境保持平衡与稳定的过程。

（3）自我暗示

暗示对人的心理活动和行为具有显著的影响，语言可以引起或抑制人的心理和行为。自我暗示是通过语言的暗示作用，缓解压力和调整不良情绪。一般是用不出声的内部语言进行默念，但也可以采取自言自语等方式。比如大学生面临不愉快的事情发生时，不要老是去想它，可以默默告诫和提醒自己制怒，可以远离现场出去散步、看电影，找同学聊天等。忧思苦愁无济于事，不如抛开它，去做、去想一些能转换心情的事情。因此当身处压力之中时，适当运用积极的心理暗示来增强信心，就能从内心给自己新的动力与支持。

（4）自我安慰

感受到压力事件之后，如果不能自发消解的精神压力郁积于心，不仅于事无补，反而会使不良情绪不断蔓延，日益加重。可以学着采用精神自慰的方法去平衡自己的心态，不要总将不愉快的事放在心上。德国有句谚语，“欢笑着过日子是一生，哭丧着过日子也是一生”，那么为何不快乐地去生活呢？可以通过了解名人的人生经历，体会他们走向成功时所受的磨难与痛苦，然后与自己的挫折进行比较和对照，你会发现所遭受的挫折原来算不了什么，这时心理压力就会大大减轻。失败时也可以和那些不如自己境遇的人去比较进而让自己的挫败感减轻，这也是一种十分有益的精神自慰法。

（5）合理宣泄

感受到心理压力之后应当及时进行合理的宣泄。可以在适当的场合痛痛快快地大哭一场，宣泄心中的悲伤与失败的苦闷。痛哭使悲痛情绪畅快淋漓地宣泄出来，同时流出的眼泪把情绪紧张或悲伤时体内产生的某些有害化学物质带出体外。运动宣泄也是一种值得提倡的宣泄方式。大学生通过参加各种体育运动消除悲观、失望的消极情绪，激发面对困难的勇气，这样能够让自己更好地适应压力。

（6）自我疏导

自我疏导是大学生面临压力后，通过语言或文字方式主动与老师、同学、朋友进行倾诉，消除紧张、焦虑，恢复心理平衡的方式。在遭遇挫折，自己难以有效调节时，可以借助别人的疏导。例如，在面临压力带来的痛苦时，可以找信得过的同学、朋友、亲人等，把苦恼、愁闷倾诉一下。也许会发现自己的一些痛苦，同学或朋友他们也经历过，只不过是不了解而已，于是便感觉到不再孤单。如此，一方面不良情绪得以宣泄，压抑心境得到缓解和减轻，失去平衡的心理得到恢复；另一方面，听从他人的疏导、劝慰、点拨可能会茅塞顿开，减轻内心的痛苦。

（7）主动寻求咨询帮助

大学生在遇到压力事件时，不要把自己封闭起来，应尽快找自己的好友或家人进行沟通，寻求他们的支持和帮助。不要羞于开口，主动寻求帮助并不意味一个人的无能，相反恰恰是心理成熟的表现。当承受过大的心理压力而陷入极端恶劣的情绪中不能自拔，亲朋好友也无能为力时，应该主动放弃偏见，学会寻求心理咨询的帮助，在专业咨询人员指导下及时解除自己内心深处的痛苦，维护身心健康。

第二节　大学期间生涯规划及能力发展

一、职业生涯规划

正如在宽阔的海洋上，鱼儿可以自由地飞跃一样，我们可以在众多的职业中选择自己所喜爱的职业。可是，我们该如何审视自我、认识职业、做出选择？

（一）职业生涯规划的概念

职业生涯指一个人终生经历的所有职位的整个历程。专指个体职业发展的历程。对于个体而言，职业生涯规划，又叫职业生涯设计，是指在对一个人职业生涯的主客观条件进行测定、分析、总结的基础上，对自己的兴趣、爱好、能力、特点等进行综合分析与权衡，结合时代特点，根据自己的职业倾向，确定最佳的职业奋斗目标，并为实现这一目标做出行之有效的安排。简言之，职业生涯规划就是了解自我，确定职业目标，做好准备、努力实现职业目标。

（二）职业发展的阶段

美国学者舒伯认为，人的职业发展分为成长阶段（从出生到 14 岁）、探索阶段（15 到 24 岁）、建立阶段（25 到 44 岁）、维持阶段（45 到 65 岁）和衰退阶段（65 岁以上）。另外，根据规划的时间长短来分，职业生涯规划可以分为短期规划、中期规划、长期规划和人生规划。

如果我们能对几个阶段的职业生涯都有一个明确的规划，当然是最好的了；但现实是，很多人都很难完成。如果你也是这样，那么至少你应该要对自己的短期规划比较明确。

（三）职业决策自我效能

职业决策自我效能（也称择业效能感），是指个体对实现与职业选择相关任务所需能力的自我知觉，是自我效能感在职业选择中的体现。

职业决策自我效能感并不是指个体的职业决策能力本身，而是个体对自身职业决策能力的主观判断。它影响人们在职业选择过程中的主动性，以及人们实现职业目标过程中的努力程度和坚持度。职业决策自我效能水平越高，人们的职业抱负水平也就越高，也越积极；相反，职业决策自我效能水平越低，人们就越容易放弃，在困难面前，容易产生焦虑、抑郁、无助等负面情绪。

二、个性心理特征与职业的联系

个性心理特征是一个人在社会活动中表现出来的比较典型、稳定的心理特点，主要包括性格、气质、能力和兴趣几个方面。其中，性格是个性心理特征的核心。不同的职业对个体的个性心理特征有不同的要求。

（一）性格与职业的联系

性格是指一个人对现实的稳定态度以及与这种态度相适应的、习惯化了的行为方式中表现出来的个性心理特征。它集中反映了一个人的心理面貌，对职业选择具有较大的影响。

美国心理学家霍兰德将人的性格分为现实型、研究型、艺术型、社会型、企业型和常规型六种类型。

在现实生活中，只具有上述某一种典型职业个性的人是极少数的，多数人的职业个性具有多重性，是几种典型个性的交叉混合。

（二）气质与职业的联系

气质是指一个人心理活动的速度、强度、稳定性和灵活性等方面的心理特征，是人的神经类型特征在行为上的表现。现代心理学普遍地把人的气质分为4种类型，即胆汁质、多血质、黏液质和抑郁质。

气质没有好坏之分，任何一种类型的气质都有其积极的一面和消极的一面，不同气质的人适合从事不同的职业。现实中，大多数人以某种气质为主，同时辅以其他某种或几种气质。

（三）能力和职业的联系

能力是指一个人顺利、有效地完成某种活动所必须具备的个性心理特征。它是人成功地完成某种活动的主观条件，是人在社会实践中所表现出来的身心力量。能力的高低会直接影响人们从事各种活动的成绩和效果。

能力可分为一般能力和特殊能力。一般能力是指顺利完成各种活动所必需的基本能力（如记忆力、思维力、想象力等），通常指智力；特殊能力是指顺利完成某些特殊活动所必备的专业能力，如语言表达能力、空间判断能力、动作协调能力、算术能力、手指灵活能力、事务处理能力、形态知觉能力等，这种能力与职业活动密切相关。

此外，能力还存在着性别差异。例如，女性在哲学界、经济学界、自然科学界所占比例较小，而在文学、新闻、医学、教育、艺术等领域所占比例较大，也就是说，女性更适合形象思维能力要求较高的工作。

（四）兴趣与职业的联系

兴趣是指一个人积极探究事物的心理倾向，带有稳定、主动、持久等特征。它能充分调动人的积极性和主动性，并对职业发展产生持续作用。如果选择的职业与自己的兴趣相吻合，人就会在工作中努力克服困难，充分发挥自己的优势，不断积极进取，进而在工作中做出成就；反之，人的才能发挥、工作效率和职业生涯都会受到不利影响。

需要注意的是，兴趣还会对职业选择产生负面作用。例如，有的大学生兴趣过于广泛，缺乏专一的目标，没有自己的特长，因而在择业时缺乏竞争力；有的大学生兴趣面太窄或者过于单一，不能满足社会对人才“一专多能”的需要；还有的大学生因种种客观因素，所学专业与个人兴趣不一致，进而产生择业困惑等。

因此，我们在规划职业或择业时，应当客观地分析自己的兴趣，同时树立正确的人生志向，根据社会需要适当地调整自己的兴趣，以便找到与自己兴趣相吻合的职业，使自己的才智得到最大限度的发挥。

三、大学生职业规划的行动与探索

职业规划的有无及好坏会直接影响到大学生在校学习和生活状态的好坏，及其将来求职、就业和职业生涯的成败。大学生应当充分认识职业规划的意义，尽早着手准备，积极探索自己的职业。

（一）及早准备

1. 认识自己

有效的职业规划必须建立在充分、正确地认知自我的基础之上。所以，大学生在进行职业规划之前，应当进行全面的自我评估（包括分析自己的性格、气质、能力、兴趣等），以便准确定位职业方向及目标。

由于个体对自己的认识往往带有主观色彩，因而，为了较为准确、客观地认知自我，个体在对自己进行评估时往往借助科学的测量手段并在专业辅导人员的指导下进行。目前，比较科学的自我评估方式主要是做测试，常用的方法有以下几种：①人格测试，包括明尼苏达多项人格测验（MMPI）、卡特尔 16 因素人格测验（16PF）、艾森克人格问卷（EPQ）等。②智力测试，包括韦克斯勒成人智力量表（WAIS）、瑞文推理测验（RPM）、威斯曼人员分类测验（PCT）等。③职业倾向测试，包括库德职业兴趣调查表（KOIS）、霍兰德职业倾向量表等。④能力倾向测试，包括一般能力倾向测试、特殊能力倾向测试、机械能力倾向测试，创造能力倾向测试和领导能力倾向测试等。

2. 明确规划要求

在进行职业规划之前，首先应明确规划的基本要求，主要包括以下几点。

（1）有明确的职业定位

规划职业时必须明确职业定位，否则，职业生涯将会因目标不明确或目标摇摆不定而始终在职业低层徘徊。例如，频繁跳槽且各工作之间缺乏紧密的联系，最终将导致个体什么都会一点但什么也不精，始终处于职业低层。

（2）有明确的职业素养目标

规划职业时必须明确职业素养目标，以便个体有意识地培养相关素养（如职业道德观、职业礼仪、职业规范等），为毕业之后顺利地转变角色和步入社会打好基础。

（3）有具体的实施策略

任何职业规划的实现都要有具体的行动措施来保证，没有行动，职业规划只能是一种梦想。因此，职业规划必须有阶段性的、周详的实施策略或行动方案，以便自己将规划内容逐步落实，沿着职业规划路线不断前进。

（4）有相应的评估反馈措施

评估反馈措施是评价职业规划内容是否科学、可行的具体方法，能够有效反映出规划各环节出现的问题，以便个体找出相应的对策并及时对规划进行调整或完善。

（二）分期落实

职业规划的内容必须分期落实到行动之中，否则它只是一纸空文。著名职业生涯规划大师舒伯根据其“生涯发展形态研究”结果，将生涯发展阶段划分为成长、探索、建立、保持和衰退 5 个阶段，大学生正处于其所划分的探索阶段。在这一阶段，大学生可以按学年设置阶段目标，并根据自身在每个阶段的成长特点，制订一些有针对性的实施方案，逐步落实自己的职业规划。

下面仅就本科生在校期间应当完成的任务进行分析探讨，以供参考。

1. 大学一年级：职业探索期

这一阶段，大学生的主要任务是树立规划意识，初步确定职业方向并培养相应的能力与素质。具体而言，应落实以下内容：（1）多与高年级的同学交流，了解专业学习的具体情况，增加对所学专业就业方向的认识，并有目的地了解学校的相关政策和规定。（2）将自己的兴趣和所学专业联系起来，努力学习和巩固专业基础知识。（3）积极参加各种集体活动，提高交流技巧。（4）初步了解和尝试现实社会中的各种职业，特别是自己未来所希望从事的职业或与自己所学专业对口的职业。（5）必要时，为可能的转系、获得双学位、留学计划等做好资料收集准备和课程准备。（6）确立自己的价值观、动机和抱负，为大学生活和将来的职业做一个粗略的打算，并树立明确的学习目标。

2. 大学二年级：职业定向期

这一阶段，大学生的主要任务是确定主攻方向，培养综合素质。具体而言，应落实以下内容：（1）根据自己的发展意愿及人才供求情况选定主攻方向，并学习相关的专业知识，有意识地建立起合理的知识结构，提高自身的基本素质。（2）通过参加学生会或社团等组织，锻炼自己的组织能力和团队协作能力，同时检验自己的知识技能。（3）开始尝试兼职，社会实践活动，尝试在课余时间从事与自己未来职业或所学专业有关的工作，不断积累职业经验，并提高自己的受挫能力。（4）掌握现代职业者所应具备的最基本技能，如英语口语能力、计算机应用能力等。（5）有选择地辅修其他专业的知识，以充实自己、开阔视野。

3. 大学三年级：职业提升期

这一阶段，大学生的主要任务是提升职业技能、积累职业经验。具体而言，应落实以下内容：（1）在加强专业知识学习的同时，努力考取各种与目标职业相关的职业资格证书。（2）进一步增强兼职、实习等有针对性的职业训练，不断积累有利的职业实践经验。（3）扩大校内外交际圈，加强与校友、职场人士的交往，提前参加校园招聘会，了解目标行业、职业和用人单位的各种信息，并有针对性地进行职业素养培训。（4）学习制作简历、写求职信，了解面试技巧、职场礼仪、职业规范、职业道德观等，有针对性地训练求职技能。（5）决定考研或出国留学的，应注意留意考试资讯和动向。（6）检验或反思自己确立的职业目标，比较现状与目标的差距，及时采取补救措施或调整目标，为下一年目标的顺利完成打下坚实基础。

4. **大学四年级：职业冲刺期**

这一阶段，大学生的主要任务是充分掌握资讯，实现就业。具体而言，应落实以下内容：（1）调节就业心理，保持良好心态。（2）强化求职技能，进行模拟面试训练，做好充分的求职准备。（3）广泛关注招聘信息，积极参加招聘活动。

四、大学生常见的就业心理问题

大学生就业心理问题在不同程度上阻碍着大学生的健康成长和顺利就业，其主要体现为自我认知心理问题、情绪心理问题和人际心理问题。

（一）自我认知心理问题

大学生面对就业所产生的自我认知心理问题主要体现在以下两个方面：（1）对自身的个性倾向、气质类型、能力学识、兴趣爱好、道德品质等缺乏综合性的客观评价，常过分地高估或低估自己。（2）不能正确地认识社会需求和用人单位对求职者的要求，无法将自己的愿望、能力、爱好等主观条件与就业政策、用人单位的要求等客观条件结合起来。例如，大学生普遍认为自己最缺乏的是外语能力、管理能力、计算机运用能力等，而实际上很多用人单位认为大学生更缺乏的是“实干精神”和“综合素质”等。

（二）情绪心理问题

大学生在就业过程中产生的情绪心理问题通常包括以下几种。

1. **焦虑心理**

焦虑心理是由心理冲突或挫折引起的一种紧张不安并带有恐惧体验的情绪状态。毕业前夕，一些大学生面对理想与现实，就业与待业、签约与违约等矛盾或问题时，表现出难以取舍、紧张烦躁、忧心忡忡、萎靡不振等状态，这使他们在就业过程中精神负担过重。

2. **自负心理**

自负心理是盲目自大、过高地估计个人能力的心理倾向，是缺乏客观自我分析和自我评价的表现。一些大学生对自己的评价过高，择业时好高骛远、脱离实际，以幻想代替现实，使择业目标和现实产生极大的反差，往往给用人单位留下“眼高手低，虚夸浮躁”的不良印象。

3. **自卑心理**

自卑是一种缺乏自尊心、自信心的表现。自卑心理通常表现为自惭形秽、缺乏信心和勇气。一些大学生，特别是自我意识发展不健全，性格内向或有生理缺陷的大学生，在就业过程中遭受挫折之后，很容易产生强烈的自卑心理，对就业悲观失望，进而阻碍自己聪明才智和创造力的发挥，严重时还会导致意志消沉、情感淡漠，甚至走向极端。

4. 怕苦心理

怕苦心理是一种贪图享受的心理倾向。一些大学生没有经过艰苦生活的磨炼，缺乏艰苦奋斗的精神，不愿下基层吃苦，而将“起点高、薪水高、职位高”作为求职择业的标准，使自己的择业面明显变窄，并大大降低成功就业的概率。

5. 恐惧逃避心理

恐惧逃避心理往往是由于缺乏准备、不能驾驭某种事物而产生的情绪体验。一些大学生由于专业知识掌握不牢，职业经验积累不够，或者求职的知识、能力和心理准备不充分，在求职过程中屡遭挫折之后，就容易产生恐惧逃避心理。

6. 急功近利心理

急功近利心理指一种急于求成，贪图眼前的成效和利益的心理状态，其通常表现为心浮气躁，不脚踏实地。一些大学生在就业过程中，总想一步登天地取得成就，且对职业的要求过于世俗化，过于看重经济利益或物质条件，而全然不考虑自己的专业特长、职业发展前景等。这种心理不利于大学生顺利就业和踏实工作，也不利于其职业生涯的健康发展。

（三）人际心理问题

大学生在就业过程中通常还会产生以下人际心理问题。

1. 从众心理

从众心理是指个体因缺乏主见或在群体压力下，而使自己的认知、判断、行为等方面与群体多数保持一致的心理状态。一些大学生在求职择业的过程中，深受从众心理的影响而忽视自身的个性心理特征和所学专业特点，盲目随从其他大多数人的选择，最终导致就业失败，或者即使成功就业，却选择了不适合自己的工作，最终陷入困境。

2. 攀比心理

攀比心理是指个体争强好胜、爱慕虚荣，在求职择业过程中不从自身的实际出发，而盲目地与他人攀比的不良心理状态。一些大学生在就业过程中不积极地对自己进行正确、客观的分析，不考虑自身与就职单位的契合度，而把注意力过多地集中在他人的就业情况上，并总想找一份超过别人的、十全十美的工作，无端地增大自己的心理压力，同时也错过了许多就业机会。

3. 过度依赖心理

过度依赖心理是个体在面临择业竞争时，期待家人、朋友、老师和学校给自己找门路的一种心理倾向，是一种思想缺乏独立性和自主性的表现。一些大学生在就业过程中不从自己的实际情况出发去主动选择、积极竞争，而是把希望寄托在他人身上，坐等他人帮自己落实就业单位。这类人与充满激烈竞争的社会现实格格不入，最终将被社会淘汰。

4. 过度求稳心理

过度求稳心理是指个体希望通过一次就业定终身，达到“一劳永逸”状态的心理倾向。一些大学生受“从一而终”传统观念的影响，希望通过一次择业就能够找到自己的理想职业，获得一个“铁饭碗”，因而对首次就业表现得谨小慎微，在就业过程中挑三拣四，最终陷入“高不成，低不就”的困境。“从一而终”是计划经济时代的就业思想，与现代社会的发展潮流不相容，且往往会导致大学生就业失败。

5. 患得患失心理

患得患失心理是指个体在择业时追求完美，面对现实而取舍难定、顾虑重重的心理倾向。现实生活中一些大学生希望所选择的职业在各方面都是完美无缺的，因而在择业时反复比较、犹豫不决，不能决定到底与哪个用人单位签约，以致失去就业良机。

五、解决大学生就业心理问题的方法

就业心理问题不利于大学生顺利就业，也不利于其未来的健康成长。因此，在就业过程中，大学生应当积极地采用以下方法来预防或解决自己的心理问题，培养健康的就业心理。

（一）正视客观现实

正视客观现实是解决就业心理问题的重要途径之一，具体应从以下两个方面进行。

1. 正视就业形势

面临就业，大学生首先应当正确地认识就业形势。随着社会主义市场经济体制的不断发展和就业体制的不断改革，社会为大学生求职择业提供了良好的环境和施展才华的广阔空间。但与此同时，我国不同行业、不同地区的发展水平和收入状况还存在着很大差异，对人才的需求也极不平衡，就业政策的变化进一步提高了对大学毕业生素质的要求，就业市场的不规范和用人单位自主权的扩大也为不正之风提供了可乘之机。这些现实要求大学生必须将个人愿望与社会需求结合起来，处理好理想与现实的关系，提高自身综合素质，抓住机遇，迎接挑战。

2. 正确认识自我

正确认识自我是成功实现自己愿望的前提。大学生在就业前必须通过各种实践活动或借助各种科学的测量手段对自己的个性特征、心理素质、知识结构、社会经验、拼搏精神、创新能力等进行一个客观的评价，以便正确地认识自我，避免或减少就业心理问题的产生。

（二）学习心理知识

为了促进自身心理健康和提高就业心理素质，大学生有必要学习和掌握青年心理和大学生心理的相关知识，了解青年心理特点，大学生心理问题及其成因以及心理问题的调适方法等，提前预防心理问题的出现和有效地解决自身存在的心理问题。

（三）加强自我调适

面对激烈的就业竞争，出现不同程度的心理波动是比较正常的。当心理波动程度较严重时，大学生可以主动采取以下心理调适方法对自身心理进行调适。

1. 自我激励法

自我激励法主要是指用生活中的哲理、榜样的事迹或思想观念来激励自己同各种不良情绪作斗争，让自己坚信未来是美好的，鼓励自己勇敢地面对下一次失败或挫折，告诫自己即使就业受挫也不要惊慌失措或冲动，急躁，而要冷静思考，寻找对策的一种调适方法。这种方法可以增强自信心，消除自卑感，保持良好的情绪和心态。

2. 注意力转移法

注意力转移法是指把注意力从消极情绪转移到积极情绪上的一种调适方法。当出现不良情绪时，大学生可以采取这种迂回的方法把自己的情感和精力转移到其他活动中去（如参加体育锻炼、利用假日旅游、参加有趣的活动等），使自己没有时间一直沉浸于不良情绪中，促使不良情绪自行化解，进而求得心理平衡。

3. 适度宣泄法

适度宣泄法是指采取合理的方式对不良情绪进行宣泄，使压抑的状态得以缓解的调适方法。当遭遇心理冲突，引发不良情绪时，大学生应注意及时地宣泄这些情绪，而不能一味地将其埋藏在心底。宣泄的较好方式是向自己的挚友、师长倾诉忧愁或苦闷，甚至可以大哭一场，以使不良情绪得以疏导。在倾诉烦恼的同时，也可以获得更多的情感支持和理解，获得认识和解决问题的新思路，增强自己克服困难的信心。

（四）努力完善自我

解决就业心理问题的另一个重要途径是努力完善自我，提高自己的就业竞争力。具体而言，大学生可以从以下两个方面来完善自己：①掌握扎实的基础理论知识，完善自身的知识结构，拓展知识的深度和广度；②积极参加各种社会实践活动，有意识地培养自己的人际交往能力、表达能力、创新能力、实际动手操作能力和适应能力等。

与此同时，社会、学校和家庭也应为大学生就业提供热忱的关注和积极的引导，帮助他们排除心理困扰，缓解不必要的心理压力，促使他们尽快实现角色转换，顺利走上工作岗位。

第六章 大学生心理咨询与心理治疗

第一节 心理咨询的过程

心理咨询过程具体是指心理咨询员与来访者接触，且对来访者实施辅导与咨询，解决来访者心理问题的过程。它涉及对来访者的心理诊断过程，运用教育心理学、心理辅导与咨询的理论，设计良好的心理环境和心理矫正措施对来访者实施心理干预，以期使来访者的认知、情感和行为发生变化的过程。作为学生心理保健医生的教师或家长应该依据心理学的理论与方法进行辅导与咨询，以此来保证咨询的科学性与完整性。

一、心理咨询

在大学开展心理咨询是促进学生健康发展的一项重要措施。大学生在学习、生活、情感和人际交往中会遇到许多小问题，个别人还患有心理障碍，帮助大学生解决这些问题是作为心理咨询员的教师应尽的职责。要达到这种目的，教师必须具备心理咨询的技能，必须在心理咨询中坚持正确的指导原则，只有这样，教师才能充当起学生心理的保健医生。因成长阶段的不同，对大学生的心理咨询尤为重要，因此重点讨论一下大学生的心理咨询。

（一）大学开展心理咨询的意义

大学生的学习活动、生活内容和范围均发生了明显的变化，这些变化与身心的变化，一起把大学生推向人生的十字路口。他们面临着许多选择和适应的问题，这些成长带来的问题集中体现在大学生的一般心理特点上，表明了他们处于人生发展的关键期，在这种客观条件下，心理问题比较多，加之进入新环境心理上的闭锁性，决定了他们不会轻易与人敞开心扉，倾吐郁闷。这些极易使他们出现心理问题，若不能得到及时解决，会产生心理困难，导致心理障碍。学校开展心理咨询，对大学生的心理问题予以咨询，帮助其解除心理上的困难，促使其心理健康地发展。大学开展心理咨询的意义主要表现在以下几个方面。

1. 改善大学生的成长环境

影响学生成长的环境因素主要有家庭、学校与社会。大学生的健康成长也离不开这三者的协调一致。协调一致的结果是为大学生营造了良好的成长环境，为发挥教育的合力作用创造了条件。开展心理辅导与咨询，争取社会上的有关机构的支持，对学生心理的健康发展是有利的。

学校向学生宣传心理卫生知识，有助于学生对社会的影响有正确判断与取舍，学生心理的免疫力得到增强。

开展心理辅导与咨询活动，可为教师提供新视野，有利于教师纠正自身违反心理卫生原则的错误认识与做法，改进管理方法，提高教育效果。

此外，改善同学间的关系与心理气氛，为学生的健康成长提供有利的人际交往条件。向家长宣传介绍心理健康知识，有利于融洽与子女的关系、协调家庭气氛，提高家长的文化心理素质。

2. 促进学生形成健康的心理

向学生普及心理健康知识，使他们有心理自我保健的意识，学会正确的自我评价、掌握自我调节的方法，就会使他们处事不烦、遇险不惊。在人际交往中能从个体需要和身心特征出发与人进行信息交流和情感沟通；同时又能从团体气氛中、社会文化传统方面谋求改善环境。这样可以为减少人际交往障碍奠定基础。

3. 预防出现严重心理偏差

当一个人能生活得充实，有良好的人际关系，掌握自我保健的技术，则能够有效地预防心理出现偏差。若感到自身有无法解决的心理矛盾时，有人能及时给予帮助，那么出现心理偏差的可能性就很小。即使少数学生出现心理偏差，通过有效的心理辅导与咨询活动，这种心理偏差就可以得到纠正，这样也就不会出现严重的心理偏差。

此外，学习和掌握自我调适的技术，提高心理耐受力，塑造良好的心理素质也很重要。

（二）心理咨询员的素质和条件

学校心理辅导与咨询是一项技术性较强的工作，也是一项复杂、艰巨的活动。对咨询人员的职业道德、知识结构、心理品质有着较高的要求。在国外，许多国家为了保证咨询人员的质量，都采取了相应的措施，如制定法律或法规，发放证书等。

当然，我国的心理辅导与咨询刚起步，目前要求全部由专职人员从事学校心理辅导与咨询是不切实际的，只能由广大辅导员来充当，但这并不意味着可以降低对于心理辅导和咨询人员的素质要求。结合国内外的材料，从事心理辅导和咨询的人员应该具备以下条件。

1. 高尚的职业道德

高尚的职业道德是做好本职工作必备的条件。针对心理咨询人员来讲，首先，要求咨询员要热爱心理咨询事业，必须对咨询与咨询工作有高度责任感和事业心，必须了解咨询工作的重大意义，认真、慎重地处置来访者所提出的每个问题。咨询员要对来访者满腔热情，用真诚和爱心与来访者建立良好的咨询关系。其次，心理咨询过程必须尊重来访者的人格，满足他们的合理要求，还必须保护他们的利益，替他们保守秘密。以平等的态度对待他们，切不可以“说教者”自居。

2. 丰富的专业知识

要对学生进行心理辅导与咨询应具备哲学、教育学、社会心理学、学生心理学、教育心理学等方面的知识，还需要掌握心理辅导与心理咨询的理论。研究指出，大学生心理咨询人员必须具备下列专业知识：大学生心理学、学习心理学、教育心理学、群体心理学、教育学、心理辅导与咨询的理论与方法等。

3. 较强的能力与技能

作为咨询员必须具有的基本能力，如观察能力、人际交往能力、言语表达能力、解决问题的能力，此外，从咨询的角度来看，咨询员必须掌握与人交往的技能、指导的技能和矫正的技能。

4. 完善的个性

从事心理辅导与咨询时，咨询员必须有耐心、细致、不厌其烦的心理品质。要有自知之明，尤其在知道自己不能解决学生的心理问题时，能够及时建议其去找更为合适的专家。还需要有与人合作的精神，对学生进行心理咨询，需要学校与社会的有关人员参加，能与他们合作将会有助于咨询效果的提高。

总之，心理辅导与咨询人员必须事业心强，心理素质好，专业过硬，必须经过专门的培训后，才能从事学校的心理辅导与咨询工作。

（三）心理咨询的原则

学校心理辅导与咨询的原则是对心理咨询工作的基本要求，它是学校心理辅导与咨询工作的规律概括和经验总结，是保证心理辅导与咨询成功的前提和条件，对学校心理咨询工作具有一定的指导意义。结合学生实际和有关专家的意见，我们认为在咨询过程中一般要遵循以下几项原则。

1. 坚持正面指导，促进发展的原则

帮助学生度过心理危机，促进他们更好地发展是心理咨询所需遵循的第一要旨。学生心理还不够成熟，他们的心理处在急剧动荡的状态，处在急速发展的过程中。咨询员既要理解学生，又要指出存在的问题，使学生感到你能帮助他度过发展过程中的危机。针对学生存在的错误，咨询员不要随便附和，而应当实事求是地对问题进行分析，明辨是非，帮助他们改变看问题的角度，调整看问题的方法，建设新的思维模式。当然，这种工作绝不是板起面孔训人，更不是随便扣帽子，而是循循善诱，解开他们的思想疙瘩，找出问题的症结所在。对于一时难以改变的观念、坏的习惯，也不必操之过急，可以逐步地加以开导和训练。

2. 重点与整体相结合的原则

每个学生存在的问题是不一样的，咨询员在指导、帮助他们时应有所侧重，区别对待。但是，还必须考虑其他心理因素的影响，因此在帮助学生解决学习问题时既要分析问题的根源，展开有针对性的帮助，又要把智力因素与非智力因素结合起来考虑，进行全面的指导。例如，患有社会交往恐惧症的人往往伴有自卑的性格，所以除了解决社交恐惧的症状之外，还要帮助他们克服自卑的心理。

3. 从具体到一般的原则

大学生遇到的问题往往不具体，有时是很小的问题。在指导时切忌就事论事，而要从帮助他们解决问题入手，逐渐使他们学会把握问题的重点，进而培养他们解决问题和自我调节的能力。例如，在学习上，学生提问的内容会是为做不出高数题而苦恼，如果只帮助他们解题，那就无法达到心理咨询的目的。正确的做法是：在指导过程中要透过学生在解题中存在的困难，来窥视他们在学习上存在问题的根源，以便从学习方法与学习策略的高度来进行指导，以此达到提高学生学习能力的目的。

4. 保密原则

保密原则指保密被咨询者与咨询员所谈的内容，不得对外公开被咨询者的姓名。学生来咨询的问题，有些涉及个人的隐私和生理上的缺陷，不让外人知道将有助于学生自尊的维持和尊严的保护，也有助于他今后在班级、学校乃至社会中的名誉和前途。如学生的性障碍、性偏差等，这些内心的隐秘一旦被泄露，就很可能激化矛盾、引起事端，甚至有可能造成来访者的绝望和轻生。对此，心理咨询员不可掉以轻心。因此，保密原则是心理辅导或咨询的职业道德。做好保密工作是教师应尽的职责。同时，做好保密工作将会增加当事人对咨询员的信任。

（四）心理咨询的内容

1. 人际交往咨询

良好的人际关系能消除人的孤独感，缓解心理压力；培养自尊心与自信心，提高社会价值感，增加社会适应力。

学生应学会处理好与家长、教师的关系；学会在尊重家长、教师的前提下与师长进行平等交换意见的能力，切不可以简单粗暴的反抗来争取“独立”。

学生还面临着如何与同伴相处的任务。大部分学生有获得友谊的愿望，希望扩大交往圈子、广交朋友，在交往中相互学习、相互帮助。因此他们在意自己是否被人喜欢，是否被朋友接纳。为此，学生要注意增加与人交往，扩大活动的范围，寻找可以倾心交谈的伙伴，但须慎重选择朋友。

2. 耐受挫折的咨询

学生的理想与现实之间往往会产生一定的矛盾。学会正视这些矛盾，妥善处理这些矛盾，是促进心理健康的保障。为此学生应做到以下四个方面。

第一，养成豁达、乐观的性格。面对困难与矛盾不唉声叹气，而是勇敢地面对它们，找出解决问题的办法，并相信车到山前必有路。这样的人在困难、矛盾面前就不会惊慌失措。

第二，正确认识自己与社会，设置合理的目标。矛盾与失败的产生常常是自己对社会不能正确地认识造成的，为了减少矛盾避免失败，必须通过实践和反省来增强自我认识。通过与社会的接触，阅读有关资料来认识社会，在此基础上设置合理的目标期待。这样就可减少欲求不达产生的挫折感。

第三，要提高自身能力，培养自己坚强的意志。在同样的困难面前，能力强且意志坚强的学生能较好地克服。反之则容易导致失败。为此，要丰富自己的知识与方法。例如，面对学习压力，如果掌握了正确的学习方法，那学习的效果就会好，压力自然就不会觉得那么大。另外，从实践中获得解决问题的能力，在克服困难中锻炼自己的意志力，这是克服理想与现实之间的矛盾的最根本而有效的方法。

第四，学会自我调节，减少失败对自己心理的冲击。人的一生总要经历一定的失败与挫折。学会正确地对待失败与挫折是保持心理健康的重要内容。

综上所述，大学生制定合理目标、提高能力、增加意志力、学会自我调节，是提高挫折耐受力的重要措施。有意识地利用上述措施，去面对失败和挫折，就能使学生避免过多地体验失败与挫折所带来的痛苦情绪，而不至于使自己消沉、沮丧。此外，学会转移，积极地利用自我暗示等方法也是积极应对挫折、保持心理健康的重要手段。

3. 自我心理调适的咨询

有助于形成积极的自我形象，特别是树立自信心，充分看到自我的长处与力量，这是心理健康的重要源泉。当感到对自我、对生活不满意时，能调整不现实的生活目标，脚踏实地地提高自身的能力，改变自身的弱点。同时，学会并掌握积极的自我暗示技术，修正消极的自我评价的技术，是促进心理健康的重要保证。

4. 学习活动的咨询

学生的主要活动是学习，学习成绩的提高离不开学习动机的激发、学习方法的咨询以及自学能力的培养。

（1）学习动机的激发

学习动机是学习过程的核心，适合大学生激发学习动机的方法有：创设问题情境法，期待效应；归因的激励作用；奖励与惩戒的激励作用；目的的激励作用。学习动机的激发，就会驱动大学生克服困难，努力学习，养成学习的自觉性和主动性。

（2）学习方法的咨询

大学生的学习方法偏重自学，学习方法是保障学习效率提高的重要条件，一些学生因学习方法不正确而事倍功半，结果对学习产生厌倦感。学习方法的咨询包括课堂学习指导，维持注意力的方法，完备学习用具等。

（3）自学能力的培养

能力的培养、智力的开发是衡量教育的重要依据，同时也是学生学习的最终目的。大学生学习能力的提高主要在于学习策略的掌握。大学生学习策略的提高依赖于认知的发展和自学能力的培养。

5. 青春期生活咨询

性的成熟和性道德法制观念薄弱的矛盾；思想不成熟、是非判断能力差与自我控制力差的矛盾，造成大学生特有的“青春期心理问题”。这些问题已影响学生的身心发展，有可能从个人问题演变成家庭问题、社会问题，因此已受到社会的广泛重视，对此加强了教育力度。但对于个体来讲，咨询是一种更为行之有效的方法。

（五）心理咨询的途径

1. 向教育行政决策人员宣传心理卫生的意义

近几年，心理咨询的工作在高校逐渐得到重视，高校也相继开展了一些富有成效的工作，在促进大学生的心理健康上取得较大的发展。但是，心理咨询工作还未提到议事日程上。这是由多种原因造成的。

一是升学指挥棒的影响，许多学校、教育行政部门乃至家长都把升学当成学生的重要目标，忽略了对学生心理健康的关心。

二是学生心理问题相对比较潜在，学生身体的发育、心理的闭锁性，使他们的心理问题没有那么严重、明显。许多学生自己并未意识到自身有心理问题。这些原因影响了人们对学生心理健康的关注。

三是心理卫生的知识普及不够。许多教育行政部门的决策者和学校领导，对什么是心理健康，为什么要在学校开展心理咨询工作知之甚少。因此，向教育行政部门的领导、学校的领导，普及心理健康的知识，增强学生心理保健的意识，把心理咨询工作列入议事日程，这是搞好学生心理咨询工作的前提，也是避免问题在大学阶段更加严重化的根本。

2. 调动广大教师参与心理咨询工作的积极性

在学校的教育体系中，教师与学生接触是最直接、最频繁的。虽然广大教师无法像心理学工作者那样自觉而有效地帮助学生解决心理问题，但他们的一言一行对学生的心理会产生重要的影响。因此，向教师普及心理健康知识，让他们在教育、教学工作中，自觉地贯彻心理咨询的原则，把它渗透到教育教学工作中是促进学生心理健康的保障。

3. 利用多种形式向学生普及心理健康知识

普及心理健康知识是促进学生心理健康的基本基础。大学生正处在长知识、长身体的时期，他们对外界、对自己都有探索的愿望。我们可以通过开办讲座、设置课程，或通过第二课堂、团队活动等方式，开展心理卫生知识的普及工作，让每个学生都能正确地认识自己、认识社会、妥善地处理自身遇到的心理问题。当自己无法解决时能及时地向有关人员求助，这将有力地促进学生的心理健康。

二、心理咨询过程

心理咨询是运用教育心理学、心理卫生学、心理咨询的理论，设计良好的心理环境对来访者实施心理认知干预，以期使来访者的认知、情感和行为发生变化的过程。作为学生心理保健医生的教师或家长应该依据心理理论与方法进行咨询，这才能保证咨询的科学性。

心理咨询过程主要表现在以下四个方面。

（一）建立关系

心理咨询员与来访者之间应建立一种相互信任、相互尊重和心理互动的特殊人际关系，它既是这一阶段的任务也是心理辅导与咨询过程的开始，咨询人员与来访者开始进入不同角色之中。

心理辅导与咨询主要依赖于咨询员与来访者之间能否建立起互相依赖、合作无间的关系，这种关系的建立，有助于来访者愿意说出自己的隐秘、相信能改变自我的愿望、坚决配合的决心。因而在心理辅导与咨询过程中，关系的建立是非常重要的。许多用心良苦的心理咨询和治疗之所以未能成功，是因为在这些咨询和医治过程中，从未能建立起一种令人满意的医疗关系。心理咨询或心理治疗是另一种人际关系的体现。而这种亲密的关系，从第一次见面时就开始培养。咨询员真正地去体会来访者的处境，使来访者初次与陌生人见面，就无所顾忌地申述自己内心的烦恼、隐私。咨询员应帮助有问题的学生，使其真切地感到鼓励与支持，愿与咨询员接近、交谈、倾述其心理问题，并使他觉得有希望改善他的心理问题，从而对心理辅导与咨询甚至治疗产生兴趣。要建立这种特殊关系，对心理咨询员来说必须做到以下四个方面。

第一，对大学生谈的内心问题，不管是常规问题或新问题，都表现出极大的热情。咨询员要不厌其烦地、耐心倾听问题的陈述，并把它当作新颖的、独特的问题来处理。要知道，每个大学生生活的背景不同、思想水平不同、个性的心理特征不同，这些不同都会使表面貌似相同的问题以独特的方式存在。

第二，辅导与咨询关系的保密增加了访谈的安全感。咨询员与来访者之间特殊的人际关系不是建立在社会交往的立场上，而是应建立在一种特定的时间内，具有隐蔽性和保密性。但这种关系的密切程度和深度超过了一般的社会友谊关系。因为这种关系是在没有任何威胁的情况下小心地建立起来的，辅导与咨询的进程使来访谈的学生具有一种安全感，保证其自我探索的进行。

第三，尊重并理解来访者。在心理咨询的过程中，心理咨询员始终都应该保持客观中立的立场，来访者谈的任何问题都与目前的辅导与咨询相关，一些看似无关的材料，如果放在一种问题的背景下，都会显示出其独特的价值，也可能正是心理问题不被发现的原因所在。心理辅导与咨询员怀着这样的想法，表现出对每位来访者所谈问题的重视，只有这样，才能对来访者的情况有正确的了解和客观的分析，才可能找到最佳的处理办法。同时，心理咨询员以其真诚的态度对待来访者，尊重来访者，会使他感到温暖可信，有利于心理咨询过程的深入发展。这是因为，心理咨询员与来访者之间没有偏见和利害冲突，使得咨询员站在来访者的立场上，进行心理位置互换，这有助于理解来访者不为常人理解的感受，表现出对来访者人格的尊重，这将有益于咨询员与来访者的关系正常有效地发展，并使双方都能将注意力集中在来访者最基本的问题上，从而利于来访者自我探索、自我领悟。

第四，注意时间的限制。时间的限制是保证咨询或咨询成效的有效制约。心理咨询中一次会谈时间通常为40分钟左右，咨询员应使来访者明白，咨询是有时限的，这样能促使来访者可能不喜欢这种时间的限定，但最终却必定要接受这一点，实际上，简短会谈中所含的必要而适当的信息量有助于来访者学习和咨询员的咨询；而长时间的会谈和超量的信息反而会使其收获下降。

总之，心理辅导与咨询员对大学生亲切、信赖和同情的态度，以及合适的言语行为，对建立关系有着十分重要的意义。

（二）收集信息

通过耐心的交谈和倾听，获取来访学生大量的信息，为诊断分析提供基础。

这一步骤的主要任务是，深入收集与来访者及其问题有关的资料，认清“主要问题”。一般来说，咨询员收集的资料越多，对下一阶段进行心理诊断就越有利。信息的收集包括以下三个维度。

一是时间维度，即注意来访者过去、现在、将来的有关信息。对于来访者过去经历的了解，可以得知其目前的概况；对于来访者现时状况的了解，有助于获得其对自己和自身问题理解的有关信息；对于来访者未来的看法和打算的了解，则可以更进一步认清其对自己、对他人、对周围世界的看法，以及所面对的使之产生烦恼与困惑的现有问题。三者综合，有助于了解对方是一个什么样的人和为何前来求助。从哲学的意义看，咨询员从发展的角度、互相联系的角度易把握问题的实质。

二是思维与情绪维度，即注意来访者对于自身、他人及有关事件的看法，注意由此而引发的情绪活动，对思维与情绪的认知有助于了解思维与情绪之间的交互作用，以及理智与思维不协调甚至对立的情况。

三是思维与行为维度，即注意来访者对现实的理解与看法，注意其怎样处世待人，怎样处理自身所遭遇的各种事情，注意其出现冲突时，采取什么心理防御措施，以及他对自身处理这些事务的看法，这有助于了解来访者是怎样一个人，有助于了解其思维与行为之间的关系，并可预测其今后在某事上的反应。

所谓的“主要问题”，即为来访者最关心、最觉困扰和需要改善的问题。来进行心理咨询的学生绝大多数都是带着自身的问题而来的，他们往往非常敏感，也就更易受到伤害。虽然第一次会谈时，来访者会说明最困扰他的问题是什么。但有时却需经过好几次会谈，慢慢摸索、探讨，才能真正了解困扰他的问题。

在收集信息的阶段，咨询员一方面应注意引导对方的思路，另一方面亦应注意倾听对方的谈话，不是在特殊情况下不应随意打断来访者的谈话，扰乱对方的思路。咨询员提问时，不应连珠炮式发问，以免造成对方过重的心理压力，切忌在收集信息资料阶段就对来访者的问题妄下断语，造成误诊和更严重的心理伤害。

（三）诊断分析提出辅导与咨询的目标

这一步的主要任务是对来访者的心理问题及造成此问题的原因进行分析和确认，是否适宜心理辅导和咨询，要予以明确的答复。在此基础上提出咨询目标，制订咨询计划。

1. 心理诊断

对来访者的问题确认和分析诊断过程，是一个由此及彼、由表及里的过程。要从大量的表面上似乎杂乱无联系的信息中理出头绪，要强调对深层次问题的注意和挖掘，这就需要咨询员不为表面现象所迷惑，并具有透过现象看本质的能力，能够把问题具体化、清晰化、结构化，也就是咨询员应注意事物的特殊性、确定性。实际上，收集与问题有关的信息，通过两个方面整理信息，即一方面分清楚直接信息与间接信息；另一方面确定信息的区分性、一贯性和一致性，找出与主要问题相关的核心信息，在此基础上进行综合分析、判断，确认心理问题的因果联系，然后，据此决定心理咨询应采用的理论与方法。

由此可知，心理诊断过程是一个处理信息的过程，是一个由部分（收集信息）到整体（综合分析、对问题的确认）再到部分（在抓到主要问题的前提下各个击破）的工作过程。一位著名心理咨询专家在谈到心理诊断时建议：第一，不要把不同的东西分开来想，这样做会使你变成盲人而什么都看不见；第二，对放置着各种不同东西的场景，集中注意力去观察它的构造；第三，抓不准的情况和完全不懂的情况，即成为问题所在的部分，要放到更大的背景和构造之中重新观察；第四，综合分析，试追究各部分事实在整体构造中发挥着什么样的功用，并在此基础上做出初步诊断。

心理诊断是一项复杂的工作，是正确咨询和治疗的前提。目前已形成较为科学的测量法，这些方法包括个案法、智力测量法、投射法等。各种方法的综合使用，极大地提高了对学生心理问题诊断的科学性。

2. 提出心理咨询的目标

咨询员在进行心理咨询时，要在完成心理诊断的基础上与来访者共同制定咨询目标，并开展咨询计划。这个过程使来访者明确：通过咨询，希望解决什么问题，应有什么改变，达到什么程度等。为了保证心理诊断顺利导向咨询目标，为心理干预的实施提供基础，心理咨询目标的提出应注意以下几点。

（1）具体

目标只有具体才明确，方可具有可操作性，来访者才容易做出积极、准确的应答活动，表现出对心理咨询充满信心。如一个学生因考试不及格对学习失去信心，从而怀疑自己的能力差时，其咨询目标就是消除他的自卑感，增强他的自信心。这种目标就是非常具体的目标，而且具有可测性，因为来访者向这一目标走的每一步都是可见的。

（2）适度

心理咨询目标应是现实的，切实可行的，经过来访者的努力能够达到的，以此来体现出目标的适度性。这就要求根据来访者的个性特点、潜力水平以及他所受周围环境的限制来确定咨询目标，据此制定的咨询目标才能切实可行，符合适度的要求。否则，超越现实可能性的目标不但不能使咨询成功，反而会加大来访者心理上的难度。

（3）心理的目标

咨询的目标应是心理方面的，而不是生理或物理方面的目标，如使来访者变得更为自信、不再自卑、减少焦虑等，这些则应是有利于来访者心理或人格健康发展的目标，有时来访者伴有躯体症状，如这些症状是与其心理状态有关的，其咨询目标也应是怎样改变引发这些躯体症状的心理因素，而不是消除和减轻其生理症状。

（4）有轻重缓急

有些来访者只有一个咨询目标，而有的来访者可能会有多个咨询目标，如一位来访者具有轻生的意向，同时还伴有焦虑不安、社交恐惧、性格内向等心理问题需要解决，在面对如此多个咨询目标时，咨询员应分清轻重缓急，先消除轻生意念，继而解决焦虑，然后再解决社交恐惧，最后弥补性格缺陷。当然，在咨询过程中，随着咨询员对来访者的深入了解，咨询目标可能会重新排序，或者也可能引申出其他的咨询目标，假如此时新出现的目标比其他目标更为重要，便应毅然将其定为咨询的首要目标。

（5）反馈评价

咨询目标一旦定出并非就固定不变，还需要经常检查和评价。一般来说，由于目标定得具体、现实、可测，经过咨询，来访者一般都会显示某种进步。此时回顾、检查目标的完成情况，对来访者来说会成为一种积极的强化，有助于激发他的动机，增强他对咨询的信心。若咨询进行得不顺利，检查和评价也有助于调整咨询方向和选择更适当的咨询方法，使咨询得以向纵深发展，并取得良好的咨询效果。

（四）实施心理干预

这是心理咨询的关键性阶段，表现为来访者的心理问题得以解决，心理障碍得到矫治，咨询过程准备结束。它包括接受咨询与结尾两个阶段。

1. 接受咨询

（1）明确咨询员的任务

心理咨询的一个重要假设是要来访者自己回答出他是怎样一个人，他的问题是什么，他是否想解决这一问题，他是否想做出自己的努力等问题。咨询员的角色是提供一种对来访者有利的外在环境和良好的人际关系，运用相关的心理咨询理论与方法，对来访者提出某些说明、解释、意见和建议，促使其领悟和学习，达到自我的改变和增长。另外，帮助来访者成为自己的咨询员，是心理咨询的最终目标。因为咨询员提供的一切外因都只是变化的条件，而来访者内心的改变等内因才是变化的根据。

（2）领悟

咨询员可以帮助来访者重新审视自己的内心与问题有关的“情结”，并帮助对方达到某种程度的领悟。这种领悟的作用，一是可以使其问题的严重程度降低，并能建立使对方心理真正强健起来的心理平衡。此时，许多来访者的问题尽管依然存在，但他已经开始有所改变。二是帮助来访者进行内心的探索，使之得到某种领悟，可以为他改变其外显行为提供咨询的理论依据，产生强大的彻底解决自己的问题的动机。例如，某来访者总感到自己只要一看书，一用脑子，身体的某个部位就会产生一种难受的感觉。这种感觉刺激影响着他，以致不能看书学习了。在咨询过程中，咨询员应帮助他先达到一种认知，即使他相信他所做过的许多医学方面的检查，证明其怀疑自己有病是无根据的，使其相信，这种情况很可能是由心理因素引起的生理反应。

来访者也会达到这样一种领悟，即自己看书时，在自身的潜意识中，就开始怕这种难受的感觉出现，等待着这种感觉的出现。意念集中在此，结果一出现微小的生理反应即会引起自己的过分关注，形成条件反射并固定下来，来访者自己如果更进一步认识到在生活无规律的情况下，这种问题更易出现，这样，咨询员的咨询理论使来访者获得了自我领悟。这种认知的重建，为来访者改变自己的外显行为提供了理论的指导和信心的保证。接下来咨询员与来访者一起讨论有关外显行为的改变问题。以后，这位来访者就会将前面的领悟扩展到对其他方面问题的认知，从而在其心理健康的轨道上又向前迈进了一大步。

此时，他便进入了咨询的发展阶段并且逐步成了自己的问题的咨询员。在这样的情况下，他的心理问题解决了，自我心理调适的能力增强了，就会告别过去，从此走向健康和发展的正确之路。

（3）支持

咨询员通过给来访者以“正强化”，以及通过给对方指明在某一事件或情境中应抱有的积极、有益的方式，通过真诚地针对对方良好行为的表扬、鼓励和支持等方式来减轻对方的焦虑，促进对方积极行为方式的增长。支持在咨询过程中的作用极大，必须慎重对待。首先，当咨询员对来访者做保证或鼓励时，其基本出发点应当是立足于现实的，而不能仅开一张空头支票。有的咨询员出于好心，对来访者做出“这件事情一定会好的”或“我敢担保你会做得很好”等保证式的支持鼓励，实际上这反而对咨询不利。其次，“正强化”同样必须慎重使用。咨询员一定要注意自己奖励对方时是奖励对方的什么事情、哪个方面，奖励后会出现什么情况，不奖励又会出现什么情况，何种方式的奖励才能取得最佳效果等。既要注意“正强化”的方向，即不鼓励对咨询起副作用的行为，又要注意避免“正强化”使来访者为了赢得咨询员的表扬而表现出的迎合行为的消极影响。因为这样，反而刺激了对方的依恋心理，使咨询过程难以结束。在咨询过程中，来访者最理想的进步是自己奖励自己，从而减少对咨询员奖励的需求和依赖。但来访者在咨询初期尚不具备自己奖励自己的能力，那么此时，咨询员的支持奖励便是必不可少的了。在大多数情况下，“正强化”的采用应适度，应以不定的间隔为好，以针对性强为好，在来访者某一新行为已稳定出现时，不应再重复对其进行表扬。

（4）解释

解释是为来访者提供关于现实世界的另一种看法，它应该被认为是咨询员在咨询过程中最常用、最有力的“武器”了。值得强调的是，在咨询过程中，咨询员的解释应注意所依据理论的针对性、局限性以及各理论的优越之处，切忌生搬硬套，牵强附会。如心理分析学派偏重分析被压抑的潜在无意识，认知学派则注重理性地、现实地帮助来访者认识世界，等等。但无论如何，在进行解释时，咨询员首先应明确向对方解释的内容是什么，其次要注意何时应用解释，以及怎样应用解释来面对来访者。因为只有适当地应用解释，才可收到良好的效果。

帮助和改变阶段是心理咨询中最重要的阶段，既是咨询员任务最重的阶段，又是咨询员最能发挥其创造性的阶段。在此阶段，咨询员可以开动脑筋，采用一切可能的方式，有针对性地创造出一些新的技术来帮助来访者产生某些改变，以达到咨询的目标。因此对咨询员来说，又是最富于挑战性的阶段。

2. 结尾阶段

心理咨询实施一段时间，取得满意的咨询效果后，随即应进入结尾阶段，以便结束其咨询。咨询阶段的长短不同，结尾阶段的开始也有所不同。预先设定 10 次会谈之后结束咨询，那么最后两次会谈就应将重点转移于结束期的工作；假如是持续一年之久的咨询，则在最后一两个月即应逐步开始准备结束，在结尾阶段应注意如下几点。

（1）综合所有资料，做出结论性的解释

在整个心理咨询过程的逐步进行中，咨询员应随时从来访者那里获取心理资料，据以掌握来访者的心理反应模型，并不断给予来访者解释、说明，使其了解自己的行为方式，帮助其自我领悟，促使其学习新的反应方式。到了咨询结束之前，咨询员与来访者做一次全面性的研究、讨论，综合所得资料，做出结论性解释是相当必要的。因为，这种综合性的评语、建议，容易使来访者铭记在心，作为其一生的座右铭，可以诱导他掌握处世待人的心理方向，帮助其不断成熟。

（2）帮助来访者举一反三，学习应用咨询经验

心理咨询的最终目的，是希望来访者能把在咨询过程中所学习到的新知识、领会与经验应用于日常生活里，更希望来访者以后不经咨询员指点、引导与帮助，自己也能帮助自己继续学习、发展，走向成熟，这才是咨询的最终目标。因此，在结束阶段，咨询员要向来访者指出他在咨询中已达到的成熟，向其指出还有哪些应注意的问题；还应帮助来访者重新回顾咨询的目标、领悟的认知过程、解释的要点，帮助检查咨询目标的实现情况，进一步巩固咨询所取得的成果。在结束阶段，咨询员宜渐渐退出咨询员的角色，采取比较被动的角色，让来访者自己扮演独立、自主、积极的角色来改善自己的心理状况。

（3）准备结束，接受离别

有的来访者经过长期心理咨询或矫治以后，可能会形成依赖咨询员的心理，或产生喜欢咨询员的情感，舍不得结束离别，咨询员应让来访者了解凡事都有终结，鼓励其尽力而为，在真实的世界里独立自主。有的来访者依赖性很强，咨询员应采取渐次结束的办法而终止咨询。

心理辅导和咨询分为四个相互联系的阶段：一是建立关系的阶段；二是收集信息的阶段；三是诊断分析的阶段；四是实施干预的阶段。其中前两个阶段为第三阶段提供前提和条件，第四阶段是前三个阶段的结果。四个阶段的具体任务不同，彼此间是有机联

系的整体，任何一阶段的削弱都会影响心理辅导与咨询的效果。

三、心理咨询基本技巧

咨询工作者必须掌握一定的咨询技巧，这便是完成心理辅导与咨询任务所必备的条件。如果不能有效地适时地运用一定的技巧，就不能使来访者与你真诚合作，向你倾吐隐秘。当然，也不能达到咨询员助人的目的，所以心理咨询技巧是保证心理咨询顺利进行的必要条件。为此，这里介绍国内专家从许多心理辅导与咨询实践中概括出来的比较通用的基本的技巧——会谈技巧。

（一）会谈的一般问题

心理咨询表现为咨询员与来访者的接触，从会谈开始到咨询结束。心理咨询中的会谈既有一般谈话的共同特征，又有其独特之处。作为咨询工作者，应对咨询中的会谈的性质和作用、会谈中的信息交流形式有所认识。

会谈是两个或两个以上的人之间的信息交流。心理咨询过程中的会谈基本上是通过咨访双方的信息交流来对彼此的认知、情感和行为产生影响的。一般说来，会谈中涉及的信息内容大致可分为两种：一是认知性信息；二是情感性信息。认知性信息是来访者所表达的事实内容，主要包括来访者经历过什么事情，有什么行为，他的看法和评价、后果等。情感性信息主要指来访者所表现的情感、感受、态度之类的内容。

在咨询谈话中，信息交流主要是依靠语言的和非语言的两种传递形式。语言信息是通过双方的语言活动获得的信息；非语言信息是通过来访者的身段、面部及语调获得的信息。作为心理咨询员，在会谈中需要做两个方面的事情：一是接收、理解来访者的语言信息和非语言信息；二是做出反应，即发出语言信息和非语言信息。所谓学会会谈技巧，就是要学会语言技巧和非语言技巧，及时、准确地获取有关信息，适宜地做出反应，以保证咨询的顺利进行。

（二）会谈技巧

1. 语言技巧

语言的技巧是心理咨询过程中咨询工作者促使来访者与自己之间有较多语言交流的一种方式方法。包括语言回答、适当的音质以及语言跟踪。成功地运用这些技巧能够使来访者愉快地为咨询人员提供有关的信息，可以使咨询工作者顺利地探究问题的实质。

（1）语言的音质要适当

声音是表达对来访者感情的重要工具之一。音高、音量、音速和音调都有助于我们表达对来访者的关注。一般认为中度语调、低沉的音量、有节制的音速以及中等音高，有利于来访者舒心地进入咨询过程。当然，应视来访者的反应和他所提出的问题随时调整自己的声音。如果来访者很痛苦，咨询工作者通常要放慢音速、采用较低的音调和较小的音量与来访者交流。

（2）语言跟踪

来访者在谈论各种问题或一个问题的不同方面时，有时会变更话题，致使咨询工作者困惑不解。为此，咨询人员就需要耐心倾听，跟踪来访者的谈话、挑出重要的内容。

（3）语言回答

语言回答是会谈技巧的核心。各种不同的语言回答技巧可概括为意义反映、情感反映、阐释、概述、澄清思想。

第一，意义反映。这是指用自己的话复述来访者的主要谈话内容和主要思想。由此向来访者表明咨询人员在认真倾听他的谈话，这样来访者会感到被人关注、同情、并愿意更深入地谈论自己的问题。在意义反映的过程中，咨询人员要认真听取来访者的诉说，并对其核心内容做出简洁的反馈。

保证意义反映的准确性。首先，咨询员可这样开始，“我听你说”“你似乎在说”“听上去似乎是……”，这样一来，咨询人员就可根据来访者的反应确定其所抓住的内容是否属核心内容。其次，复述时除注意到来访者所用的关键词语外，还应尽量避免使用来访者用过的词语，使用新鲜的确切的词语不仅可让来访者感到咨询人员在倾听其谈话，而且有助于来访者进一步澄清和了解自己的思想和感情。最后，注意选择意义反映的时机也是至关重要的。在短暂的停顿时，做出反应效果较佳。另外，值得注意的是意义反映不能过于频繁，否则会干扰和影响交谈。

第二，情感反映。是指把注意力集中于来访者的情感状态而不是谈话内容，它是交流情感和理解来访者情感的一种方式。为了准确地做出情感反映，咨询人员应准确地认识和理解来访者表达的情感。具体做法是：除了语言，咨询人员必须注意来访者的面部表情、音质和各种形式的体态语言；设身处地地体会来访者的情感，并用恰当的表达感情的语言（词汇）。为了准确认识、了解来访者的情感，可把人类情感分为四类。①愉快：快乐、令人兴奋、充满生机、舒心；②悲伤：沮丧、悲哀、痛苦、不快乐、失望、心烦意乱；③狂怒：愤怒、恼火、愤愤不平；④恐惧：焦虑、不安全、紧张。

上述表达这四类情感的词语，是心理咨询人员经常使用的。情感反映往往包括四个部分：代词——你；感受性的（如“你似乎感到……”“看起来你感到……”“你觉得……”）；情感性词汇——愤怒、悲伤、恐惧、快乐；为感情经历提供的一种背景环境（如“当您的孩子没有按您所希望的方式发展时，您感到很悲伤”）。

第三，阐释。阐释指的是咨询人员对来访者所谈的思想情感和行为，从自己的观点加以说明和描绘，让他们能够从不同的角度认识自己和自己的问题。一般来说，来访者在某种程度上存在着自卑、软弱的心理，对此，咨询人员对他们的问题做出积极的解释：“我认为你不能解决自己的问题并不意味着你软弱。相反，你能来我这儿向我诉说你的问题这本身就是勇敢者的表现，因为你和我并不熟悉……”换言之，来访者所需要的是支持鼓励和对他们困境的正确理解。咨询人员的阐释与来访者的想法和要求是一致的，就会接受，从而促进了解。反之，可能造成来访者焦虑与紧张。

因此，咨询员应注意下列事项。

其一，应了解问题的重点，以自己的语言摘要陈述，然后再加上自己的看法或解释。

其二，采用尝试性的阐释，让人理解。

其三，所采用的尝试性的阐释，使来访者有拒绝或思考的余地。

其四，阐释必须在适当的时机提出（在来访者有所了解或准备时）。

第四，概述。概述就是把来访者所讲述的事实、情感、行为、原因等进行分析综合，以整理过的形式向来访者表达出来。概述可以看成是一个谈话的段落和一次会谈的总的看法。概述的主要功能在于给来访者一种运动感，感到在探索思想、情感以及问题原因方面正取得进展。同时，概述也让咨询人员与来访者双方对一段会谈的内容有一个重新审视的机会，来访者通过审视也许能更好地认识自己，或者以补充材料，或给予及时的反馈以确定咨询人员是正确理解了自己。概述是结束一个会谈的过程，开始另一个会谈过程的有关形式。

为准确概述、总结问题所在，咨询人员必须注意来访者的重要观点和关注的问题，而不应只注意细节问题。对一个咨询工作中的新手来说，逐条地写出总结的要点是大有好处的。

第五，澄清思想。在交谈过程中，咨询人员对来访者谈话的内容和情感，必定会困惑和不解，特别是来访者说得太快太多，且前后不连贯、不紧凑时更是如此。有时，来访者也可能对其言谈与思考常常不够清楚。这时，咨询人员就要采用澄清的技巧，将来访者模糊、隐含的而未能明白表达的想法与感觉说出来。澄清观点和思想不仅有助于更好地理解来访者谈话的内容和情感，而且帮助来访者更深入地探讨自己的问题。

为了能够准确地澄清来访者自己的观点和情感，咨询人员首先可以察言观色，对来访者的表达要有足够的敏感；其次，要真正理解来访者话中的言外之意；最后，应使用有弹性的语气，使来访者有肯定或否定的余地。

2. 提问技巧

恰当提问是心理咨询过程中至关重要的一种技巧。它能促进咨询人员和来访者不断地交流思想，使来访者更多地谈论他的问题和他自己。如果提问不恰当，不仅无助于来访者澄清问题，而且会因信息匮乏而使双方陷入困境。为此，咨询人员在谈话过程中，常采用开放式的提问和封闭式的提问。

（1）开放式的提问

开放式的提问是大多数咨询人员认为较适用的一种提问方式。开放式提问是指运用“什么”“如何”“为什么”“能不能”“你对……感觉如何”等词在内的语句发问。“什么”一词，有助于引出更多的相关事实，从而收集更多的信息；使用“如何”一词常与情感活动和情感发展有关；“为什么”这一类问题是集中探讨原因和思想活动的，即能引出原因和说明；而“能不能”之类的问题可使来访者自我分析、自我探究。例如，“能不能告诉我这事为什么使您感到那么气愤？那么以后又发生了什么事情？”一般来说，咨询人员要尽量避免“为什么”之类的问题，因为这样易使来访者谈起许多过去的经历。

使用开放式提问，应当注意：要保持良好的双方关系；提问要自然、委婉，注意语气语调的运用，以免显得过于咄咄逼人；提出的问题应有利于咨询员探究内容的深入。

（2）封闭式的提问

封闭式的提问是涉及对事情判断的一种提问方式，可以用“是”或者“不是”，“有”或“没有”，“对”或“不对”等几个字或一句话来回答的问题，例如“你的意思是说，一见到他你就感到心慌，是吗？”“他当时没有表示同意？”等。通过这种提问方式，可以进一步明确来访者的意思，使来访者集中注意力具体探讨某些实际问题，同时也可阻止来访者漫无边际的谈话。

需要注意的是，对封闭式提问的采用要适当，否则将妨碍谈话的顺利进行。这两种提问方式都能帮助来访者自我袒露，开放式提问能为来访者提供很大的余地，使其更自由、更开放；封闭式提问对帮助不善言谈的来访者开口畅谈是很适合的。在心理咨询中，这两种提问方式的协调，对整个咨询过程的顺利进行是很重要的。

总之，一个心理咨询员包括会谈技巧在内的咨询技能的提高不是一件简单的事，它需要咨询员在从事心理咨询的实践中不断地反思自己的咨询过程，及时地总结自己的咨询经验。经常这样做的话，咨询员的咨询策略就会由少增多、由简单到复杂，最终形成一整套的心理咨询的策略体系。

在这些理论和方法的指导下，咨询员所进行的心理咨询工作就会一次比一次得到改进，日趋科学完善。

第二节 心理咨询的理论

一、焦虑理论

（一）焦虑理论

焦虑是一种身心的紧张和不安，是个体对身心构成潜在威胁的未来情境所产生的一种担忧、害怕的反应。影响焦虑的因素很多，一般对焦虑的研究比较公认的理论有弗洛伊德的人格结构理论和斯皮尔伯格的特质焦虑理论。

1. 弗洛伊德的人格结构理论

精神病学家弗洛伊德把焦虑问题看作“本我、自我、超我”三部分组成的人格问题。认为焦虑是这三种成分相互作用的结果，当三者平衡而和谐时，人格就趋于完善，如果三者关系失调乃至被破坏，焦虑就会出现。焦虑分成以下几类：第一类是客观性焦虑，当“自我”受外部环境的影响而产生的现实性；第二类是神经过敏性焦虑。为了澄清“三我”之间的矛盾，明确界定了“三我”的差别，认为“本我”是本能要求，是人格结构中最原始的、与生俱来的潜意识部分。具有强大的非理性的心理能量，受快乐原则的支配而不断追求行为上的满足，是人格完善发展的动力。“自我”是指人格结构中的意识部分，“本我”与现实环境之间的关系，代表理智与常识，是现实中的“本我”。“超我”是社会道德规则的内化，表现为良好和自我理想，按照至善原则，指导自我，限制本我。

对于焦虑的研究还产生了其他观点。如在考试的情境中，通常会出现两种焦虑反应：第一种与驱力理论相似；第二种则是指躯体的不适感、无力感、过度的身体反应、对惩罚的恐惧、地位丧失感、逃避感等，这些都会对考试产生一定的妨碍作用。

2. 斯皮尔伯格的特质焦虑理论

斯皮尔伯格的状态——特质焦虑理论。他认为焦虑通常表现为忧虑、不安等主观性的体验以及自主神经系统的过分兴奋，他认为焦虑原则上可分为状态与特质两种类型。状态焦虑的唤醒，需要一个外部刺激或内部线索，而特质焦虑则是人们过去体验的残余反应。

环境刺激是产生焦虑的外部条件，一旦个体觉察到来自外界的威胁，状态焦虑就会产生，而且威胁越大，状态焦虑的强度也随之就加大，它们之间成正比关系。特质焦虑水平这时会影响状态焦虑的强度。如果特质焦虑水平高，那么其状态焦虑水平就高。一般认为，状态焦虑可促进人脑的内部加工过程，提高作业成绩，但过高或过低的状态焦虑，则将起到相反的作用。

焦虑起码具有三种基本成分：主观的恐惧感（认知成分）、特定的身体反应模式（生理成分）、一定的行为表征（行为成分）。这三种成分是相互联系、相互作用的。

（二）大学生焦虑的咨询

1. 过度焦虑对学生身心的影响

当今世界，社会发展日新月异，从事信息和脑力劳动者的人数激增，致使人们不得不处在越来越快的生活节奏之中。学生在接受学校教育时，也同样经常处在竞争加剧的紧张状态之中，会对人体的生理状况产生影响。

持续过久的紧张情绪，会给学生的身心健康带来无法估量的损害。这是因为紧张总是伴随着某种强烈的情绪反应。它的分泌会引起躯体一系列的生理和生化物质的变化，如血压升高、呼吸加速、脉搏加快、血糖增加、肌肉紧张等。过分紧张还会在一定程度上降低人体免疫系统的抗病能力，以致引起多种严重的疾病。

2. 大学生焦虑的测量与咨询

大学生对于自身紧张程度，不妨对照以下条目，如其中有 4 条相符，便是轻度紧张；有 8 条相符，为中度紧张；如 12 条都相符，则为过分紧张。具体为：常发现有无缘无故的心烦意乱，坐立不安；晚上思考各种问题，难以入睡，夜间常为噩梦所惊醒；早晨起床就觉得头昏脑涨，浑身无力，喜静怕动，情绪低落；食欲不振；回家就感到诸事不如己意，心里烦躁；处理问题时容易激动，态度粗暴；身处拥挤的环境时，容易发生思想混乱，行为失序；听到左邻右舍的噪声，感到焦躁发慌、心悸出汗；注意力难以集中，读一篇文章时往往抓不住中心；容易与人争吵，时常感到胸闷不适；常将其他人的疾病与自己对比，疑心自己患有同样的疾病；长期自觉情绪紧张，常有头晕、头痛、心动过速与血压偏高。

大学生克服过分紧张情绪，有如下几种方法：

第一，做情绪的主人。从来不紧张的人是不存在的，学会用适当的方法来转移和调整自己的情绪，则是重要的。首先，安排好自己的活动时间表，要有弹性，以便一旦发生意外，不至于手足无措，焦灼不安。其次，产生紧张急躁情绪时，要及时进行心理上的自我放松。

第二，生命在于运动。那些适当的运动可以缓解身心的紧张，使大脑得到积极的休息，促使情绪稳定乐观，有益于身心健康。

第三，学会自我轻松，陶冶情操。练习书法、作画、听优美的乐曲，都能使大学生心旷神怡，得到美好的精神享受的同时消除紧张和疲劳。

第四，协调好人际关系。人际关系和谐是消除紧张，促进身心健康的重要条件。在和谐的人际关系中，大学生在学习和生活上互相配合、互相关心，亲密无间交往的双方在心理活动上处于最佳状态。

第五，笑口常开。笑能消除精神紧张，放松肌肉；笑能调整大学生的心理活动，减轻烦恼，达到“乐以忘忧”的境界。发自内心的笑，往往是一种人生态度，其能使人包容一切人生的艰难困苦，期待或坚信未来是美好的。

二、意向冲突理论

（一）动机冲突

动机冲突是人常见的一种心理冲突，指人们在活动中同时具有两个或多个起作用的动机，而又不能同时满足时在心理上呈现出紧张不安和彷徨不定的状态。可以将动机冲突划分为以下四种。

1. 接近——接近冲突

亦称“双趋冲突”，即个体有两个具有同样吸引力的目标，必须选择其一，而同时放弃另一目标时所引起的冲突。按冲突程度不同可分为简单与复杂两种情况，当两个客体都满足一种需要，只是略有差异时属于简单冲突，这种冲突不引发需要内部的矛盾，冲突程度较轻。当两个面临选择的客体分别满足两种不同需要时，就会诱导两种需要间的对抗产生，属于复杂冲突，冲突强度激烈。解决这种冲突的方法是放弃一个目标或同时放弃这两个目标而追求另一种比较折中的目标。

2. 回避——回避冲突

个体必须在两个都违背自己的需要且具有同样强度威力性的目标中，选择其一时所产生的冲突。这种动机冲突实际上是由两样东西都不想要，但又必须选择其一的心理矛盾造成的，在“双避冲突”情境中无论做出哪种选择和牺牲，其挫折感都尤为明显和强烈。解决这种冲突的办法是要么选择其一，要么躲避其二。

3. 接近——回避冲突

当个体面对一个既有吸引力又同样会构成威胁的目标时，所产生的既想趋近追求又想躲避逃离的好恶兼有的矛盾心理状态。对于“趋避冲突”如果很长时间都无法决定取舍，势必令人痛苦不堪。又如，青年择业时，也会面临趋避冲突，有的单位薪水虽高，与之相对应的压力亦大。

4. 多重接近——回避冲突

亦称为“多重趋避冲突”，即当个体面临两个或两个以上的趋避性选择的冲突情境。对青年人来说，在毕业求职过程中有几个单位和去向可供选择，但每一工作机会都意味着一种独特的生活方式和发展取向。每个选择都有优有劣，且都难割舍，此时，对个体来说，就陷入了“多重趋避冲突”境地。在青少年升学、择业、恋爱等时，都会面临抉择，动机的冲突是不可避免的。冲突的程度不同相伴而生的紧张不安也不同。持续下去的焦虑对心理健康极为不利。

（二）认知失调论

认知失调论是20世纪50年代发展起来的关于人们在相互作用中其认知因素由失调到协调，从而引起态度或行为变化的研究领域。任何人都有许多认知因素，如关于自我、关于自己的行为以及关于环境方面的信念、看法或知觉等。它们之间存在三种情况：相互一致和协调的；有关的；无关的。当人们的两种因素处于第二种情况时，就会感受到不舒适或紧张，并力求减缓。由于认知冲突更多的是心理上的不一致，而非逻辑上的不一致引起的内心不自在状态，就叫“认知失调”现象。

人出现了认知失调，就会不由自主地去减少这种矛盾，力求获得认知因素之间的相对平衡和一致。它通常采取以下几种途径。

一是改变或否定两个认知因素中的一个，将“吸烟危及我的健康”改为“如果停止吸烟将会使我增加体重”，即为一种对吸烟的看法与态度的改变。

二是对两个认知因素重新评价，减弱其中一个或同时改变两者的重要性或强度（如决心“要少抽点烟”），由于强度的减弱，不协调的程度相应变低。

三是在不改变两个认知因素的情况下，增加一个或几个新认知或理由（如“抽烟可提高工作效率，个人安危是次要的”，或想“世界上抽烟而长寿者不乏其例，我可能就属于这种人”等），以这种方式减少不协调。有些理由常以歪曲事实为代价，所以往往有害，不利于心理健康。

三、挫折理论

（一）挫折概述

挫折是指个体从事有目的的活动时，在环境中遇到的障碍或干扰，从而使其动机不能实现、需要无法获得满足时的情绪状态，是一种对客观事物或环境的主观感受。所以，即使需要本身合理，但缺乏实现目标的条件，或需要不合理，无法如愿以偿都会使个体产生挫折。

心理反应的强度与挫折本身的严重程度及超出预期的程度成正比。产生挫折的原因大致有以下两大类。

1. 客观外界原因

外界环境包括自然环境与社会环境。自然环境即指个人能力无法克服的自然因素，如地震、台风、衰老、疾病、死亡等。社会环境包括所有个人在社会生活中所遭到人为因素的限制，或发生的不幸事件，如学生考试临场发挥不利导致自己失去上重点大学的机会等。因此，社会环境因素对个体动机所产生的阻碍，要比自然环境因素所产生的更多，影响深远。

2. 主观内部原因

主观内部原因包括生理与心理两方面。生理原因的挫折，指个体本身因生理条件，如容貌、身材、体质等方面的缺陷或疾病所带来的限制，导致个体活动的失败，无法实现预期目标。心理条件指由于个体所具有的智力、性格、气质、情感、意志等心理素质的欠缺与不足，影响动机和目标的实现，从而诱发挫折，而本身的冲突也会使个体产生挫折感。例如，能力差、意志薄弱、反应迟钝等，都会阻碍个体在生活、学习、工作及人际交往方面获得成功体验。

现实世界中，挫折的出现是由几种因素共同作用的结果，在一般情况下，挫折感的形成须具备以下几个条件：首先，必须具有必要的需要、动机和目标，这是产生挫折的前提；其次，要具有满足需要、实现动机目标的途径与手段；再次，要有发生挫折的情境，即难以克服的行为阻碍或干扰；最后，必须具有需要不能满足、动机不能实现、目标不能达到的主观感受及相应的情绪体验。

（二）大学生挫折的咨询

1. 学生易受挫折

主要表现为以下几个方面。

（1）学习方面

学习成绩达不到目标；没考上理想的大学；专业不理想；无机会显示自己的才能和兴趣；求知欲望未得到满足。

（2）人际关系方面

不受教师喜爱，经常遭到教师的批评，经常受到同学的排斥、讽刺；没有能讲知心话的朋友；父母教育方法不当、不良的亲子关系。

（3）兴趣和愿望方面

个人的兴趣和爱好得不到成人的支持，而受到过多的限制和责备；或因生理条件的限制，不能达到自己的愿望。

（4）自我尊重方面

得不到老师和同学的信任，常受到轻视；自认为表现好而没被评上“三好学生”；

自认为能干而没被选为班干部。

2. **帮助学生掌握处置挫折的自卫方法**

首先，应逐步建立、培养正确的人生观，勇于面对挫折，冷静地分析挫折的成因，积极地寻找解决的方法。其次，创设条件，改变情境，转移注意力，消除可能产生的消极情绪，待心情冷静后，再理智对待失败或打击。再次，采用精神发泄法，使紧张、焦虑的情绪得到发泄，心理获得平衡，之后再以积极健康的方式应对挫折。同时进行心理咨询，通过咨询员的支持、倾听、共感、辅导等方法，来摆脱心理的困境。最后，咨询员应对学生进行心理健康教育，提高其耐受挫折的能力。

（1）正确认识挫折的两重性

挫折会使人产生痛苦、烦恼，甚至会引起悲观厌世。但它又可以给人以教益和磨炼，使人们增长解决问题的能力，使人变得更聪明、坚强，成熟得更快。思想上有这种认识，心里对挫折有所准备，一旦遇到挫折不会惊慌失措，导致心理失常。

（2）努力提高能力，不断完善个性

一个人若有较强的能力，那就能完成更困难的任务。因为能力的强弱与任务的难度成反比，在同样一项任务面前能力强的人就会认为难度较小。相反则会感到困难重重，这样就容易产生失败。提高自身的能力就会减少遇到的困难，减少挫折。

能否善待挫折，还与人性格有关。一个乐观、意志坚强的人，面对挫折会振奋精神，积极寻找解决问题的途径，摆脱挫折的消极影响，而一个消极悲观、意志薄弱的人，遇到挫折后往往会产生巨大的精神压力，甚至会退缩，自暴自弃，依赖他人的拯救，幻想出现奇迹。

为了提高学生对挫折的心理承受力就必须做到以下几点。①树立坚定的目标和坚强的信念，这样就能从逆境中奋发；②加强磨炼，增强意志力；③培养正确认识和分析挫折的能力，以积极的态度在挫折中吸取经验教训；④不断地学习，提高自身的心理素质，学习那些能在“困境”中奋起的人；⑤学会运用积极的心理防御机制，如补偿作用、升华作用等，用以提高对挫折的承受力和调节能力。

（3）保持适当的期望，不断调整目标

大学生对未来充满着许多幻想，对自己能力往往怀有较高的期望，这有利于自身的发展，因为高期望往往产生强大的动力。但他们经验较少，对困难往往估计不足；对自己的能力、特长也缺乏全面的认识，所以容易产生失败感和挫折感。人们常说：期望越高，失望也越大。指的是目标定得远大，由于能力所限无法实现，这时产生的挫折感就越重。因此，在正确认识自己的前提下，设置适合自己条件的目标，经过自己的努力能够实现，既能促进自己的发展，又能减少挫折的压力。

学会调整自己的目标或行为也是减少挫折压力的有效措施。当一种目标经过一再尝试也不能成功时，就要考虑是目标太高，还是条件还不具备。

如果是目标太高，应适当降低目标。如想考名牌大学，但经过努力考不上，这时应考虑其他目标学校，名牌大学考不上，可考其他普通高校，可以通过大学努力学习考取研究生来满足求学的愿望；如果条件还不具备，应努力创造条件或等待时机。

在人生的道路上，不是人人都一帆风顺、事事成功的，失败会有的，挫折也在所难免，尤其是对大学生来讲，挫折和失败可能会有更多的机会不期而遇。大学生身心变化的过渡性决定了这一点。首先，不断增长的需要与满足之间的矛盾客观上对大学生构成一种压力；其次，大学生认识上的片面、偏激，思维上的过渡性，表明还不能抽象地辩证地看待问题，抓住实质，预测未来；最后，精力充沛，情感上却不稳定，加上情绪波动，行为冲动控制力差等。这些极易成为助长挫折消极行为反应的催化剂。

四、应激理论

（一）应激

应激原意是指困苦和逆境，后来这个词被引入了物理科学，指加于物体上的外界势力或物体的内部动力。随后，“应激”一词进入人们的生活领域，描述导致人的困苦、艰难和逆境的压力。到 19 世纪中期，应激开始用于生物学领域和心理学领域，那时仅把应激当作产生作用于人体或心理的一种“力”。

1. 塞利的非特异反应学说

“生物的应激是身体对于外界的任何要求的非特异反应”“应激是通过特殊的综合征（全身适应综合征）而表现出来的一种状态，包括生物系统内非特异地被引起的所有变化”。

应激这种非特异反应，构成了一种应激综合征，他认为，机体抵抗刺激源的能力是有限的，在应激源的长期影响下，身体的适应反应经历了警觉反应阶段、抵抗反应阶段、耗竭反应阶段。

警觉反应阶段，具体是指机体对内外刺激所做的初期防御反应。机体表现出各种生理变化，如心率加快、呼吸急促、促肾上腺皮质激素活动。但是，如果不停受应激源作用，机体就进入第二个阶段——抵抗反应阶段。在此阶段，机体的防御功能加大，表现为脑下垂体前叶和肾上腺皮腺大量分泌。

这些生理变化无疑是为了使机体更好地适应。机体如果继续处于应激源的作用下，这种适应能力便会逐渐丧失，机体便进入应激反应的第三阶段——耗竭反应阶段。如果应激在第二阶段中断，机体又可重新恢复正常。耗竭反应阶段，是指机体由于长期处于应激状态，最终导致能量耗竭而发生的变态反应。这时，体内有关激素的分泌功能已出现障碍，机体变得软弱无力，再也无法应付应激情境。假如应激状态继续存在，参与应激反应的身体组织将大量破坏，严重者可导致死亡。

第一阶段是人类可以承受的，第三阶段却是极其危害人类身心健康的。

2. 应激源的研究

应激源可分为以下四类。

第一类为躯体性的，即借助人的身体而直接产生刺激作用的刺激物，如强烈的噪声、震动、高温、辐射、微生物和疾病等。

第二类为心理性的，指发端于个体头脑中的各种紧张性信息，如心理冲突等。

第三类是社会性的，指造成个体生活风格上的变化并要求个体对其应付的社会生活情境、生活事件或变故，如升学、考试、离婚、亲人死亡。

第四类为文化性的，指要求人们适应和应付的不同文化情境。

尽管这种采用回溯的定量自评方法，在可靠性和可信性方面存在一些争议，但总体来看对这些因素与身心健康之间的关系研究还是有重大价值的。

除上述生活事件外，不良的工作与生存环境，如噪声、拥挤、空气污染等，也是社会常见的应激源。

3. 认知评估的研究

认知评估一般可分为两个阶段：第一个阶段是初级评估，即个体对应激源的性质或重要程度所做的初步评价，这种评价对个体决定有无必要进行防卫起重要作用；第二个阶段为次级评估，即个体对于应激源所带来的危害性做肯定识别后，随即做出的有关应对策略的权衡与分析。次级评估对于个体的身心状态有重要影响，如果次级评估正确，将有助于个体的内在平衡与稳定；相反，会引起个体持续性的紧张，导致生理和心理上的一系列变化。应激反应是个体对情境和事件认知评价的结果，人们对应激源的感受和评价，决定着应激反应的发生和程度。

4. 应对的研究

应激状态下的心理反应从性质上可分为积极的和消极的两类。积极的心理有助于维持应激期间的心理平衡，准确地评定应激源的性质，做出合理的判断与决定，选择合适的应对策略；消极的心理反应包括过度的焦虑或紧张、情绪过于激动、攻击、逃跑和退缩等。

应激状态下的个体表现可分为情绪反应、自我心理防御反应和行为反应。情绪反应中，最常见的为焦虑，以害怕、担心和忧虑为特征。除焦虑外，应激期间的情绪反应还有愤怒、恐惧、憎恶、烦躁、悲伤、失望、抑郁、自卑、沮丧等。

在应激期间，人们有时候也会无意识地采取一种自欺的或歪曲现实的方式来看待应激源，以此减少心理上的紧张与痛苦，这就是自我心理防御反应。常采用的有否认、投射、压抑、转移、倒退、合理化、明智化、升华和补偿等。然而，这些反应暂时缓解压力，并不能改变应激源，长此以往，可导致其个性的不良发展。

行为反应则包括变相依赖、反常动作增加和替代性攻击这三种行为倾向。变相依赖，是指个体在应激状态下常常依靠吸烟、饮酒或过量饮食等不良行为来对付环境。反常动作增加，是一些人在应激状态下经常表现出来的行为特征，无论做什么事都有一种迫不及待的倾向，出现手忙脚乱顾此失彼的现象。替代性攻击，指个体为了减轻应激威胁，而选择某种替代目标进行发泄、攻击。

（二）大学生应激的咨询

学习和生活中，每个学生都会遇到应激。不同的应激对心理健康的影响不同。适度的应激能促进心理的健康，过度的应激易造成不健康的心理。

1. 适度应激是促进心理健康的一种因子

（1）维持人的正常心理活动

应激唤醒了大脑皮层使之保持一定的觉醒水平，有助于注意力的集中、思维的活跃、恰当地判断、果断地抉择，富有成效地进行意志活动。研究表明，人的心理活动是在一定的大脑觉醒状态下进行的，有目的有计划的行动需要身心维持一定的紧张度。从心理卫生的角度讲，适度应激有益于心理健康。据我国学者刘世熠对儿童脑电活动的研究发现，脑发展的第二个“加速期”是 13 ～ 14 岁，它与大学生交往范围的扩大，活动方式的改变，学习任务的加重有关。因为环境条件复杂化，不断地给大脑皮层提出新的问题和要求，使大脑在新的机能结构与水平上开始处理大量信息，从而进一步发展。

在人们正常的学习、工作和生活中，每时每刻都面临着需要处理的问题，社会越发展，外界环境变化越快，这些都会使人们处于一种身心紧张的状态，处理或解决这些问题，又使人身心维持着一定的紧张。人们的活动和应激是密切相关的。

适度的应激是人顺利地进行或完成活动所必需的，有助于推动人的社会化进程，促进心理的发展，适度的应激有益于个体的身心健康。

（2）适当的应激有助于个体社会化进程

大学生社会化的动力是要适应社会，成为社会公认的或接纳的社会成员，从而在与社会的互动过程中实现自我的人生价值。社会化过程顺利的人，会表现出良好的社会适应，这是心理健康的一个重要标志。

大学生的应激状态来源于社会环境的新要求与学生原有心理水平的差距，即现实角色的模式与社会期待和要求的社会角色模式的差距。它施加于学生很强的“角色意识”问题，驱使大学生理解社会期待和群体的社会角色。为了解除紧张不安的状态，重新修改现实角色，而构建主观角色，即角色定位与社会角色统一协调起来，结果是现实角色悦纳社会角色，现实角色表演社会角色，学生积极进行角色调整的过程，同时，也是进行社会化的过程。这个过程的完成，个体就表现出良好的社会适应。如由不良行为转变为良好行为，现实角色转变为社会角色。社会学习论者认为，环境的变化引起人的特殊行为。这里环境变化对个体造成了应激，环境要求的角色与个体现实的角色产生差距。个体通过观察模仿学习改变了行为方式，表现出要求的角色模式，差距缩小、紧张解除。总之，随着社会环境的变化给人造成了一种压力，人们为了应对环境的压力企图降低这种痛苦，就会逐渐发展较强的应对能力。但在孤儿院长大的孩子，由于缺乏必要的心理社会刺激，社会适应能力不如前者。在这里，应对能力、适应能力可以理解为多种标准角色模式的掌握和及时调遣。

2. 过度应激是产生心理问题的原因之一

应激维持着人心理的觉醒水平，保证人心理活动的正常进行。但是应激所造成的紧张状态会对个体会产生不同的影响，进而决定其性质，这就是应激过度的问题。

（1）持续的过度应激是心理的致病因素

当个体对紧张体验不能解除时，此时的“应激”被确定为过度应激或负向应激，它影响个体正常心理活动的进行。外界刺激唤醒大脑皮层，使之维持一定的觉醒水平，有助于心理活动的进行。但是过度的唤醒使个体因无力摆脱威胁，心理遂产生担忧的反应，这就是焦虑。焦虑可诱发消极的情绪体验。面对紧张的持续，个体不能对外界做出适应，当威胁依然存在，个体急于采取对策而又无合适的方法时，就会产生烦躁。轻微的烦躁无法被解除，累积加重发展成为愤怒，借其他人或物发泄自己的情感。虽然这会暂时平息心里不安或心头之火，但终因慑于力量对比而甘居服从，注意力由外界转向内心，首先，在认识结构上发生着变化，恐惧和憎恨与之建立命题关系。由于威胁已成现实，而又缺乏对策，使个体处于失望、无助的焦虑状态；其次，虽然多次努力尝试而又多次受挫，始终无法摆脱威胁时，遂产生“习得性无助”大有无可奈何之状；最后，郁郁寡欢，久而久之发展为自卑，遇到情况不采取主动而是听天由命；这就是常说的抑郁。

（2）过度应激不利于认识活动

焦虑程度与学习效率之间的关系，颇像“倒U形曲线”。中等程度的焦虑对学习起促进作用，过度的焦虑则起阻碍作用。过度的应激使个体身心处于充分动员的状态，控制自己的能力减弱，使个体的心理活动能力降低，因此，也使个体对客观事物的感知不充分、判断不准确、逻辑推理的能力也有所下降。精神的过度紧张兴奋，会导致神经系统兴奋和抑制交互转换失调，或者产生超限抑制，从而降低神经活动的兴奋性、思维活动的积极性。过度应激使人的注意范围缩小，常常顾此失彼，手忙脚乱，其原因在于“心乱”——思维混乱所致。

（3）过度应激可诱发身心疾病

应激的生理机制是：大脑皮层接受刺激后，把信息传至下丘脑，下丘脑遂分泌一种物质叫促肾上腺释放因子（CRF）以激发脑垂体分泌促肾上腺皮质激素。过度应激会促使肾上腺皮质激素分泌的加强，使身体处于充分动员的状态。人若长期处于过度应激状态，则对健康不利，甚至招致危险。加拿大生理学家谢尔那曾提出：应激状态的持续能破坏一个人的生物化学保护机制，从而使人抵抗力降低，易受疾病的侵袭。

过度应激对健康的消极影响主要表现为两个方面：一是降低或破坏人的抵抗力而加重已有的疾病；二是通过某些器官的脆弱性（即疾病的易感性）而诱发疾病。

大学生处于人生身心巨变的第三个时期，面临的社会化课题比较多，加之认识水平有限，客观上决定了应激的多发性是这一时期的特点。我国学生中有20%不同程度地存在心理问题，为减少过度应激对学生的致病影响，提高他们的心理健康水平，心理健康教育的任务显得日益迫切。为此学生应该进行提高自己的心理承受力的训练，应该加强认知能力的磨炼。此外，还应掌握一些心理学的知识，以最大限度地降低或解除紧张，来增进心理健康，推动心理的发展。

第三节 心理咨询与心理治疗的方法

一、心理咨询与心理治疗的基础

人的生理与心理是辩证统一的，两者是相互联系和相互影响的。这是心理咨询与治疗的理论基础，也是心理因素在疾病的产生、发展和治疗中都有一定作用的原因所在。

心理咨询与心理治疗就是应用心理因素对病理活动的影响，以及心理和生理、机体和环境统一的原则，以达到改善病人的精神状态，消除其躯体症状。对心理障碍的咨询与治疗采用不同的方法，其效果也是不同的。

（一）生理和心理的互相联系

生理是心理的物质基础，心理又对生理功能产生重大的影响。在一定条件下，心理能改变生理的活动。心理治疗之所以有效，主要是由于不同的情绪对人的生理机能产生重要影响，消极情绪的持续往往是致病的重要因素。在客观环境因素的刺激下，个体可产生不同的情绪体验，而各种情绪状态可对躯体功能产生不同的影响。愉快、喜悦、乐观、开朗，可促进新陈代谢和改善器官的功能；而焦虑、忧郁、恐惧、愤怒等，则可抑制消化功能，即所谓情绪性积食，并可使血压上升、代谢受压抑等。所以，可分为有利于健康的积极情绪和不利于机体功能的消极情绪。焦虑、苦闷、忧郁等情绪往往是致病的重要因素。积极乐观的情绪，则是心理治疗所追求的主要目标。由此可见，只有保持健全稳定的情绪状态，才能提高机体的忍受力和抗病能力。

（二）联结论

巴甫洛夫的条件反射研究证明，将无关因素与条件反射结合在一起，就可使无关刺激物富于意义，变为条件刺激物，建立条件刺激与反应活动的暂时联系。研究表明，即使有刺痛感的刺激和食物耦合，对动物进行刺激，结果也会使有刺痛感的刺激变成食物的条件信号。

斯金纳的操作条件反射强调刺激和反射建立联结时强化的作用，据此，应用条件反射和原理，可以改变或消除个体不良的习惯和病状。

学习理论把个体的行为看成是从社会环境中学习得来的反应形式。人类的行为像动物一样是自动学习的结果，只是一种外表现象，并不是真实的。在个体成长发展的过程中，每个人的行为都是为了获取某种心理上的满足，结果当外界环境能满足这些欲望时，行为便停止，而提供满足的环境便成为行为的动机，行为障碍的形成，也是受同样的学习原则所致。神经症是错误的儿童教养和不健康的社会压力的结果，还可能来自环境中的奖惩所引起的矛盾冲突等。综上所述，既然疾病的症状是通过学习而形成的，那么也可运用学习方法来加以消除。行为治疗就是帮助病人学习新的、有效的适应反应，驱除旧的、失败的适应反应。

（三）语言的信号作用

人们在整个生活历程中所形成的条件联系，受外界环境中各种现实信号的影响，称为第一信号系统，又受到语言和文字的影响，称为第二信号系统。在一定条件下，语言刺激可以替代甚至超越各种客观物质刺激，而直接产生相类似的反应。语言可以唤起相应的表象，在传递思想的同时，指导或控制人的情绪和行为。“望梅止渴”“谈虎色变”的历史传说故事就是实例。所以，适当地运用语言解释，也可消除躯体的不适感，缓解内心的紧张。

在催眠状态下，使用语言暗示可观察到腺体分泌增加、胃肠道蠕动增强。由此可见，在语言的影响下，对不同的心理疾患进行针对性的暗示疗法、说服法，能取得积极的治疗效果。

实际上，许多有心理障碍的人都有不正确的观念，这是他们心理患病的重要原因。研究指出患强迫症的当事人都有不合理的信念和假设，他们似乎无意中相信，他们反复地思考某一个想法或演示某一仪式性行为，将有助于避免那种在想象中的某个角落里引出的灾祸。恐怖症当事人也为自己规定了不是从实际出发的规则。

另外，焦虑症使当事人容易以消极的眼光考虑问题。有焦虑倾向的人，总以为自己会被陌生人甚至朋友排斥、侮辱或反对，经常面临危害的感觉，使其不断处于紧张状态。

对有障碍学生的治疗，纠正不合理的认知是关键的一步。其中，语言的信号作用以及准确传达思想感情的作用是不言而喻的，具体概括为以下两种。

一是认知重构法。应使当事人认识到，他们脱离现实的思想是产生不良行为的原因。帮助当事人探索自己不合理的想法，使他们以合理、现实的方式来看待生活。确保当事人明白，他们非理性的思维是如何影响其情绪和行为的。认知疗法帮助当事人建立更具适应性的思维模式，如，“学习努力，只是在某个时间集中回答一个问题，回答不出，继续做下一个。不必发慌，即使成绩优秀的人也未必能答好每个问题”。

二是思想停止法。即某种分散注意力的刺激（如令人不快的噪声）可中止强迫性思维。当事人不断地想着他原来经常出现的强迫性观念，治疗师高喊一声“停止”。接着当事人数次重复这一过程，适时默念“停止”即可，这一技术是一种驱除强迫观念的有效的自我控制术。

解决焦虑症问题同样须结合当事人的具体情况，采取各种方法，使他投入改变自己有效的行动中。

二、心理诊断方法

心理诊断含有评定的意义，即用心理学的方法来评定病人的心理障碍，确定其性质和程度，它是心理咨询和治疗的前提。由于心理障碍十分复杂，异常心理与正常心理常常交织在一起，难以区分。因此，心理治疗人员应以科学的态度，采用有效的客观方法，广泛收集诊断所需资料，详加分析，才能做出符合实际的判断。

心理诊断常用的主要方法有个案法、会谈法、观察法、测验法等。

（一）个案法

1. 个案法的定义

个案法是最基本的心理诊断方法。其主要是依靠收集病人有关的个案资料，综合系统地进行分析，对心理障碍做出判断。其优点就在于对病人的心理障碍能做出比较全面深入的考察和分析。

个案要求广泛详尽地收集资料，包括病人提供的，以及与他有关的家属、邻居、亲戚、朋友、老师、同学、领导、同事等提供的，可通过病人的作业、作品、日记、书信等有关资料获得。

2. 个案的资料

个案法一般采用两种方式：追踪分析和横断分析，或者以两种方式结合应用。为了便于对心理患者进行准确的分析，填写或记录个案资料是非常重要的，通常包括以下几个方面。

病人的身份：姓名、年龄、性别、职业、籍贯、文化程度、经济状况、社会地位等。

求诊的原因：主要是使病人就诊或家属送病人求诊的因素，简单地描述，例如，“紧张，失眠，头晕已一月余。自语、无故发笑、生活懒散，约半年”等。

病人的现状：指病人目前心理异常的表现，出现心理异常的可能诱因，产生心理异常的初期情况及后来发展变化的情况，表现的特征及性质、程度，发生的环境和背景情况等。

病人的既往史：系病人出生前后至病前的各种资料。例如，出生前母体的状况、出生后的情形、发育情况、教养条件、健康状况、学习及工作、劳动的态度、责任心、特长、婚姻恋爱及性方面的知识等。

病人病前的人格特征：包括智能、脾气、爱好、兴趣、习惯、嗜好及待人接物的态度等。

病人的家族状况：包括家庭结构、家庭成员的年龄、性别、就业情况、家庭气氛、家庭成员之间的关系、家庭成员对病人的态度、家庭成员的健康状况等。了解病人的家庭背景，对掌握病人心理异常的发生及分析其因素是十分重要的。

总之，个案记录，要求描写细致、叙述准确、重点突出、符合事实逻辑，以传记方式记述，避免使用专门术语。然后，根据病理心理学观点，综合分析，由此得出简要性的结论。

（二）会谈法

1. 会谈法的定义

会谈法是治疗师或临床心理学家通过与病人谈话的过程，了解病人心理异常的情况及性质、产生的原因，以达到诊断评定的目的。

会谈一般有三种方式：标准化会谈、非标准化会谈和半标准化会谈。

标准化会谈，又称为结构式会谈，是按临床诊断要求，编制会谈或问题表，向病人依次提出问题。这种方式，能够比较全面地收集所需要的资料。这种方法的优点是重点突出、方法固定、检查病人比较省时，其不足之处是较刻板，"是"或"否"的简单回答以及步步紧逼式的会谈有时会引起病人反感，无法取得全面而深入的详细资料。

非标准化会谈，或称非结构式会谈。此方法是使病人在自由谈话之中毫无戒心地倾吐自己的思想和情感。其优点是比较灵活，能随机调节会谈的技术和方法；这种方式需要的时间比较多，容易顾此失彼。

半标准化的会谈方式，是把上述两种方式交叉结合应用，既按照预先准备的问题，但又不拘泥于固定的顺序或某种提问的方式。

总体来说，会谈时应当根据病人的性格、疾病种类及病情程度灵活选用上述方式，这样才能获得有益于评定当事人心理障碍性质的丰富资料。

2. 会谈关系的建立

会谈能否达到目的，取决于心理医师与病人之间建立起来的关系如何。要建立良好的关系，需要心理医师采用恰当的方法。特别重要的是，要树立一切为了病人的思想观念，会谈时态度要严肃认真、热情和蔼、具有忍耐心和同情心，关心体贴病人，能得到病人真实的情况和内心的切实感受。

为获得真实的材料，在诊断性会谈中，应注意以下几个方面。

（1）前后联系

病人的异常心理，总有其产生发展过程，会谈中就要注意病人现在的情况与过去有什么关系，有什么不同，如何演变过来的。

（2）表里兼顾

有时病人谈吐与内心感受是一致的，有时并不完全一致，会谈时应从病人表面的谈吐与表现去体验病人内心的动机、欲望以及他的真实情感。既要察言观色，还要心理移位。

（3）主观和客观的关系

病人的异常心理，变化多端，不能只从主观方面去体会病人的语言，还要用客观的态度去观察分析，了解其确切意义。

（4）特殊情况的处理

会谈中常常会碰到某些特殊的情况，还必须注意这些情况的恰当处理，否则，会影响会谈的顺利进行。例如，在会谈中，有时病人会出现"阻抗现象"，不愿让别人知道他的私事。这时可向病人讲述会谈的目的，打消他的种种顾虑。又如，部分病人文化水平低，会谈时就应当用通俗易懂的语言与他交谈，引导他倾诉心理方面的矛盾。

许多会谈内容是病人讲述的内容和会谈中引起注意的问题，诊断者对会谈内容要尽可能做详细记录。为了避免当事人对此产生误解，诊断者需要对当事人做详细的解释。最后，根据会谈内容，参照有关资料，对病人的心理状态进行评定分析，提供诊断依据。

（三）观察法

1. 观察及其种类

观察法是心理学最常用的方法之一。它是有目的、有计划地观察病人的心理行为表现，如动作、姿态、表情、言语、内心体验、睡眠等，根据观察结果做出评定和判断。根据观察的侧重点不同，观察法可分为一般观察和重点观察。

一般观察，对病人在某一段时期内的整个心理行为表现，做全面的观察和了解。一般而言，观察方法涉及项目较多，观察所需的时间也较长。

重点观察，对病人在某一段时期内的某种或某些心理行为的表现做重点的观察和了解，如智力活动、动作姿态、睡眠等的特殊观察。

观察是一种有计划、有目的、长时间的知觉过程，又是一门技术。为了获得翔实的材料，观察必须有明确的目的和计划，必须客观和精确，要反复多次，不能轻易根据某些偶然现象就做出结论。必要时，也可利用照相、录像、录音等现代化工具作为辅助。

自然的心理状态不同于控制条件下的心理状态，不能做精确的重复观察，同时观察者的主观经验不一样，因而评定的结果经常出现分歧，所以观察法的运用具有一定的局限性。

2. 观察评定量表

为提高观察的客观性和可靠性，取得比较确切的观察资料，编制出各种临床心理状态评定量表。临床心理状态评定量表在临床诊断、科学研究，特别是判断某种药物或某种治疗的效果方面，是很有用处的。

（四）测验法

1. 智力测验

智力测验也是一种诊断技术，各种智力测验都是由一定数量的测量项目或作业组成的量表，这些项目或作业必须经过精心挑选和加工，并由标准化确定下来，形成常模。测量成绩便按完成项目或作业的数量来计算。把这个成绩与常模比较，即可了解一个人智力水平的高低。

智力量表一般可分为两种：年龄量表和点分量表。

年龄量表的基础是假设智力不断发展，并与年龄增长相平行。组成年龄量表的项目或作业是综合性的，包括智力的各个方面，测量的成绩代表一个人总的智力水平。比纳—西蒙量表就是这种量表的一个代表。

（1）比纳—西蒙量表

法国心理学家比纳和医生西蒙设计编制了智力测验量表，用于诊断智力落后的儿童。被称为比纳—西蒙量表。

比纳—西蒙量表，包括 30 个测量项目，从简单到复杂，难度是由测验 50 个 3 ～ 11 岁的正常儿童和一些智力迟缓的儿童及成人凭经验确定的。

测验项目包括各种智力的各种项目，特别着重判断力、理解力和推理能力。

主要有三个方面：增加了测验项目，由原来的30个增加到54个；删除了一些需要有专门训练才能完成的特殊项目。项目应当是任何正常儿童都能够通过的条目；测验项目按年龄排列，项目是根据对各个不同年龄的对象的测验成绩而来的。

比纳提出了心理年龄这个概念。如果能够解答通过某个年龄的测验项目，那么他的心理年龄便是几岁。心理年龄能够表示一个儿童的智力水平，但它并不能表示出一个儿童的智力水平在同一年龄儿童中的高低。

（2）斯坦福—比纳智力量表

斯坦福—比纳智力量表对比纳—西蒙量表做了许多改变，首次提出了智力商数这个概念，简称为智商（IQ）。

如果一个儿童的心理年龄与实足年龄都是11岁，其智商为100。表明他的智力在其同年龄的儿童中是中等的。如果IQ高于100，表明他的智力水平高于同年龄的一般儿童。

虽然智力商数IQ已为测验心理学家所接受，但是，它存在很大的局限性。因为它的假设是把人的智力看成是不断发展的。但实际上在15岁左右，心理年龄便不再随着实际年龄增长，使用特曼的IQ计算方法，求得的IQ出现下降趋势。一般认为，人到一定年龄以后，智力的发展处于相对稳定阶段，因而，斯坦福—比纳智力量表对于成人则可靠性就比较差。

点分量表是以智力的不同侧面分组，按组记分，与一个年龄组的平均智力相比较。因为智力到了一定年龄阶段，发展速度便慢下来，以至于停止发展，所以年龄量表不适用于智力成熟后的情况。韦克斯勒成人智力量表便是采用的点分量表。

韦克斯勒成人智力量表（WAIS）是适用于16岁以上的成人智力量表。

它除了可以用于测量一般智力，还常常被用于神经病和精神病的临床诊断。

韦克斯勒成人智力量表的重要特点，不是用传统的智商公式，而是采用离差智商（Deviation IQ）。离差智商是表示被测验对象的成绩偏离同年龄组平均成绩的距离（以标准差为单位）。每个年龄组的平均成绩定为100IQ，标准差为15IQ，这是依据测验分数的常态分配来确定的。

韦克斯勒成人智力量表在诊断中具有很重要的意义，它可以作为智力评定的依据，还可以根据各个分测验的分数曲线和分配关系，作为临床上诊断智能损伤或由脑外伤引起的智力衰退、精神障碍或其他病理状态。

2. 人格测验

人格测验是评定个性心理特征的一种技术，临床上常用来作为诊断工具。

人格是个体在早期生活就开始形成的，已形成的性格特点与疾病有着密切的关系，某些性格特点常是许多疾病容易发生的基础。研究表明，自我克制、情绪压抑和内蕴性强的性格最易引发癌症。动作快、没耐性、好争斗、易激惹、整天忙碌、慌里慌张等性格表现，其心脏病的发病率明显高。另外，疾病也常常会引起病人性格的某些改变。因此，专业人员对人格的评定便常成为临床诊断鉴别疾病的依据之一。

目前，用于评定人格的技术和方法很多。大致可以分为两类：投射技术和人格调查。

第一，投射技术是指用各种云图、墨迹图、指画、图片等测验评定病人，根据测验评定的结果，分析其性格特点。

其一，罗夏墨迹图测验是瑞士精神病学家罗夏设计编制出来的。适用于成人和儿童的良好的人格投射测验，对于诊断了解异常人格有一定的实用价值。

其二，主题统觉测验是摩根和姆雷设计编制的，主要用于研究幻想。以后便把它推广到精神病临床诊断及研究儿童心理的发展。

目前，精神病临床上常使用主题统觉测验。精神分裂症病人在这个测验上表现的特征有以下几个方面。①僵化和具体化。病人只联系画中很明显的部分，说出具体的事物，并不做生动的构思和描述。例如："这就是一个男的和一个女的。"②否定。病人不做肯定回答，否定可以想象的意义，或否定测验的要求。例如："除了画，我没有看到什么。""我不愿回答你。"③似曾相识的反应。病人对画中情境似乎很熟悉，或称认识图中的人物。④反应固定不变。病人在一张图片上的想法，可以固定不变地出现在其他图片上。⑤特别重视局部。病人反应对某一具体局部很详尽。如图中的一本书、一个领结或一块手帕等小物件。

咨询员在诊断中，所分析的这些特征，都是经验性的，是从事诊断的临床医师和临床心理学家从实际的临床观察的经验中获得的。各人经验不同，所观察的特点也会不同，除了上述几个方面，还可以说出很多。

主题统觉测验，除了作为一种临床诊断的工具，还常常作为心理治疗时的刺激联想材料。

其三，画人测验是通过绘画人物的活动来评定人的某种倾向。

测验开始，先给病人一张白纸和一支铅笔，简明地告诉他："请你画一个人。"当他画完第一张人像后，再要求他画出一张与第一张性别不同的人。然后把两张人像画做对照分析。画人测验基本上是定性分析，主要是从分析画的许多特点来描述人格倾向。例如，分析画面各部位的比例、男女画像之间的相同点和不同点、线条的特点、人体各部分的连接、正面还是侧面、手臂位置、衣服的描绘及背景与基本效果，还有是否省略、遗漏、增添、强化某一部分而给予特别的解释。从这些特点中，可以了解病人对于人体形态的看法、态度、内心的矛盾冲突，以及有关性心理适应的问题等，因为这些人格方面的问题能在他所描绘的人像图形中显露出来。

画人测验的优点在于施行简单，具有一定的诊断价值。但是，对于人像图形的解释，却需要从事这一测验的心理学家和临床医师有较熟练的临床技术和较丰富的临床经验，并要以高度的谨慎态度进行分析，否则，会因错误的解释而失去诊断的价值。

第二，人格调查通常是用精心选择编制的一系列问题调查表，要求病人选定适于自己的答案。在美国主要有心理学家伍德沃斯编制的人格资料档案表、适应调查表和明尼苏达多相人格调查表。

明尼苏达多相人格调查表产生于20世纪40年代。哈特卫和墨金莱为了调查美国人的个人适应和社会适应，编制了这个调查表。多年来，许多国家将其翻译为本国文字，广泛应用于人类学、心理学及医学临床。它在精神病临床诊断及人格评定方面有一定的应用价值。

明尼苏达多相人格调查表是采用问卷测验法，经过多次修订，题目为566个，测量方法有卡片式和手册式两种。哈特卫和墨金莱在编制这个调查表的过程中，对每一个题目都做了细致的认真选择。他们通过大量病史、以往使用的人格量表及医生的笔记挑选题目。然后对正常人和病人进行测验；并用重复测验、交叉测验等方法，检查每个题目的信度和效度。所以，这个调查表编制得比较科学规范。它的内容涉及范围很广，包括健康、心身症状、神经障碍、教育、职业、家庭、婚姻问题、各种神经病和精神病的行为表现等。

人格是一个很复杂的问题，至今也没有一个统一的基本概念，设计编制人格测验工具，以及对测验进行人格的评定尚存在不少困难。为了提高人格测验的诊断价值，除了选用恰当的工具外，熟练掌握测量的技术以及准确详尽的解释也很重要。

三、心理咨询与治疗的方法

（一）一般性心理治疗技巧概述

1. 一般性治疗技巧的含义

一般性心理治疗技巧，具有支持和加强病人防御机能的特点，使病人增强安全感，减少焦虑和不安。

为了使个别和团体治疗效果达到预期目的，治疗前必须做好以下准备。

第一，建立医生和病人的良好联系。这不仅是心理治疗也是治疗的基础，只有建立了这种良好的联系，才能争取病人的积极配合，确保治疗取得很好效果。

第二，调查收集病史，全面了解病人发病的社会心理背景，分清症状的主次和研究存在的各种矛盾。

第三，做好周围人的工作，争取配合。

第四，注意一定程度的保密。

2. 一般性治疗技巧的策略

一般性治疗技巧的策略很多，最常用的有解释、鼓励、安慰、保证和暗示等。解释是其中最主要的一种。

第一，解释就是向病人讲明道理，帮助病人解除顾虑，树立信心、加强配合，为继续治疗创造良好的条件。它是一般性心理治疗的最基本的疗法。为了做好解释工作，需根据科学的原理，运用通俗易懂的语言，把疾病的性质和规律讲清楚，不要使病人发生曲解和误解。凡是有疑问的地方，必须耐心地反复说明，在病人不能接受医生意见时，暂时换个主题或不做结论，不要操之过急，要允许病人的思想有反复。

第二，鼓励和安慰。在病人情绪低落、悲观失望、缺乏自信时给予同情和支持，帮助病人振作精神，建立信心，然后鼓足勇气，克服暂时的情感障碍。

第三，保证。病人对自己的疾病常常疑神疑鬼，出现焦虑紧张的情绪，特别对自己的健康和学习等前途提心吊胆。这时应及时地以充分的事实作为依据，用充满信心的态度和坚定的语调，向病人做出担保，而且愿意承担一切责任，以消除病人的紧张与焦虑情绪。这种保证主要针对神经症，在进行保证治疗以前，必须做好检查、检验和核实工作，确实排除了器质性病变的情况下方可实行。

第四，暗示是通过某种方式，间接影响心理疾病患者，使其改变某种观点的过程。从性质来分，有积极暗示与消极暗示两种。按形式不同，又有一般暗示与自我暗示两种。积极暗示，就是不管别人的意见正确与否，都是无条件、无分析和无批判地全盘接受；消极暗示，就是不管别人的意见正确与否，都是无条件、无分析和无批判地拒绝。一般暗示，是指暗示发生时有较强烈的外界诱发因素；自我暗示，是指暗示来源于病人自身。

病人受暗示的程度是不相同的，其原因是多方面的，主要和产生暗示的客观条件及病人的先天素质有关。其中，病人的情感是极其重要的，如果对治疗与治疗人员比较信任、感情良好，就容易无条件地接受暗示。在催眠状态下，最易接受暗示。

暗示的应用范围很广，主要是通过语言、药物和理疗来进行暗示。其中，语言暗示为最主要和最常见。解释、鼓励、安慰和保证时，都包含着强烈的暗示作用。单纯依靠语言暗示对许多病人来讲是不够的，如果能同药物或理疗相结合，将会取得更好的疗效。

（二）心理治疗的方法

心理治疗的分类方法很多，根据对象的不同一般把心理治疗分为个别治疗和团体治疗。这两种方法对治疗心理疾病患者具有不同的特点和要求，在治疗心理疾病时发挥着各自独特的优势和作用。

1. 个别治疗

（1）个别治疗的概念

个别心理治疗，是由医生有计划有步骤地通过会谈方式和病人单独进行的一种心理治疗。个别心理治疗要采取启发诱导的方法，帮助病人弄清其发病原因和发病机制。鼓励病人建立信心，加强自我锻炼，克服病态症状，提高适应能力，最后达到痊愈的目的。

这种治疗要求医生经过专门训练，具有较高的业务技术水平和一定的分析能力，且要有耐心，要能够和病人进行沟通。这种方法主要适用于某些神经症、心因性疾病和性格障碍基础上的精神疾患，他们都需要进行较为系统的心理治疗。

（2）个别治疗的过程

个别心理治疗，具体步骤一般可分为以下三个阶段。

第一阶段，咨询员耐心地倾听病人的叙述。只有耐心地倾听病人叙述，才可达到两个目的：核查病人所提供的病史材料；建立良好的医患关系，为做好心理治疗创造有利条件。

病人的病史是否正确可靠，关系到对病人的诊断能否正确，由于种种原因，病人往往不一定在开始时就提出其真正的问题所在，需要循循善诱，尽可能收集有关病人的全套资料，还必须向本人核实有关方面提供的材料是否与事实相符合。心理治疗就是要帮助病人认识自己的精神活动，加强自我战胜疾病的能力，以达到治愈疾病的目的。虽然精神病患者的精神活动都是杂乱无章的，提供的材料经常互相矛盾，但是都有其一定的真实含义。只要将收集到的材料进行客观分析，还是可以找出病人发病的原因和这些原因的内在联系的。

因患者内心苦闷，情绪时常发生变化，而这种情绪上的矛盾如果长期郁闷在心中，就会影响脑的功能，让其发泄一番，把它谈出来，心情就会感到舒畅，起到一定的安定作用，病情就能得到很大改善。

这种疏泄郁闷情绪的方法不仅对病情能起到暂时性的抑制作用，且对以后的治疗也能有很大的帮助。

第二阶段，咨询员应帮助病人提高对疾病的认识。如果说第一阶段是建立医患关系，让病人发泄心中郁积的情感，那么第二阶段就是个别心理治疗最后的阶段。心理治疗的目的是调动患者的积极性，帮助他正确认识病情，达到自我治疗的目的。所以这一阶段的工作内容是：同病人一起分析病史材料，根据材料提出病因和发病机制的初步意见，帮助病人提高对疾病的认识。

这一阶段经常会出现“阻抗”，即病人对待心理治疗往往存在着一种矛盾心理。具体表现为他愿意接受治疗，希望早日恢复健康；他又害怕医生认真地研究他生活的情况和精神活动，而暴露他的弱点，因为患者大多数具有较强烈的自卑感和不安全感，害怕受到轻视、歧视和批评。

帮助病人减少阻力的发生是第二阶段的重要任务。为此，应注意以下几个方面。

第一，治疗前要向病人说明治疗的目的。在正式治疗前，把心理治疗的意义、目的、要求、方法、需要的时间、在治疗过程中可能发生什么副作用等问题，先向病人做详细的介绍与说明。还应该向病人指出，治病是一项艰巨的任务，要求病人建立信心，持之以恒，同心理医生一起配合完成这个任务。

第二，保护病人自尊心。有时病人会暴露一些错误思想、错误的话，必须向病人及时指出，这些现象是病态的正常表现，随着治疗的进程，症状会渐渐消除的。

第三，鼓励病人参与分析。对病史材料进行具体分析时，要鼓励病人把自己的问题看作别人的问题，把自己看成是帮助者而不是被帮助者。

这种方式调动了病人参加治疗的积极性，避免阻抗的产生。

第四，诱导病人自我探索。对病人比较敏感的问题，要善于用启发诱导，就是多让病人进行自我解释，让他们自己发现其中的矛盾，千万不能粗暴地批评，不要勉强病人接受他们所不同意的意见。对于病人的正确意见，应立即给予肯定，对他们的错误意见，可采取保留态度，或者不表示态度。

第五，控制治疗过程的进行。在治疗过程中，病人的阻抗情绪没有减弱反而有增加时，应立即停止治疗，待反抗情绪改善时，再继续进行治疗。否则将出现更糟糕的效果。

第六，帮助病人对已有材料进行认真分析的目的，是提高病人的认识，把医生较正确的意见，变成病人的意见，并能够针对自己的具体情况制定具体的措施，然后有计划地和有步骤地进行自我锻炼以取得良好疗效。

综上所述，在一般情况下一般性心理治疗只能起到鼓舞和安慰病人的作用，取得的疗效是短暂的。只有施用较深入的个别心理治疗时，获得的疗效才是比较巩固的。

第三阶段，巩固成绩，提高疗效，预防复发。个别心理治疗第三阶段的主要内容是，鼓励病人在医生的指导下，主动积极地进行自我锻炼，巩固成绩，提高疗效，预防复发，在这一阶段应注意以下两个方面。一是个性脾气方面。有些疾病的发生，同病人的个性脾气存在着一定的联系，并随着病人个性脾气进一步地发展。一般而言，精神分裂症患者的个性脾气大多是多疑型，性情孤僻；躁狂症患者多数性情急躁，富有斗争性和同情性；忧虑症的患者大多胆小怕事，斗争性较差，在困难面前容易消极悲观；歇斯底里症患者的情感容易波动，精神衰弱症患者经常犹豫不决，优柔寡断。在进行自我锻炼时，结合病情应客观地分析脾气的利弊，要鼓励病人尽最大可能发扬其有利的一面，纠正其不利的一面。更为重要的是，鼓励病人要学会掌握自己的个性脾气，变不利为有利。二是劳逸结合。脑适宜于有节律性的活动，若能适当地把体育锻炼和文化活动相结合，不仅能增强体质，有助于消除疲劳，还可以提高工作效率，这对工作与健康都能起积极作用。反之，大脑的活动就会失调，既不利于工作，也不利于健康。另外，在病人进行自我锻炼的过程中，有关方面的配合和家属的支持也是必要的。

总之，在具体的治疗工作中，以上三个阶段并不是各自孤立的，而是密切联系，相互依赖和相互渗透的。

2. 团体治疗

（1）团体治疗的概念

团体治疗主要是通过发挥集体在人际关系中的积极作用，通过病人相互间的交流和帮助，能起到医务人员所不能起到的良好作用。团体治疗的特点之一是增加病人参加社交活动的机会，有利于提高他们的社会适应能力。

参加团体活动治疗的对象，一般以病情相类似、文化水平较为接近的神经症较适宜。每次人数一般在 10 ～ 15 名，每周活动 2 ～ 3 次，每次 2 小时左右，以 5 ～ 8 次为一个疗程，治疗前，必须事先了解参加团体治疗患者的有关致病原因和症状特点。治疗过程大体分为以下三个阶段。

第一阶段，以讲座为主，要求患者对疾病有一个正确认识。

第二阶段，要求患者能结合自身的情况进行分析，有条件的患者最好能写成书面材料，在团体讨论会上互相交流。

第三阶段，帮助患者增加社会适应能力为主，采取预防复发的措施，合理安排工作、学习、生活和休息。必要时，还要配合个别心理治疗。

（2）团体治疗的优缺点

团体咨询与治疗具有个别咨询与治疗所不具备的许多优越性，特别适用于学校的咨询与治疗。

其一，团体治疗更为节省时间。国外典型的学校咨询与治疗模式，要求800名学生配备一名专职治疗师，按照每周22个小时的咨询与治疗时间计算，每个学生每年只能得到一次接待机会。尽管有不少学生并不需要到治疗室来，但需要来咨询与治疗的人却绝不是一两次便能解决问题的。若将指导与治疗都加在一起，治疗师的任务便更加繁重。而团体治疗每次可接待6～20人，可缓解这一矛盾。

其二，团体治疗提供了更为典型的社会现实环境。它导致了两个重要的结果：第一，它使团体的领导者（治疗师）能够更好地研究当事人的社会相互作用模式；第二，它有助于推进当事人的社会化过程。心理医师却无法在个别咨询与治疗中直接观察到当事人是如何进行社会交往的。有机会观察某人在社会环境中的表现对于洞察其人格的社会性方面是极为有利的，特别是对那些有一部分问题出自社交困难的当事人而言，这一点就更为重要。团体治疗使每一个参与者都有机会改善和提高自己的社交技能，从而有助于推动他们的社会化过程。

其三，提供了多角度的分析、观察及情感的反应。在团体治疗中，当事人与其他成员平等交流，不仅能获得关于心理问题的各种知识，而且获得了真实的平等感，这对他建立改善自我的自信起着重要作用。所以，在个别治疗中，只有心理医师能给出应答，在团体治疗中当事人却具有广泛的选择性。团体治疗的信息多样性、体验真实性、平等性是个别治疗无法比拟的。

其四，特别是对于学校来说，它更为接近于班级的环境。由于当事人往往更为习惯于过团体生活，让其单独在心理医师的办公室里接受咨询或治疗，他反而会不习惯，而团体治疗则保持了体验上的连续性，这种体验正是健康而有益的。

当然，团体治疗自然也有它的不足之处，某些当事人有时只愿意私下咨询或治疗。但是，对于大部分当事人来说，团体治疗仍然是学校心理医师应采用的最佳咨询与治疗方式，以便省下时间更好地帮助少数只能采取个别咨询与治疗方式的学生。

第七章 大学生心理问题矫正与心理危机干预

第一节 大学生常见心理问题的矫正

一、大学生心理困难的矫正

由于经验不足或教育不当，造成一定的心理困难，会对人的生活和学习产生很大的影响。大学生的心理困难包括不良品行、不良人格等。这些心理困难，轻者可以自我调节，重者需要在心理咨询员的帮助下才能得到矫正。

（一）不良品行的概述

不良品德行为是指由错误道德支配、违反道德规范、损害他人或集体利益的问题行为。在大学里有不良品德行为的学生不在少数，且消极作用很大，经常干扰班级和寝室的文明养成，不仅带坏其他同学，甚至走上犯罪道路。这说明大学生中存在的不良品德行为是一个不容忽视的社会问题，给大学教育带来了新的挑战。因此，重视不良品德行为学生的矫正教育，已迫在眉睫。

1. *不良品德行为的原因*

（1）社会环境中消极因素的影响

随着改革开放的日益深入，各种文化交流也愈加频繁，社会上出现了多元化的文化和价值观，与之相伴的一些错误思潮、不良风气，以及社会文化生活中不健康的亚文化和伙伴之间相互的教唆与影响，这些不良的社会因素，极易使思想免疫力差的青少年沾染上恶习，产生不良品德行为。

（2）家庭教育中不良的影响

一项对犯罪少年的调查表明，家长溺爱、家教不严而造成少年犯罪的占 64.7%，这说明错误的家教态度与方法，如溺爱娇惯、重养轻教、重智轻德、宽严失度、方法失当，或专制粗暴或忽视放纵或态度、价值观不一等，是促成学生产生品德不良的重要原因。

此外，家长的错误思想、不良习惯或家庭自然结构的破坏、家庭关系的破裂或冷淡，都会对子女产生不良的影响。一项调查发现，54.7% 的犯罪少年是因为缺乏父母教育或父母离异而造成品德不良。对犯罪少年的调查还表明，因家庭关系破裂，向外寻找“友谊”“温暖”而犯罪的占 84.1%。

（3）学校“教育不当”

学校对学生的教育都是正向功能。学校与教师工作中的失误，都可能产生负向功能，直接或间接地影响学生，产生品德不良行为。例如，有一些教师强调权力与惩罚，对学生强制命令、简单粗暴、训斥、体罚；有些教师重教书轻育人，或缺乏良好师德，或性格不良。其中，教育思想不端正，片面追求升学率，搞形式主义等；学校的各种竞赛和考试压力，学习负担过重，常会引起学生过度的心理紧张和挫折心理，从而诱发过错行为或不良品德行为。

这些不良因素的作用，削弱了学校正面教育的功能，给学生品德的发展和教育产生了错误的导向，纵容了学生中不良品德行为的产生。

（4）学生不良的心理因素

大学生自身的某些不良的心理因素也是形成品德不良的原因。这些因素包括以下四个方面。

1）不健康的个人需要

学生脱离实际，过分追求高消费、虚荣心重，或者追求低级的性刺激，都可能导致过错行为或品德不良行为。但是学生的某些合理的，尤其是基本的心理需求，如自尊需求、情感需求、交往需求、成就需求等，长期得不到满足，或遭到剥夺，就会盲目寻找补偿，如生理性的低级需求、畸形的物质或精神需求，从而导致不良品德行为产生。

2）消极的情绪体验

部分学生爱憎颠倒、好恶颠倒、喜结伙、重“义气”，被教师和集体所冷落、受歧视，自尊心受到损伤，这么多的失败和挫折都可能引起消极的情绪体验。加上青少年情感强烈，易冲动，自控力弱，这些都可能导致过错行为、不良品德行为产生。

3）人际关系的不正常

有的孩子缺乏家庭温暖，有的家长溺爱，养成自我中心主义，不能与同学和睦相处；有的学生与教师关系紧张，对立情绪严重；有的与集体关系不好，感到孤立苦闷；有的学生在外另找“伙伴”，加入“团伙”等。这些人际关系的不良倾向，都可能成为产生不良行为的原因。

4）不良行为习惯

不良行为若未能得到及时的矫正，反而侥幸得逞，这种不良行为就会同个人私欲的满足进一步联系起来，经过重复，建立动力定型，形成不良习惯，从而成为继续产生品德不良行为的直接原因。

此外，学生缺乏正确的道德认识、强烈的好奇心、盲目模仿的心理都可能使一些学生产生过错行为或不良品德行为。

2. 不良品德行为的矫正

大学生的可塑性较大，自尊心较强，只要教师弄清情况，了解原因，采取符合学生心理特点的教育方法，学生的不良品德行为是可以矫正的。一般认为，学生不良品德的矫正可分为以下几个阶段和步骤。

（1）激发学生改变不良品德行为的强烈动机

具有不良品德行为的学生一般比较自卑，人际关系较差，但他们自尊心较强。作为教师应该理解、尊重和关心他们，使他们产生“自新”的愿望，帮助他们树立自己的信心。要达到这个目的，有赖于以下几个方面。

1）消除情绪障碍，改善人际关系

品德不良的学生，一般都经常受到家长与教师的训斥和惩罚、同学的指责与嘲笑。他们对教师、家长、同学存在着疑惧的心理，对立的情绪，不信任的态度；家长、教师应该关心爱护他们，改善与他们的人际关系，用诚心、爱心去感化学生，消除对立情绪。

2）保护自尊心、培养集体荣誉感

自尊心是个人要求得到他人或集体的承认、尊重的情感。自尊心和集体荣誉感是学生努力上进的重要动力。教师应该善于发现学生的“闪光点”，激发其自尊心与自信心，消除其自卑心理。教师还应运用集体的力量形成正确的舆论来影响并教育产生不良品德行为的学生。

不良品德行为的学生对训斥已经习以为常，一般的谈话、劝说、批评不大见效。教师要抓住引起他们内心冲突与情绪波动的事件，触动其心灵的震动，使其感受到舆论与良心的谴责，认识到不良品德行为产生的严重后果，促使其醒悟。在此契机上讲究谈话艺术，纠正其模糊、错误的是非观念，增强其是非感，提高其道德认识。

（2）促进不良品德行为的转化

不良品德行为的学生开始认识到错误，有了改正错误的愿望，并在行为上转变。转变过程可能有反复，教师应该积极关注，不仅要导之以行，更要持之以恒，养其成性。实践证明，以下几种方法比较有效。

1）环境调整法

环境的适当调整更换，有利于学生去掉旧习惯，养成并巩固新习惯。

2）活动矫正法

不良品德行为是在不健康的活动中形成的。用丰富多彩的娱乐活动、文艺型活动、体育型活动、劳动型活动、行为养成型活动可以消除学生不良品德行为，巩固新的行为。

3）行为强化法

运用多种强化法，巩固新的道德行为。既要重视外部强化，又要重视内部强化，既要多用正强化对正确行为给予肯定奖赏，也要恰当运用负强化，对错误行为给予否定批评；既要及时强化，也可适当运用延缓性强化。

4）榜样引导法

榜样的力量是无穷的，学生模仿性特强，榜样对矫正不良品德行为有着重要的作用，要注意榜样人物对学生的亲切性、可学性与感染性，增强学生对榜样的理解、认同与效法。

5）行为考验法

考验是一种信任的表示，可以激起学生的尊严感，从而坚定改正不良品德行为的意志力。教师可引导学生主动地进行自我考验，但是要将坚强意志的考验与冒失蛮干区分开。

此外，教师还应及时运用表扬奖励与批评惩罚，来强化不良品德行为学生矫正期间的行为，帮助学生改变旧行为，建立新的品德行为，促使其稳定化、习惯性、个性化。

（二）不良人格的辅导与矫正

不良人格是指个体不能很好地根据环境的要求改变自己，或不能积极作用于环境并改造环境，由此产生的各种情绪上的干扰，妨碍学生有效地学习和交往，获得生活的幸福感。学校中不良人格包括嫉妒、神经质、偏激、狭隘、自卑和暴躁等。进行心理辅导是改变不良人格的一种重要途径。

1. 嫉妒

嫉妒是恐惧或担心他人优于自己的心理状态，是在他人比自己占优势之后，试图削弱或排挤对方的一种带有攻击性的消极个性品质。学生的嫉妒有以下四种起因：一是因自己的容貌、身材等生理条件欠佳而对优越的同学产生嫉妒心理；二是因教师对他人的表扬而造成的嫉妒；三是因自己家境贫寒而对家庭社会、经济地位高的同学产生嫉妒心理；四是因竞争受挫而产生的嫉妒心理。总之，他们都是由于缺乏自信、心胸狭隘所致。

（1）嫉妒的表现

嫉妒根据程度不同，可分为以下三个方面。

1）不承认别人的成绩和进步

对别人成绩好、进步大，或某方面优越之处突出，嫉妒者往往视而不见，矢口否认。

2）贬低别人的成绩和进步

这与第一种表现相伴而生，常见的是把别人的成绩、取得的进步说成是偶然的、投机的。如把某同学的成绩进步说成是通过“死记硬背”或“运气好、猜中题目”获取的。有时候，以明褒暗贬的方式出现，话讲得好听，而其中的味道却是酸溜溜的。

3）表现出对某人的整体怨恨

嫉妒发展下去会超过就事论事的范围，从而对嫉妒对象的所有行为表现出怨恨。这时，嫉妒者强烈地为嫉妒心所支配，失去理智的行为常常发生，如造谣中伤、幸灾乐祸、挑拨离间、公开侮辱等。

（2）嫉妒的后果

嫉妒对某些同学来讲会产生激励作用，他们通过加倍努力而迎头赶上，甚至超越或者产生补偿行为。但就整体而言嫉妒的后果是消极的，有碍身心的发展，具体表现如下：①嫉贤妒能，有碍人际关系的和谐，嫉妒能干的人，言行往往表现为耍态度、讽刺打击，或制造尴尬，疏远冷淡；或造谣中伤，诋毁对方。这些言行无疑会破坏同学间的友谊。②嫉妒有害于身体的健康，嫉妒的人精神上不仅备受折磨，而且还给生理上造成危害。嫉妒能造成人体内分泌紊乱，肠胃功能失调，有损身体的健康。可见，嫉妒实质上是一种以自我为中心的病态心理，“嫉妒者的痛苦比任何人的痛苦更大，他自己的不幸和别人的幸福都使他痛苦万分”。

（3）改变认知的方法

对怀有嫉妒心的学生，教师不应另眼相待，冷嘲热讽，应耐心地对他们进行心理辅导，帮助他们克服不健康的心理。教师可通过下列改变他们认知的方法进行心理辅导。

1）加强理想和世界观的教育

嫉妒不是一种孤立的心理活动，而是受理想、信念和世界观等因素制约的。嫉妒偏离了正确方向的自尊心，是畸形的自尊心，它把自尊理解为高高地凌驾于别人之上，自己只能超过别人，决不容忍别人超过自己。所以，有嫉妒心理的人是自私狭隘的。他们只有逐步树立起崇高的生活目标和理想，树立起正确的世界观，那种唯我独尊、处处显示自己、沽名钓誉的嫉妒心理才能从根本上得到消除，才能与别人和睦共处，把别人的进步给自己带来的压力变为动力，推动自己的发展和进步。

2）冷静、客观、正确地认识自己

“金无足赤，人无完人。”每个人都有自己的长处，也有自己的不足，要善于取别人之长，补自己之短，摆正自己和别人的位置，进行心理“互换”；只有这样的健康心态，才能克服自私狭隘的心理，正确地对待别人的优势和自己的不足，与人为善，尊重、理解别人。

3）把精力投入到事业中

英国学者培根说得好：“每一个埋头于自己事业的人，是没有工夫去嫉妒别人的。”每一时期都为自己确定一个奋斗目标，孜孜不倦地为实现这个目标而努力，不断向自己提出更高的要求，从而不断地努力。这样便不容易为周围的变化所分心，嫉妒心理就很难产生。

2. 神经质

具有神经质不良人格的学生，通常具有易紧张、好激动、多愁善感、敏感多疑等特点，多伴有睡眠不好。这类学生对各种刺激均产生强烈的反应，情绪激动后又很难平静下来。例如，听到或晚上梦见汽车、火车、飞机等交通工具出事故后，出门乘车便忧心忡忡，总担心会出事。看到别人患胃癌，自己胃部稍有不适也怀疑自己患了胃癌。情绪反应的不稳定给这类学生带来适应上的困难，也给他们造成很大的烦恼和心理冲突。不仅如此，神经质倾向又是引发多种心理疾患的内因之一。研究表明，恐惧症、焦虑症、强迫症、疑病症等均与神经质的个性特点有关，对此学校应引起高度的重视。

神经质的成因与下列因素有关。

（1）高级神经活动类型弱型

这种类型的人，神经系统天生比较弱化，敏感多疑。一般刺激会当作强刺激来接受，稍强的刺激就接受不了，自然易紧张、好激动、爱担心、怕受伤害，具有神经质倾向的神经类型还有不灵活的特点，平时显得过于教条、死板、固执、爱钻牛角尖。

（2）家庭教育方式

家长的教养方式对子女的神经质倾向也有很大的影响。例如，不讲民主、专横武断的家长动不动就训斥或打骂子女，使子女时刻处于提心吊胆之中，自然易紧张、担心、焦虑、敏感。由于子女总受斥责，总觉得自己有差错，总有一种不如人的感觉，从而形成自卑感，学习、生活一旦出现差错，容易产生内疚、惭愧等。

对患神经质的学生，应从以下几方面进行心理辅导：①树立远大的理想，开阔视野、拓宽心胸。把注意力集中在有意义、有价值的大事上，整天忙忙碌碌，也就无心为鸡毛蒜皮的小事而忧心忡忡，无暇耿耿于怀了。②多与人沟通思想，交流感情，避免猜疑。③独立思考，独立解决问题。只有勇于参与活动，承担责任，努力奋斗，才能获得成功，体验到自信，克服自卑、困惑，避免消极、被动、退缩、胆小害怕的神经质倾向。④参加体育活动，培养坚韧、果断的良好性格。⑤采用积极暗示或心理放松的方法，放松绷紧的神经。凡事只求尽力，坦然客观地处理生活、工作中的问题，学会自我调整、稳定情绪、自我完善。

3. 偏激

偏激的学生在认识上的表现往往是看问题绝对化，片面性很大。比如，有的学生考试考好了，就认为自己什么都好，扬扬自得，产生骄傲情绪。而有时一次考试不理想，就消沉到底，一蹶不振，认为自己什么都不行了。

情绪上的表现是按照个人的好恶和一时的心血来潮去论人论事，缺乏理性的态度和客观的标准，易受他人的暗示和引诱。如果对某人产生了好感，就认为他一切都好，明明知道是错误，是缺点，也不愿意承认。

行为上的表现是莽撞从事，不顾后果。学生往往认为友谊就是讲义气，当他们的朋友受了别人“欺侮”时，他们往往二话不说，马上就出来帮朋友打架，把蛮干、鲁莽当成英雄行为。

形成偏激的不良人格的原因主要有以下两种情况：（1）知识经验不足，辩证思维的发展尚不成熟，不善于一分为二地看问题，经常抓住一点就无形地夸大或缩小。自以为看到了事物的全部，极易出现以偏概全的失真判断，导致错误的结论。（2）学生的大脑皮层及皮层下中枢的兴奋度常迅速地增强或减弱，从而形成情绪的波动不安，出现偏激认识和冲动行为。

改变学生的偏激行为主要从以下两方面入手：（1）丰富知识经验，培养辩证思维能力。帮助学生拓宽兴趣的范围，积累丰富的知识经验，帮助学生掌握基本的思维方法，引导学生全面、灵活、完整地评价事物，冷静、客观地看待问题。（2）加强意志力的锻炼。首先，使学生明确行为的主要目标，严格规范自己的行为，提高自我控制能力。其次，从小事做起，从今天做起，逐步磨炼意志。让学生懂得一味地放纵自己，只能使自己在错误、恶习的斜坡上越滑越远，最终不能自拔。

4. 狭隘

狭隘的学生，遇到一点委屈或很小的得失便斤斤计较、耿耿于怀。有的学生听到老师或家长一两句批评的话，就接受不了，甚至痛哭流涕；有的学生对学习、生活中一点小小的失误就认为是莫大的失败、挫折，甚至长时间寝食难安。这些表现多见于女生。

狭隘的学生人际交往面窄，追求少数人间的“哥们义气”。只同与自己想法一致或不如自己的人交往，容不下那些与自己意见有分歧或比自己强的人。这些情况在男生中表现尤为突出。

造成狭隘的原因，是由于家庭和认知水平所致。

（1）家庭因素

狭隘的产生同家庭中不良因素的影响有很大关系，父母狭隘的心胸，为人处世的方法，不良的生活习惯等对子女有潜移默化的影响。有些子女狭隘的性格完全是父母性格的翻版。

另外，优越的生活环境，溺爱的教育方法易形成子女任性、骄傲、利己主义等品质，自然受点委屈便耿耿于怀，对“异己”分子不肯容纳与接受。

（2）认知水平

学生阅历浅，经验少，遇到问题后，容易把事情想得过于困难、复杂，加之对自己能力估计不足，对事情感到无能为力。因此，容易紧张、焦虑、放心不下。预防和纠正学生的狭隘的倾向。

应注意以下两方面。

第一，加强理想教育。

一个人活在世上，就要充分地挖掘生命的潜能，为社会做贡献，给别人，给后人留下点有价值的东西。一旦把眼光放在大事上，自己一时的得与失则算不上什么，对整体、全面有利的人与事就都能宽容地接受，使眼光从狭隘的个人圈子里解放出来。

第二，培养集体主义精神和高尚的情感，指导学生进行正当的人际交往。

与人相处应热情、直率、善于团结互助，融“小我”于“大我”之中。交往面的增多可加深彼此间的了解与沟通，更透彻地了解别人与自己，因而心胸也随之开阔。

5. 自卑

自卑是一种自己轻视自己，认为自己不如别人的惭愧、羞怯、畏缩甚至灰心的复杂情感；自卑心强的学生，看不到自己的长处和优势，处处觉得低人一等，悲观失望，甚至对稍加努力即可完成的任务，也自叹无能而轻易放弃。

造成自卑的原因大致有以下三种。

（1）自我认知不足和过低的期望

自卑者客观上存在不足之处，如成绩不好、生理缺陷、能力差、社会地位低下等。但他们认识自己时，总习惯于拿自己的短处与别人的长处比，结果越比越泄气，从而形成自卑心理。

另外，自卑者在从事任何活动之前，常有一种“很难成功”的消极自我暗示而对自己的期望不高。这种自我损害的倾向使人不相信自己的力量，限制了能力的正常发挥。结果造成活动的失败。失败的结果反过来又验证了自我的认识和期望，进一步强化了自卑。

（2）内向的性格

性格内向者一般多愁善感、胆小忸怩、敏感多疑，总觉得别人瞧不起自己，所以遇事退缩，处处回避。结果，增加经验和增强自信的机会无形中被大大减少了。

（3）挫折的经历和不恰当的归因

受过挫折的人，尤其是多次受到别人的嘲笑、讽刺和打击时，会极易对自己的能力产生怀疑，出现过低的自我评价，从而一蹶不振、消沉沮丧，导致自卑心理的形成。

消除自卑心理，教师应为学生做的工作是：努力为自卑的学生创造温暖、积极向上的良好气氛。家长、教师对学生的差错或失败不要消极地批评、斥责，应积极地帮助和鼓励。同学之间要提倡互帮互学，消除各种不良班风。引导自卑的学生正确认识自己的优点和不足，尤其是要使他们看到自己的“如人处”和“过人处”，对失败进行客观的归因，树立“勤能补拙”的信念，学会“扬长避短”的策略。指导自卑的学生正确地运用心理防御机制，在遇到挫折的时候，要从多角度辩证地看问题，形成“合理化”的认识，促进情绪的稳定和心态的平衡。

自卑作为一种主观心理体验，总是通过其言行举止反映出来，因此只要我们留心观察，就不难发现青少年在不同情境下表现出来的自卑心理。对于大学生到底在多大程度上怀有自卑感，我们可以从日常生活和学习的观察、了解中获得。

6. 暴躁

暴躁指遇事好发急，不能控制感情。它多见于性格外向兼有神经质倾向的学生。其主要表现是沉不住气，易激动，听到一句不顺耳的话就火冒三丈，甚至唇枪舌剑，拳脚相加。

暴躁的形成与遗传素质、个人修养、家庭教养等因素有关。

（1）遗传素质

高级神经活动类型为强而不灵活、不均衡的，即为“不可遏制型”，是胆汁质型的典型表现。

（2）个人修养

自我克制能力差，心胸狭隘、自私、斤斤计较且攻击性强的人，容易发脾气，只图自己痛快，好冒犯别人。

（3）家庭教养

家长对子女放纵，溺爱、百依百顺，致使子女养成“唯我独尊”的不良人格，在社会上自然行不通，这种人因而总不愉快，总爱发脾气。家庭对子女的严厉，子女总受压抑，总受批评、斥责，心中自然常有一股无名的怒火，外界稍有一点刺激，就会引发出敌对的行为。

对暴躁学生的心理辅导应注意以下几个方面。

首先，认识暴躁的危害：暴躁会伤害友情，妨碍工作，损伤身体，有百害而无一利。

其次，因势利导，耐心细致地给予指导：教育青少年平时要注意加强自身的修养，保持头脑的冷静，心态的平稳，还可以用座右铭经常提醒自己。如林则徐的“制怒”二字，目的就是不断提醒自己戒除好发火的毛病。另外，在怒气上涌尚未发作之时，嘴里不断地默念“一定要镇静”“一定不要发脾气”之类的话，也能在一定程度上缓和自己的情绪。

最后，转移注意力：面对挫折情境，自己觉得不好控制的，可暂时离开现场，去找别人谈谈心或外出散散步、打打球，来稳定情绪。

二、大学生心理障碍的矫治

（一）心理障碍概述

1. 什么是心理障碍

心理障碍是由于心理因素引起的、没有相应器质性损害的，却伴有自我不适感和内脏机能障碍的一系列精神疾病的总称。它包括神经症和精神病。

2. 神经症和精神病的区别

神经症又称心理症或精神神经症，是一组心理障碍的总称，神经症具有下列一些共同特点：心理原因起决定作用，具有一系列的神经精神症状，伴有自我感觉不适和内脏机能障碍。患者多有不健全的个性，有良好的自知力，对自己的疾病有充分的感受。神经症主要表现有癔症、广泛性焦虑、惊恐发作、恐怖、强迫、抑郁、疑病、神经衰弱等精神症状。社会越发展，竞争压力大，神经症的发病率越高。

精神病指严重的心理障碍。表现为患者的认识、情感、意志、动作行为等心理活动均可出现持久的明显的异常。其特点是：不能正常地学习、工作、生活；动作行为难以被一般人理解，在病态心理的支配下，可能产生自伤（如轻生）或攻击、伤害他人的行为；患者丧失判断力，拒绝治疗。主要包括精神分裂症、躁狂症等。

神经症与精神病的鉴别，有以下四个特征。

第一，神经症一般不表现精神病常见的幻听、幻视、幻嗅、幻味、幻触等幻觉妄想。

第二，病人全部或部分能保持对社会生活的适应能力和劳动能力。

第三，神经系统的紊乱是暂时的，是完全可以治愈的，愈后情况良好。

第四，病人对自身的疾病承认，知道自己有神经症，即保持相当的自知力。一般能主动去请求医生治疗帮助，而精神病人在发作时均不承认自己有病，失去了自我认知能力。

（二）心理障碍的矫治

1. 神经症的矫治

（1）癔症

癔症是指因心理刺激或不良的暗示引起的一类神经心理障碍。多数突然发病，主要表现为心理失常或感觉运动障碍，但无器质性病变基础。这些症状可因暗示发生、加重或消失，症状的出现或持续与摆脱困境或“继发得益”有关。此病多发生于青少年时期，女性多于男性。

癔症的症状主要包括心理障碍和躯体障碍两个方面：①心理障碍（分离型癔症）。主要包括意识朦胧和假性痴呆。前者表现为意识范围缩小、迟钝、不完整，但表情丰富，具有表演特征的急剧情感爆发；后者表现为童样痴呆，有问必答，但答案都是错误的，还可能出现心因性遗忘，即遗忘与心理创伤有关的内容或某一阶段的经历。有的出现身份障碍，出现双重人格；有的出现神游或梦行等。②躯体障碍（转换型癔症）表现为不符合神经分布的感觉缺失，包括失明、失听、偏侧麻木和感觉过敏等感觉障碍；肢体瘫痪、站立不稳或步行不稳；肢体抽动、震颤或痉挛发作，或其他功能性躯体障碍。

癔症常因心理因素所引起，主要有以下原因。

第一，不良情绪的持续作用。如气愤、委屈、羞愧、恐惧、忧虑、窘迫、悲伤等都可成为发病的直接因素。

第二，生活变故造成的心理创伤。如亲人亡故、家庭矛盾、婚姻或邻里不和、工作不顺心、人际关系紧张等，均可成为致病因素。

第三，具有情感多变的个性特征。情感活跃多变，但肤浅幼稚，情感强烈常有夸张和戏剧性色彩，容易走极端，对人、对事的判断常随情感的变化而变化，易感情用事。

第四，具有容易接受暗示的人格特点。这类病人轻易地接受周围人的言语、行动、态度等影响。还有过分夸耀和显示自己聪明、能干，希望得到大家的注意。对病情的表达故意夸张，以博得人们的同情与重视。

第五，富于幻想。病人特别富于幻想，想象丰富、生动，难以分辨现实与虚幻，有幻想性说谎现象。

癔症的发病与主体心理社会因素及其人格发展缺陷有密切关系。因此，对癔症的治疗应以心理治疗为主。除了必要的身体检查以外，要注意良好人际关系的建立。一般认为，采用心理分析和暗示疗法对治疗此病有显著疗效。

第一，心理分析。详细了解学生的以往经历和重大生活事件，让他们知道此症可以治好，不会留下后遗症，坚定他们治病的信心。在心理分析中，让患者接受和领悟此病与他们过去的创伤性体验有关，是过去不愉快的体验受到压抑，进入潜意识之中所致。当现实刺激有不愉快的体验时，被压抑的东西就以这种症状的形式表现出来以减轻焦虑，从而逃避现实。如果学生能从意识角度领悟到症状与不愉快的创伤有关，那么症状就会缓解或消除。此外，对学生人格发展缺陷应指导其矫正，并帮助其改善人际关系，合理安排生活，提高对不良刺激的耐受力。

第二，暗示疗法。患癔症者一般受暗示性较高，采用暗示疗法对他们解除症状有明显的效果，其中催眠疗法最适合此症。在催眠状态下，通过揭示矛盾、暴露隐私、发泄欲望，并且加以解释和疏导，能获得较好的疗效。对一些受暗示性较弱的患者，可采用系统脱敏方法治疗。这种方法是在放松的状态下，通过模拟想象或听录音等，由弱到强，由短到长地呈现症状的精神刺激，直至完全沉浸在这类刺激之中而无不良情绪反应为止，然后逐步过渡到现实环境之中。

癔症急性发作时，在场人员对其进行及时和机智的暗示可收到明显的效果，但要注意用前述方法巩固。对急性发作时出现抽搐症状者，可辅以氯丙嗪或安定药物等。另外，中药、针灸、理疗等对经常有躯体发作的患者也有一定的疗效。

（2）广泛性焦虑

焦虑是人们在社会生活环境中对于可能造成心理上的冲突或挫折的某种特殊事物或情境进行反应时的一种反应状态。正常人的焦虑一般不会反复出现，即使出现也往往因为确实存在的“危险”在面前。焦虑性神经症往往说不出原因，不受理智支配反复地出现焦虑、不安。

焦虑性神经症的症状可以分为生理性焦虑和心理性焦虑两种。

生理性焦虑主要受交感神经和副交感神经支配，表现为心跳加快、呼吸加深、瞳孔放大、肌肉紧张等；或者心脏舒张、瞳孔缩小、肠胃收缩。这两种不随意神经系统的协调活动使人清楚地意识到自己在受惊时的状态。

心理性焦虑的病人主观上感到恐惧、担心，如见到异性表现出惊慌失措、肢体颤抖，这是情景性焦虑。另一种焦虑病人表现出无名的焦虑，常常有一种说不出的紧张与恐惧或难以忍受的不适感，但又说不出原因，整日忧心忡忡。在行为方面，常常坐立不安，走来走去，这种病人的主观感觉多为：心悸、心慌、忧虑、担心、愣神、沮丧、灰心、自卑。

对焦虑性神经症的治疗可分药物治疗和心理治疗两种。心理治疗可以采用认知疗法，即解释和说理的方法，以解除不必要的顾虑，也可以用验证保证的方法，使病人坚信某个事物对自己无害，建立起自己的信心；还可以用行为矫正的方法。这些方法的疗效都比较好。

（3）强迫症

强迫症是患者自知不对，但又毫无理由地重复出现，不能由意志控制的一种神经症。

强迫症状的基本特征是违反病人的意识的，反映为意识与意念之间的矛盾冲突，因而产生强迫想象、强迫观念、强迫恐惧和强迫冲动，但不是强迫性幻觉。

强迫性神经症的症状在每个人身上的表现差异很大，常见的强迫症状有以下几种。

强迫性数数：病人数面前经过的人、数穿中山装的人数、数马路上的路灯，并且常有一定的仪式，如每走五步摸一次头发。

强迫性观念：都是与自己的意愿对立的，往往是可怕、愚蠢或不希望有的观念。一个考试屡遭失败的人，一听到考试就想到“不及格”。

强迫性冲动：有人时怕偷窃，但无人时又控制不住偷别人东西的冲动。有极少数的病人由于病情严重，呈现忧郁状态。

强迫性洁癖：总觉得不干净，每天不断地洗衣服、拖地板，凡是客人坐过的、摸过的东西都要洗刷消毒。

强迫性意象：一种盘踞在患者大脑中的生动表象无法排除。表象十分鲜明生动，情节很逼真、详细，这种表象常常是暴力事件、意外事故等消极事物。

强迫性恐惧：也有的人害怕用刀叉，因为担心会杀害自己，故整日显得诚惶诚恐，担心这样下去会发疯。

这种病态人格的形成，如同其他人格形成一样，也是由个体主观因素与环境客观因素相互作用而长期造就的结果。

1）早期的心理创伤

在很多情况下，儿童早期经历与其人格障碍表现密切相关，某些青少年从小就生活在没有温暖、只有苛求的家庭中，这给他们幼小心灵打上深深的烙印，使他们拘谨、胆小，做事认真，追求完美，缺少同情与爱心。

2）消极防御机制的结果

这些患者在儿童时期遇到挫败时常常有意识地把自己的痛苦体验或烦闷情绪排除记忆之外，力图解除焦虑。实际这是采用压抑式进行防御。但是这种防御形式如果长期使用，就会遗患无穷。也就是说，倘若潜意识层内积压的冲动或痛苦经验过多的话，个人意识的管制能力就会解体，就会出现扭曲的人格，表现出各种强迫行为。

3）父母的教养方式

人格的形成有禀赋的气质特征，但影响人格形成和发展最为重要的因素是环境影响和教育作用。儿童时期是人格形成的关键时期。儿童时期，父母对儿童的态度和家庭成员之间的关系对人格的形成影响很大。在强迫型人格障碍中，最引人注意的应数幼儿期的被虐待以及家庭成员感情不和对儿童心理的伤害。这种家庭中的孩子，在家庭里没有被看成是有血有肉的人，父母常常肆意摧残。因此在儿童成长过程中，生长在家庭有缺陷的环境里，不仅是儿童幼时的不幸，而且还会造成一个人终生不幸。从某种意义上讲，孩子的人格变态，父母是罪魁祸首。

由于人格特征不是一朝一夕就能形成的，而是有个持续、长期的过程。所以某种特征一旦形成就很难改变。

患有强迫型人格障碍的心理疾病的人以要求严格和完美为主要特点，表现为做任何事情都要十全十美，凡事遵循一定的程序，过分严肃谨慎，优柔寡断，害怕做决定，反复考虑计划与行动，反复检查核对，唯恐出错；坚持己见，要求别人按自己方式做事；对别人做事不放心、少幽默、多苦闷，常有一种不安全感相伴。

具有强迫型人格障碍的学生，不仅严重影响他们的社交和学习，而且主体也会感到痛苦。对这些学生的矫治，主要有以下两种方法。

一是集体心理治疗与个别心理治疗相结合。例如对青少年学生开展知识专题讲座，或与学生进行个别谈话指导等心理治疗手段，对于缺乏自信或难以处理人际关系以及生活目标不确定的学生给以热情的帮助。

二是个性矫正。采用认知行为疗法，帮助学生认识自己个性缺陷所在，并且产生愿意矫正行为的意向，配合医生要求，或自觉坚持训练，逐渐改变行为模式，最后消除人格障碍。

（4）抑郁症

抑郁性神经症指一种以持久的心境低落为特征的神经症，常伴有焦虑、躯体不适感和睡眠障碍，患者多具有缺乏自信、孤独内向、容易悲观、情感脆弱等人格特征。

抑郁性神经症的治疗主要有心理治疗、药物治疗等方法。心理疗法中可选用认知疗法、情志相胜疗法、音乐疗法、发泄疗法、支持性心理疗法等，也可以采取集体心理治疗的方式。西药常选用阿米替林和多虑平等，也可以选用疏肝解郁的逍遥丸、柴胡疏肝散等中药进行治疗，针灸、按摩、气功也有疗效。

（5）恐怖症

恐怖性神经症简称恐怖症，是指患者对某些特殊的处境、物体或与人交往时产生强烈的恐惧感，并主动采取回避方式来解除这种紧张不安。

恐怖症发生的原因与遗传因素、精神刺激、创伤性经历等有关。患者的性格偏向于胆小、害羞、被动、依赖等。

恐怖症的临床表现可以分为简单恐怖症、广场恐怖症和社交恐怖症三类。

1）简单恐怖症

害怕的对象仅限于某些特殊的物体和环境。对某种动物或昆虫的恐怖，像狗、猫、鼠、鸟、青蛙、蜘蛛等，也有些人对高空、黑暗、幽闭、雷雨等感到恐怖。

2）广场恐怖症

广场恐怖症是指对公共场所的恐怖，包括车站、剧院、商店、餐厅等，担心在公共场所中走失或失去控制，这类患者害怕在公共场所出现，他们喜欢待在家里，不敢出门，对亲属的依赖感日益增强。

3）社交恐怖症

社交恐怖症是指对人际交往感到紧张和害怕，避免和别人打交道，在社交场合感到害羞、尴尬、笨拙、迟钝、局促不安，害怕成为别人耻笑的对象。

治疗恐怖症可采用心理治疗、药物治疗、针灸治疗等。先采用支持性心理疗法帮助患者树立信心。医生要给患者以亲切体贴、信赖等感觉，听取患者对疾病的看法，对恐怖症的表现、病因病理进行分析和解释，并予以安慰、鼓励和适当的保证。

矫治恐怖症多采用系统脱敏法、暴露疗法等方法。

（6）神经衰弱

神经衰弱是以易于兴奋和易于疲劳或衰竭，并伴有躯体和神经精神症状，如头痛、失眠、注意力容易分散等为主要临床特点的一种神经症。神经系统的功能性过度紧张、负性情绪体验、学习工作生活等方面紧张忙乱等，是重要的发病原因。神经衰弱患者的性格多偏于自卑、胆怯、敏感、多疑、缺乏自信、依赖性强；或者主观、任性、好强、急躁、自制力差，心理素质在发病中也有重要影响。

神经衰弱主要表现为精神易兴奋、脑力易疲乏、失眠等症状。

1）精神易兴奋

患者易激动、易激惹、易伤感，常为一些小事引起强烈的情感反应。易烦恼，易情绪紧张，易精神兴奋，在学习、工作、生活中，常常精神兴奋，浮想联翩，回忆很多，往往难以抑制。

2）脑力易疲乏

患者容易疲劳、乏力、脑力迟钝、记忆力减退、注意力难以集中，工作效率降低，神经衰弱的疲劳具有情绪性和弥散性。

3）睡眠障碍

入睡困难，难以熟睡，烦躁、多梦、睡眠浅表等。

4）自主神经功能障碍

有的患者，自主神经功能障碍较为明显，如心慌、多汗、血压偏高或偏低、厌食、面部潮红、浑身乏力等。

5）头痛

紧张性头痛，头痛多无固定部位，心情愉快、心身松弛时无此症状。

6）焦虑、多疑

患者常常缺乏对疾病的正确认识，多顾虑、紧张、恐惧。往往疑心自己得了不治之症，常常对疾病顾虑、担忧、恐惧，加重了大脑活动持续的紧张，从而形成恶性循环。

治疗神经衰弱不能单纯依靠药物治疗等简单的方法，而应该采取心理治疗、药物治疗、身体锻炼等多种方法相结合的综合治疗。采用心理治疗时，要注意以下两点。

一是充分发挥患者在治疗过程中的主观能动性。要求患者改变对疾病的认识，改变情绪，树立信心，主动克服自己的症状，合理安排时间，劳逸结合，力争自己解决自己的问题。

二是可以从改造不良性格入手。神经衰弱者大都有自卑、敏感、多疑、任性、自制力差、急躁等性格。要鼓励患者保持自信、乐观、平和的心态，积极交往，努力发现生活中美好的事物，这对神经衰弱有一定的缓解作用。

2. 精神病

（1）精神分裂症

精神分裂症所指的“分裂”，即是患者的思维、行动及情感存在内在的分离，同时也与现实的情况分离，患者处于幻想的状态中。

精神分裂症是精神疾病中最主要的一种常见病，大约 1/4 的病人有精神病家族史，一半以上的病人在住院或接受治疗前有较大的精神创伤。他们有严重的心理障碍。

1）思维障碍

患者很难分清想象与真实，对客观事物发生许多错误的理解。病人多妄想，坚信有人暗算、欺骗、跟踪、投毒、污辱他。他们可以看到不在眼前的人，不存在的事物，如上帝编造出的声音、味道等。

2）情感障碍

患者的情感表现为平淡、冷漠、无反应，对任何人、任何谈话内容都保持心不在焉、无表情的状况，语言断断续续，语言简单，精神分裂症患者表达出的情感违反常情，也有的患者表现出极强烈的情绪体验。

3）言语交往障碍

精神分裂症患者与人交往中多存有戒心、敌意，缄默不语或只用几个词句与人交谈，内向性思维能创造出别人不懂的词语。

4）运动障碍

许多精神分裂症病人在行为动作上都有明显的异常，不自觉地做鬼脸、吐舌头、抽动、痉挛，无休止地高举手臂、抓头发、捏自己、咬自己。

总之，精神分裂症常见的症状是：行为呆板、孤独、具体化、思维荒唐、怪诞；知觉空泛、玄幻；情感淡漠、不协调、敏感；语言模仿、杂乱、缄默，动作僵直、猝倒、奇特；不承认自己患有精神疾病，充满各种妄想，认为有别人加害自己。

精神分裂症的病因至今还是个争论不休的问题。比较一致的看法是精神分裂症是一种由多种因素产生的疾病。大约有遗传联系、母爱剥夺、父母教养方式、性格因素、社会冲突5方面的因素。

遗传联系：研究者挑选50名生母未患过精神分裂症的亲养儿童和生母患过该症的50名儿童作为对照。这些儿童成人之后，对照组的人没有一个患精神分裂症，而观察组里有5名患了精神分裂症。生物化学专家还从精神分裂症患者的脑组织和小便中发现一些特殊的化学物质，这些物质如果注入正常人的体内，便会产生精神病症状。

母爱剥夺：孤儿院的孩子很少被拥抱、抚爱，情绪往往有缺陷，显得烦恼暴躁、易怒、孤僻、不合群。艾里克森指出：大约是出生之后的一两年，儿童在与父母的接触、嬉戏中产生“基础信任”，若得不到这些抚爱，则产生多疑和不安全感。一旦受到外来的过度刺激，具有多疑和不安全感的人就可能演变成精神分裂症或其他精神症状。

父母教养方式：容易发生精神分裂症的家庭，有以下四个特点：家庭成员之间吝啬、嫉妒、猜疑；控制、专制、不能平等地交谈；经常争斗、吵闹，保守、固执、墨守成规。

另外，精神分裂症患者的家庭里，父母多偏爱子女，而这种偏爱又伴随着父母婚姻的冲突。由于父母的观点不一，孩子既要做愿意做的事，又要做自己不愿意做的事，这可以叫作“双重管束”。这种方式集中在双亲中的某一方，即爱与恨交织在一起。临床观察表明，许多患者生活在这种家庭环境中。

性格因素：多数病人的气质类型属于抑郁型。在性格上多较孤僻、软弱，缺乏勇气和信心。在社会生活中不能面对困难，用白日梦来满足现实生活中无法得到的欲望。交往行为上表现为人际关系不良、落落寡合、不爱说话。虽然这种性格不一定必然产生精神分裂症，但当同时具备其他因素时，则比其他人更容易发生精神分裂症。

社会冲突：社会学习理论认为，遗传只是部分原因，起一种激发作用，精神分裂症完全是社会冲突造成的。经济或社会生活能力、水平低下的人，人际冲突或社会冲突较大的人，容易遭受生活的颠沛、社会的挫折，也容易产生绝望情绪。同时，现代社会竞争也给社会人群带来种种紧张和压力，如果遇上个体遗传的弱点，容易导致精神分裂症。

（2）躁狂症与忧郁症

躁狂性精神病是一种以情绪混乱为主要症状的精神病，躁狂症以感情活动过多、夸大快乐情绪为特征；忧郁症则以情绪低落、过于悲观为特征。

1）躁狂症症状

根据症状表现，一般分为轻度和重度两种。

轻度躁狂症：思维的联想非常快、思索丰富、话比常人多。经常用字句读音连接上下句，讲话受情境支配。内容尚还有条理，只是滔滔不绝、口若悬河，讲的内容虚张夸大，多有幻觉与妄想。动作多、手势多，一刻都不安宁。好哗众取宠，精力旺盛、好管闲事，从早忙到晚，观察极为浮浅，主观片面，自高自大，好命令别人，干涉别人的生活和工作。在情绪上高度兴奋，精神饱满，脾气暴躁，常为小事暴跳如雷。行为上多放荡自恣，狂饮纵欲。在智力上，注意力不集中，缺少理性思维。

重度躁狂症：狂躁严重、意识混乱，定向力丧失、言语失去连贯性，呈思维飘浮状态。无事与人争辩，粗暴而无理地干涉别人。整天狂歌乱舞，大声呵斥，甚至用暴力侵害他人。言语已失去理智，难以完成内容连贯的句子，随机转移，从一个话题很快转到另一个话题。在行为上失去自我控制力，经常在忙乱中大小便失控，日夜吵闹不休。

2）忧郁症症状

同样因症状表现的差异，分为轻度和重度两种。

轻度忧郁症：思想迟钝，书写、言语都感到困难，不愿说话，语言内容简单、单调。声音很低，但尚有条理。讲话的速度很慢，需要对方多次提问才回答。喜欢独立闷坐、低头沉思。在情绪上愁眉苦脸，自怨自艾，心事重重，常有深重的自卑、自罪，内疚感很强，常有轻生的念头。谈话时常吐诉不幸的遭遇，在别人面前痛哭流涕。但是意识则完全清醒，记忆力尚好，生理除性欲减弱、女性月经失调之外，体质尚可。

重度忧郁症：思维活动受妄想支配，情绪极度抑郁、绝望，欲哭无泪。极少讲话，不回答别人的问题。失去生活自理的能力。在妄想的驱使下常自言自语。

患有精神分裂症、躁狂症的青少年往往来自关系混乱的家庭，家庭内充满使人焦虑和左右为难的信息，并与侵犯和拒斥行为结合在一起。

对这些大学生心理障碍的矫治，一是要给以温暖、支持、不给压力；二是要训练他们的交往技能，鼓励他们和同龄人交往；三是和这些学生谈话的内容要集中在一个主题上，避免过多的跳跃。此外，还应配合药物治疗。

第二节 心理危机与危机干预

一、心理危机的识别

（一）什么是心理危机

美国心理学家卡普兰首次定义了心理危机的概念。心理危机是指个体在遇到突发事件或面临重大挫折和困难，当事人既不能回避又无法用自己的资源和应激方式解决时所出现的心理失衡反应。一般而言，危机有两个含义：一是指突发事件，也称危机事件，即没有准备的自然灾害、事故灾难、公共卫生事件、社会安全事件等；二是指当事人处在紧急状态时原有的心理平衡状态被打破，正常的生活受到干扰，内心的紧张不断积蓄，继而出现无所适从甚至思维和行为的紊乱，而进入的一种失衡状态，通常表现为极度恐慌、紧张、苦恼、焦虑、忧郁，甚至产生轻生的意念。

（二）界定心理危机的三项标准

（1）存在具有重大心理影响的危机事件。（2）引起急性情绪混乱或者认知、躯体、行为等方面的改变，导致当事人痛苦，但是又不符合任何精神疾病的诊断。（3）当事人用以前解决问题的方法不能应付或应付无效，导致当事人心理、情感、行为等方面的功能水平较危机事件发生前降低。

以上 3 个要素都具备时，才构成心理危机。也就是说，即使遭遇了重大的事件，但只要能有效应对，就不至于导致心理危机。

（三）如何识别心理危机

当个体面对危机时会产生一系列身心反应，主要表现在生理上、情绪上、认知上和行为上，如表 8-1 所示。

表 8-1　面对危机的反应

情绪反应	认知反应
害怕、焦虑、恐惧、怀疑、不信任、沮丧、抑郁、悲伤、易怒、绝望、无助、麻木、否认、孤独、紧张、不安、烦躁、自责、过分敏感或警觉、无法放松等。在这方面常见的特征是极度的悲伤、痛心、绝望	注意力不集中、缺乏自信、无法做决定、健忘、效能降低、不能把思想从危机事件上转移等。在这种情况下的个体在认知上会表现得很无助，会认为面对如此情景，无论采用什么方法和手段都是没有用的，无论谁也无法摆脱这种情况
行为反应	生理反应
社交退缩、害怕见人、逃避、暴饮暴食、自责或怪罪他人、不易信任他人，并有假装适应的反应。假装适应的人很少主动寻求帮助。还有些人由突发事件而引起的危机反应是对他人进行攻击。另一些人则是自我毁灭式的，例如疯狂地驾驶、醉酒等	肠胃不适、腹泻、食欲下降、头痛、疲乏、失眠、做噩梦、容易受到惊吓、感觉呼吸困难、哽塞感、肌肉紧张等。较常见的特征是周期性或持续性的颤抖，长期心烦意乱或心不在焉，极端不安和精神恍惚、精神错乱

心理危机引发的失衡状态并不是永久的，一般持续时长为 6 ～ 8 周。一旦产生了心理危机，由于个体处理能力和技巧、获取支持和危机程度的不同，危机的发展结局也不同。一般而言，会产生以下 4 种结局：（1）最佳的结局应当是危机被顺利化解，当事人提升了自身心理水平。（2）当事人度过此次危机，却在心理或生理上留下创伤印记，对于今后的社会生活存在一定的影响，且依然需要长期跟踪观察、支持与疏导。（3）当事

人没能够度过危机，产生神经症或精神病症，且随时有可能产生新的心理危机。（4）当事人无法承受心理危机，选择自毁或者伤害别人的行为，甚至主动放弃生命。由上可见，心理危机的出现并不可怕，可怕的是无法妥善应对心理危机，让心理危机的危险程度愈演愈烈，甚至选择极度痛苦的轻生行为。

二、危机干预

（一）什么是危机干预

危机干预指对处在心理危机状态下的个人采取明确有效措施，使之最终战胜危机，恢复心理平衡，重新适应生活。

危机干预的目标是让个体得到对现状的把握，对危机事件产生新的认知，以及学到对未来可能遇到的危机有更好的应对策略与手段。

（二）危机干预原则

1. 生命第一原则

发现危机情况后，应以人为本，立即采取保护措施，安排专人对干预对象进行监护，最大限度地保护当事人的人身安全。

2. 及时、迅速原则

危机干预强调现有危机的立刻解决，不涉及当事人人格问题的矫正。

3. 亲属参与原则

实施轻生危机干预时，以最快的速度通知当事人的亲属或单位，使其亲友能及时参与危机干预中来。

4. 尊重保密原则

要尊重当事人的隐私，相关人员不得将当事人的信息扩散给与事件无关者，以避免当事人回归正常社会生活时产生心理障碍。

三、心理危机的自我预防

（一）抑郁症的诊断标准

在《中国精神障碍分类与诊断标准》中抑郁发作的诊断如下：抑郁发作以心境低落为主，与其处境不相称，可以从闷闷不乐到悲恸欲绝，甚至发生木僵。严重者可出现幻觉、妄想等精神病性症状，某些病例的焦虑与运动性激越很显著。

（二）对抑郁症常见的错误认知

很多人对抑郁症存在错误的认识。有人认为得了抑郁症是可耻的，害怕被同学、老师知道。其实抑郁症跟感冒一样，是一种常见的心理疾病，并不可耻，也不会受到歧视。还有人认为只要扛一扛就会过去，药物副作用大，会产生依赖，能不吃就不吃，于是不寻求帮助或不遵医嘱，感觉症状严重了才吃药，稍有好转就停药，这往往耽误了治疗的最佳时机，使症状反复，加重心理负担和病情。

人人都可能患抑郁症，抑郁症并不可怕，也不可耻。相反，抑郁症患者往往都有较强的上进心，只要积极求助，配合治疗，大部分是可以治愈的。在抑郁症的治疗中，药物发挥着重要作用，再配合心理治疗能够取得较好的疗效，因此，服药要遵医嘱，这样可以降低复发率，不可擅自调整药量或停药。

（三）心理危机的自我预防

1. 健康生活，提升心理素质

不少大学生因为生活、学习等压力大，经常熬夜、不按时吃饭，过度消耗自己的健康，导致情绪、认知功能紊乱。另外心理素质差也是产生陷入心理危机和轻生危机的最直接内在动因。因此在保证健康生活的同时，要积极关注自身心理健康，掌握心理健康知识，积极提升心理素质，尤其要培养自己抗挫折能力和对情绪的调控能力。

2. 积极建立社会支持系统

人生不可能一帆风顺，当我们面临挫折和困境时，一个成熟的社会支持系统可以给予我们莫大的帮助。因此大学生一定要意识到人际关系的重要性，掌握“倾听”和“倾诉”的技能，建立起有一定规模、密度的支持系统。

3. 善用心理咨询资源，及时求助

许多大学生认为去做心理咨询就证明自己有病，是件不光彩的事，于是倾向于“自我消化”，这是个误区。心理咨询不等同于心理治疗，心理咨询的工作对象是健康人群或存在心理问题人群。心理咨询不是劝慰说教，心理咨询不能解决事件本身，它是心理咨询师运用心理学知识通过跟来访者共同探讨，帮助其找出引发心理问题的原因，分析问题的症结，进而寻求摆脱困境的对策，以便恢复心理平衡、提高对环境的适应能力。因此，心理咨询是助人自助的过程。独立解决问题固然是一项优秀特质，但学会求助也是智者的行为，尤其是在面临轻生危机时，大学生应及时向心理咨询专业人员寻求帮助。

参考文献

[1] 龙瑞全，余图军．大学生心理健康教育 [M]. 成都：电子科技大学出版社，2017.

[2] 赵菊，李燕．大学生心理健康教育 [M]. 武汉：武汉大学出版社，2017.

[3] 徐英杰．大学生心理健康教育 [M]. 厦门：厦门大学出版社，2017.

[4] 丁新胜．大学生心理健康教育 [M]. 开封：河南大学出版社，2017.

[5] 魏双锋，孙俊芳．大学生心理健康教育 [M]. 成都：电子科技大学出版社，2017.

[6] 徐隽，徐水，张潇．大学生心理健康教程 [M]. 上海：上海交通大学出版社，2017.

[7] 齐舒，李艳清．大学生心理健康教育 [M]. 江苏：江苏凤凰教育出版社，2017.

[8] 赵建芳．大学生心理健康教育 [M]. 沈阳：东北大学出版社，2017.

[9] 陈发祥．大学生心理健康教程•第 2 版 [M]. 合肥：合肥工业大学出版社，2017.

[10] 车绪武．大学生心理健康教育 [M]. 西安：西北大学出版社，2018.

[11] 瞿珍．大学生心理健康 [M]. 上海：华东理工大学出版社，2018.

[12] 齐斯文，贺一明，吴迪．大学生心理健康 [M]. 吉林：吉林出版集团股份有限公司，2018.

[13] 王玉杰．大学生心理健康 [M]. 北京：北京工业大学出版社，2018.

[14] 张冬梅，谷丹．大学生心理健康教育 [M]. 北京：北京邮电大学出版社，2018.

[15] 李新红，吴菁莉．大学生心理健康教育 [M]. 上海：同济大学出版社，2018.

[16] 熊楚国．大学生心理健康教育 [M]. 武汉：华中科技大学出版社，2018.

[17] 贺金梅，黎会友．大学生心理健康教育 [M]. 北京：中国传媒大学出版社，2018.

[18] 张艳艳．大学生心理健康教育 [M]. 重庆：重庆大学出版社，2018.

[19] 栾贻福，郑立勇，周晶．大学生心理健康教育 [M]. 广州：华南理工大学出版社，2018.

[20] 格桑泽仁．大学生心理健康 [M]. 成都：四川大学出版社，2019.

[21] 赵异民，杨中焕，向宇婷．大学生心理健康教育 [M]. 成都：电子科技大学出版社，2019.

[22] 梁艳，曾本君．大学生心理健康教育 [M]. 成都：电子科技大学出版社，2019.

[23] 路晓英，孙锋，许明超．大学生心理健康教育 [M]. 天津：天津科学技术出版社，2019.

[24] 陈玉霞，周英华．大学生心理健康教育 [M]. 成都：电子科技大学出版社，2019.

[25] 王天哲．大学生心理健康教育 [M]. 西安：西北大学出版社，2019.

[26] 高宁悦．大学生心理健康教育 [M]. 长春：东北师范大学出版社，2019.

[27] 李国毅．大学生心理健康教育 [M]. 北京：国家行政学院出版社，2019.

[28] 张英莉．大学生心理健康教育 [M]. 北京：北京理工大学出版社，2019.

[29] 严敏，熊星．大学生心理健康教育 [M]. 青岛：中国海洋大学出版社，2019.

[30] 徐英杰，陈凯．大学生心理健康・第 3 版 [M]. 厦门：厦门大学出版社，2020.

[31] 叶昇尧．阳光青春．美丽心灵：大学生心理健康教育学 [M]. 上海：上海交通大学出版社，2020.

[32] 张海婷．高职大学生心理健康教育 [M]. 北京：北京理工大学出版社，2020.

[33] 冯静，吴佳，赵瑞雪．大学生心理健康实践辅导教程 [M]. 成都：电子科技大学出版社，2020.

[34] 刘佳．大学生心理健康实用教程 [M]. 西安：陕西科学技术出版社，2020.

[35] 吴爱梅，潘俊勇．大学生心理健康教程 [M]. 北京：北京理工大学出版社，2020.

[36] 朱晓青，朱蓓，李扬．大学生心理健康教育“医教结合”案例集 [M]. 上海：上海交通大学出版社，2020.

[37] 谭华玉，马利军．大学生心理健康教育・积极心理学的运用 [M]. 广州：华南理工大学出版社，2020.

[38] 杨健梅，于昊，杨见奎．大学生心理健康教育 [M]. 北京：九州出版社，2021.